अपनी बात

हिन्दू धर्मग्रंथ पुराण—विश्व साहित्य की अमूल्य निधि है। विषय-निर्वासन, तथ्यों का निरूपण, वर्णन शैली का संयत और स्वाभाविक रूप, भाषा का सौष्ठव और लालित्य आदि जितने गुण पुराण में भर दिए गए हैं, उन्हें देखकर 'गागर में सागर' की उक्ति का स्मरण हो आता है।

पुराण हमारे जीवन के ऐसे दर्पण हैं—जिनमें हम अपने प्रत्येक युग की तस्वीर देख सकते हैं, हम जिन देवी-देवताओं की पूजा-अर्चना करते हैं उनकी उत्पत्ति और विशेषताओं के बारे में जान सकते हैं। ब्रह्माण्ड के प्रथम मनुष्य—'मनु' के बारे में जान सकते हैं, जिसकी हम सभी संतानें हैं। विभिन्न मन्वंतरों (काल खण्डों) के विषय में पुराणों में व्यापक जानकारी दी गई है जो शिक्षाप्रद ही नहीं, रोचक और रोमांचक भी है। एक-दूसरे से जुड़े कथा-प्रसंग प्रत्येक युग की वास्तविक तस्वीर खींचते हैं—जिन्हें हम किसी चलचित्र की भाँति देख-पढ़ सकते हैं।

हम यह नहीं कहते कि सभी पुराण अथवा उनकी विषय-वस्तु उच्चकोटि की, उपयोगी और निर्दोष है। अन्य प्राचीन ग्रंथों की भाँति पुराणों में भी समय-समय पर काफी मिलावट की गई है। विदेशी आक्रमणों के समय उनमें से अनेक नष्ट हो गए और यहाँ-वहाँ से सामग्री संग्रह करके उन्हें पुनः प्रस्तुत किया गया। उनमें अनेक परिवर्तन, परिवर्द्धन होते रहे। अनेक स्वार्थीजन ने उनमें अपने लाभ की दृष्टि से तीर्थ, दान आदि की महिमा अप्रासंगिक रूप से भर दी। कहीं श्राद्धों का विशाल, विविध विधान ही शामिल कर दिया। इनमें बहुसंख्यक

अनावश्यक और अनुपयोगी—दूषित विषय भी शामिल कर दिए गए, लेकिन इस आधार पर इनका बहिष्कार सर्वथा अनुचित है। इनमें हमारे महत्त्व की अनेक बातें समाहित हैं। वस्तुतः हमारा सम्पूर्ण जीवनदर्शन, जन्म से मृत्यु तक के आख्यान, जीवन के आवश्यक क्रियाकलाप—सभी इन प्राचीन ग्रंथों पर ही आधारित हैं। इनके ज्ञान के अभाव में हम अपने सुचारु जीवन की कल्पना तक नहीं कर सकते। तभी तो कहा गया है—

"यान् यान् कामानभिप्रेत्य पठेत्प्रचतमानसः।
तांस्तान् सर्वानवाप्नोति पुरुषो नात्र संशयः॥"

अर्थात्, जिन-जिन कामनाओं को मन में लेकर मनुष्य संयत चित्त से पुराणों का पाठ करते हैं, उन सबकी उन्हें प्राप्ति हो जाती है, इसमें तनिक भी संदेह नहीं है।

इसलिए, इन वृहत् पुराणों की विषय-वस्तु, शिक्षाओं, धार्मिक मान्यताओं, व्रतों-त्योहारों, तीर्थों उनके माहात्म्य, अवतारों आदि को हमने एक ही पुस्तक के माध्यम से प्रस्तुत करने का प्रयास किया है, ताकि पाठकों को अठारह पुराणों के बारे में एक ही स्थान पर सारी सामग्री मिल जाए।

आशा है, यह पुस्तक पाठकों के लिए शिक्षाप्रद, रोचक और उपयोगी सिद्ध होगी। अपनी प्रेरक प्रतिक्रियाओं और सुझावों से अवश्य अवगत् कराएँ।

– **महेश शर्मा**

विषय-सूची

(प्रथम खण्ड : पुराण-परिचय)

(द्वितीय खण्ड : अठारह पुराणों का सार)

(तृतीय खण्ड : भौगोलिक वर्णन)

(प्रथम खण्ड : पुराण परिचय)

अध्याय 1

पुराण : परिचय और महत्त्व

अर्थ

पुराण शब्द **'पुरा'** एवं **'अण'** शब्दों की संधि से उत्पन्न हुआ है, जिसका शाब्दिक अर्थ है – 'पुराना' अथवा 'प्राचीन'। 'पुरा' शब्द का अर्थ है – अनागत एवं अतीत। 'अण' शब्द का अर्थ है – कहना या बताना। अर्थात् जो प्राचीन काल अथवा पूर्व काल अथवा अतीत के तथ्यों, सिद्धांतों, शिक्षाओं, नीतियों, नियमों और घटनाओं का विस्तृत विवरण प्रस्तुत करे। *''सृष्टि के रचनाकर्ता ब्रह्माजी ने सर्वप्रथम जिस प्राचीनतम धर्मग्रंथ को प्रकट किया, उसे पुराण के नाम से जाना जाता है। इनकी रचना वेदों से पूर्व हुई थी, इसलिए ये पुराण – प्राचीन अथवा पुरातन कहलाते हैं।''*

पुराण का अस्तित्व सृष्टि के प्रारम्भ से है, इसलिए इन्हें सृष्टि के प्रथम और सबसे प्राचीनतम ग्रंथ होने का गौरव प्राप्त है। जिस प्रकार सूर्य प्रकाश का स्रोत है, उसी प्रकार पुराण को ज्ञान का स्रोत कहा जाता है। जहाँ सूर्य अपनी किरणों से रात्रि का अंधकार दूर कर चारों ओर उजाला कर देता है, वहीं पुराण ज्ञानरूपी किरणों से मनुष्य-मन के अंधकार को दूर कर उसे सत्य के प्रकाश से सराबोर कर देते हैं। यद्यपि पुराण अत्यंत प्राचीनतम ग्रंथ हैं तथापि इनका ज्ञान और शिक्षाएँ पुरानी नहीं हुई हैं, बल्कि आज के संदर्भ में उनका महत्त्व और भी बढ़ गया है। जब से जगत् की सृष्टि हुई है, तभी से यह जगत् पुराणों के सिद्धांतों, शिक्षाओं और नीतियों पर आधारित है।

विषय-वस्तु

प्राचीनकाल से ही पुराण देवताओं, ऋषियों, मुनियों, मनुष्यों – सभी का मार्गदर्शन करते आ रहे हैं। पुराण उचित-अनुचित का ज्ञान करवाकर मनुष्य को धर्म एवं नीति के अनुसार जीवन व्यतीत करने के लिए प्रेरित करते हैं। मनुष्य-जीवन की वांस्तविक आधारशिला पुराण ही हैं। इनके अभाव में मनुष्य के अस्तित्व का ज्ञान असम्भव है। पुराण मनुष्य के शुभ-अशुभ कर्मों का विश्लेषण कर उन्हें दुष्कर्म करने से रोकते हैं। ये शाश्वत हैं, सत्य हैं और साक्षात् धर्म हैं।

पुराण वस्तुत: वेदों का ही विस्तार हैं, लेकिन वेद बहुत ही जटिल तथा शुष्क भाषा शैली में लिखे गए हैं। अत: पाठकों के एक विशिष्ट वर्ग तक ही इनका रुझान रहा। संभवत: यही विचार करके वेदव्यास जी ने पुराणों की रचना और पुनर्रचना की

योगियों को मुनि कहा गया। ब्रह्माजी से श्रुतियों का ज्ञान प्राप्त कर ऋषियों ने उसे अर्थ प्रदान किया और समयानुसार संसार में प्रकट किया, जबकि मुनियों ने प्रवक्ता के रूप में उस ज्ञान को विस्तृत स्वरूप प्रदान किया। वेदों की अपेक्षा पुराण अधिक परिवर्तनशील और स्मृतिमूलक हैं, इसलिए समयानुसार इनमें अनेक परिवर्तन होते रहे हैं। परिवर्तनशील प्रवृत्ति होने के कारण ही पुराणों को इतिहास के अधिक निकटतम कहा गया है।

सभी पुराण कथोपकथन शैली में लिखे गए हैं, इसलिए संभवत: उनके मूल रूप में परिवर्तन होता गया। लेकिन इसमें कोई संदेह नहीं है कि ये सभी पुराण विश्वास की उस पृष्ठभूमि पर अधिष्ठित हैं, जहाँ इतिहास, भूगोल और विज्ञान का तर्क उतना महत्त्वपूर्ण नहीं होता जितना कि उनमें व्यक्त मानव-मूल्यों का। वस्तुत: इन पुराणों का महत्त्व तर्क पर आधारित है और इन्हीं अर्थों में इनका महत्त्च है।

अध्याय 3

पुराणों की संख्या

सृष्टि के आरम्भ में ब्रह्माजी ने केवल एक ही पुराण की रचना की थी। एक अरब श्लोकों से युक्त यह पुराण अत्यंत विशाल और दुष्कर था। पुराण में वर्णित ज्ञान और प्राचीन आख्यान देवताओं के अतिरिक्त साधारण जनमानस को भी सहज और सरल ढंग से प्राप्त हों, यही विचार करके महर्षि वेद व्यास ने इस वृहत् पुराण को अठारह भागों में विभक्त किया था। इन पुराणों में वर्णित श्लोकों की कुल संख्या चार लाख है। महर्षि वेदव्यास द्वारा रचित सभी अठारह पुराणों और उनमें वर्णित श्लोकों की संख्या नीचे दी जा रही हैं :

	पुराण	*श्लोक संख्या*
1.	ब्रह्म पुराण	दस हज़ार
2.	पद्म पुराण	पचपन हज़ार
3.	विष्णु पुराण	तेईस हज़ार
4.	शिव पुराण	चौबीस हज़ार
5.	श्रीमद् भागवत पुराण	अठारह हज़ार
6.	नारद पुराण	पच्चीस हज़ार
7.	मार्कण्डेय पुराण	नौ हज़ार
8.	अग्नि पुराण	पन्द्रह हज़ार, चार सौ
9.	भविष्य पुराण	चौदह हज़ार, पाँच सौ
10.	ब्रह्मवैवर्त पुराण	अठारह हज़ार
11.	लिंग पुराण	ग्यारह हज़ार
12.	वराह पुराण	चौबीस हज़ार
13.	स्कंद पुराण	इक्यासी हज़ार, एक सौ
14.	वामन पुराण	दस हज़ार
15.	कूर्म पुराण	सत्रह हज़ार
16.	मत्स्य पुराण	चौदह हज़ार
17.	गरुड़ पुराण	उन्नीस हज़ार
18.	ब्रह्माण्ड पुराण	बारह हज़ार

एक धारणा के अनुसार सभी मन्वंतरों के प्रत्येक द्वापर में भगवान् विष्णु ही व्यासरूप में प्रकट होकर जनमानस के कल्याण के लिए इन अठारह पुराणों की रचना करते हैं। इन अठारह पुराणों के श्रवण और पठन से पापी मनुष्य भी पापरहित होकर पुण्य के भागी बनते हैं।

पुराणों की संख्या अठारह क्यों?

1. अणिमा, लघिमा, प्राप्ति, प्राकाम्य, महिमा, सिद्धि, ईशित्व अथवा वाशित्व, सर्वकामावसायिता, सर्वज्ञत्त्व, दूरश्रवण, सृष्टि, परकायप्रवेशन, वाक्‌सिद्धि, कल्पवृक्षत्व, संहारकरणसामर्थ्य, भावना, अमरता, सर्वन्यायकत्त्व - ये कुल अठारह सिद्धियाँ बताई गई हैं।
2. सांख्य दर्शन में पुरुष, प्रकृति, मन, पाँच महाभूतों (पृथ्वी, जल, वायु, अग्नि एवं आकाश), पाँच ज्ञानेंद्रियाँ (श्रोत्र, त्वचा, चक्षु, नासिका एवं रसना) और पाँच कर्मेंद्रियाँ (वाक्, पाणि, पाद, पायु एवं उपस्थ) - इन अठारह तत्वों का वर्णन किया गया है।
3. छः वेदांग, चार वेद, मीमांसा, न्यायशास्त्र, पुराण, धर्मशास्त्र, अर्थशास्त्र, आयुर्वेद, धनुर्वेद और गंधर्ववेद - ये अठारह प्रकार की विद्याएँ हैं।
4. एक संवत्सर, पाँच ऋतुएँ और बारह महीने - ये मिलकर काल के अठारह भेदों को प्रकट करते हैं।
5. श्रीमद् भागवत गीता के अध्यायों की संख्या अठारह है।
6. श्रीमद् भागवत में कुल अठारह हज़ार श्लोक हैं।
7. काली, तारा, छिन्नमस्ता, षोडशी, त्रिपुरभैरवी, धूमावती, वगलामुखी, मातंगी, कूष्मांडा, कात्यायनी, दुर्गा, लक्ष्मी, सरस्वती, गायत्री, पार्वती, श्रीराधा, कात्यायनी, सिद्धिदात्री - भगवती जगदम्बा के ये अठारह प्रसिद्ध स्वरूप हैं।
8. श्रीविष्णु, शिव, ब्रह्मा, इन्द्र आदि देवताओं के अंश से प्रकट हुईं भगवती दुर्गा अठारह भुजाओं से सुशोभित हैं।

उप पुराण

महर्षि वेदव्यास ने अठारह पुराणों के अतिरिक्त कुछ उप पुराणों की भी रचना की है। उप पुराणों को पुराणों का संक्षिप्त रूप कहा जाता है। ये उप पुराण निम्नलिखित हैं :

सनत्कुमार पुराण	नृसिंह पुराण	दुर्वासा पुराण	मनु पुराण
कपिल पुराण	उशनः पुराण	वरुण पुराण	कालिका पुराण
साम्ब पुराण	नंदी पुराण	सौर पुराण	पराशर पुराण
आदित्य पुराण	माहेश्वर पुराण	भागवत पुराण	वसिष्ठ पुराण

अध्याय 4
पुराणों के लक्षण

सर्गश्चाय विसर्गश्च वृती रक्षांतराणि च।
वंशो वंशानुचरितं संस्था हेतुरयाश्रय:।।

उपर्युक्त श्लोक के अनुसार पुराणों के दस लक्षण कहे गए हैं। महर्षि वेदव्यास ने भी वेदों और शास्त्रों के अनुसार पुराणों के दस लक्षणों का वर्णन किया है। पुराणों के दस लक्षणों से तात्पर्य पुराणों में वर्णित दस विषयों से हैं। इन दस लक्षणों को पुराणों की पहचान कहा जाता है। ये दस लक्षण इस प्रकार हैं :

1. सर्ग
2. विसर्ग
3. वृत्ति
4. रक्षा
5. मन्वंतर
6. वंश
7. वंशानुचरित
8. संस्था (प्रलय)
9. हेतु (ऊति)
10. अपाश्रय

उपर्युक्त दस लक्षणों को पढ़ने के बाद पाठकों के मन में यह जिज्ञासा अवश्य उत्पन्न होगी कि इनका अर्थ क्या है? ये किस प्रकार पुराणों की पहचान प्रस्तुत करते हैं? वास्तव में इन लक्षणों का विस्तृत अध्ययन करके हम पुराणों में वर्णित ज्ञान, आख्यानों, तथ्यों, शिक्षाओं और नीतियों को सहजता से समझ सकते हैं। इन लक्षणों को पुराणों की पहचान के साथ-साथ उनकी आत्मा भी कहा जा सकता है। वस्तुत: इन लक्षणों का अध्ययन ही पुराणों के विषय में विस्तृत ज्ञान उपलब्ध करवाता है।

1. सर्ग

ब्रह्माण्ड की रचना किस प्रकार हुई? सृष्टि की रचना एवं विकास कब और कैसे हुआ? सात्विक, रजोगुणी और तामसिक प्रवृत्तियाँ किस प्रकार उत्पन्न हुई? सूर्य, चन्द्र आदि ग्रह और नक्षत्र किस प्रकार उत्पन्न हुए? लोकों की रचना किस प्रकार हुई? दिशाएँ, इन्द्रियाँ, कर्मेन्द्रियाँ और पंच तत्वों का आविर्भाव किस प्रकार हुआ? युग, मन्वंतरों, सिद्धियों और माया का उदय किस प्रकार हुआ? - ये कुछ महत्त्वपूर्ण प्रश्न हैं जो जिज्ञासु मनुष्यों के मन में सदा से उठते रहे हैं। पुराणों के सर्ग नामक लक्षण के माध्यम से इन्हीं प्रश्नों का समाधान किया गया है। *''ब्रह्माण्ड की उत्पत्ति से लेकर मैथुनी सृष्टि के विकास के क्रम और प्रक्रिया का वर्णन सर्ग कहलाता है।''*

पुराणों में नौ प्रकार के सर्गों का वर्णन मिलता है :

1.	महत्तत्त्व सर्ग	2.	भूतसर्ग	3.	वैकारिक सर्ग
4.	मुख्य सर्ग	5.	तिर्यकसर्ग	6.	देवसर्ग
7.	मनुष्य सर्ग	8.	अनुग्रह सर्ग	9.	कौमार सर्ग

उपर्युक्त वर्णित महत्तत्त्व सर्ग, भूतसर्ग और वैकारिक सर्ग – ये तीनों प्राकृत सर्ग कहे गए हैं। जबकि मुख्य सर्ग, तिर्यकसर्ग, देवसर्ग, मनुष्य सर्ग और अनुग्रह सर्ग – ये पाँचों विकारी सर्ग कहे गए हैं। एकमात्र कौमार सर्ग ही ऐसा सर्ग है जो प्राकृत और विकारी दोनों प्रकार का है।

2. विसर्ग

''विराट् पुरुष (श्रीविष्णु) के अंश से उत्पन्न ब्रह्माजी द्वारा जिन विभिन्न चराचर सृष्टियों का निर्माण होता है उसे विसर्ग कहते हैं।'' अन्य शब्दों में *''चेतन पदार्थों की सृष्टि का वर्णन विसर्ग कहलाता है।''* इसमें सृष्टि-रचयिता ब्रह्माजी जीवों को उनके पूर्व जन्मों के अच्छे और बुरे कर्मों की प्रधानता के अनुसार विभिन्न योनियाँ प्रदान करते हैं। जैसे – कर्मों के अनुसार मत्स्य योनि, मूषक योनि, गज योनि, अश्व योनि, मनुष्य योनि, पक्षी योनि इत्यादि।

3. वृत्ति

वृत्ति का अर्थ है चराचर जीवों के जीवन-निर्वाह की आवश्यक सामग्री। अन्य शब्दों में, *''जीवों के जीवनयापन के लिए ब्रह्माजी ने जिन आवश्यक एवं उपयोगी वस्तुओं की रचना की, वे जीवों की वृत्ति हैं।''* उदाहरणार्थ – फल, अन्न आदि। जगत् में जितने भी चराचर जीव हैं, उनके जीवनयापन के लिए पंचभूतों से बनी हुई स्थावर वस्तुएँ ही हैं। किंतु समस्त प्राणियों में मनुष्यों की स्थिति सर्वथा भिन्न है। उन्होंने जीवन-निर्वाह के लिए कुछ बातें शास्त्रों के अनुसार और कुछ कामवश स्वयं ही बना ली हैं। वास्तव में पुराणों के अनुसार, ''अचर पदार्थ ही चराचर जीवों की वृत्ति हैं।'' अर्थात् जो पदार्थ अचर हैं जैसे गेहूँ, फल आदि; शास्त्रों के अनुसार, एकमात्र वे ही जीवों के भोजन हैं।

4. रक्षा

1. जब हिरण्याक्ष नामक दैत्य पृथ्वी को बलपूर्वक रसातल में ले गया था और पृथ्वी की करुण पुकार तीनों लोकों में व्याप्त हो गई थी, तब उसकी रक्षा के लिए भगवान् ने वराह अवतार धारण कर दैत्य हिरण्याक्ष का वध किया था।
2. हिरण्याक्ष के भाई दैत्य हिरण्यकशिपु ने कठोर तपस्या के बल पर वर प्राप्त कर तीनों लोकों पर अधिकार कर लिया था। उसके अत्याचारों से तीनों लोकों में हाहाकार मच गया था। देवताओं, गंधर्वों, नागों, यक्षों, ऋषियों, मुनियों,

मनुष्यों आदि के प्राण संकट में पड़ गए थे। तब सृष्टि के कल्याण के लिए भगवान् ने नृसिंहावतार धारण कर दैत्य हिरण्यकशिपु का संहार किया था।

3. समुद्र-मंथन के समय भगवान् ने कच्छप अवतार धारण कर जहाँ मंथन कार्य को सहज और सरल बना दिया था, वहीं जब दैत्यों ने देवताओं को पराजित कर समुद्र से निकले अमृत पर अधिकार कर लिया था और सृष्टि के लिए संकट उत्पन्न हो गया था, तब सृष्टि की रक्षा के लिए भगवान् ने मोहिनी अवतार धारण किया था।

उपर्युक्त वर्णित तीनों आख्यानों से यह स्पष्ट होता है कि परब्रह्म परमात्मा प्रत्येक युग में पशु, पक्षी, मनुष्य, ऋषि आदि के रूप में अवतार धारण करके अनेक लीलाएँ करते हैं। इसलिए उनके अवतार लीलावतार कहलाते हैं। अपने लीलावतारों में वे धर्म-विरोधियों, पापियों और दुष्टों का संहार कर भक्तों की रक्षा करते हैं। चूँकि सृष्टि-कल्याण और उसकी रक्षा के लिए भगवान् अवतार धारण करते हैं, अत: पुराणों में उनकी लीलाओं को 'रक्षा' नाम दिया गया है।

5. मन्वंतर

''मनु, देवता, मनुपुत्र, इन्द्र, सप्तर्षि और भगवान् के अंशावतार - इन छ: विशेषताओं से युक्त समय को मन्वंतर कहते हैं'' एक सहस्र चतुर्युगी; ब्रह्माजी का एक दिन होता है। (सतयुग, त्रेतायुग, द्वापरयुग और कलियुग - इन चार युगों की एक चतुर्युगी बनती है।) अपने इस एक दिन में ब्रह्माजी चौदह मनुओं की रचना करते हैं। अर्थात् एक सहस्र चतुर्युगी में चौदह मन्वंतर होते हैं। प्रत्येक मन्वंतर का अधिपति एक मनु होता है। इस प्रकार एक मन्वंतर की समयावधि लगभग इकहत्तर (71) चतुर्युगी होती है। प्रत्येक मनु इतने समय तक ही अपने अधिकार भोगता है। मनुष्यों के वर्षों के अनुसार चारों युगों के समय का जोड़ 43,20,000 वर्ष होता है, यह समय एक मन्वंतर का हुआ। दो हज़ार मन्वंतरों का एक कल्प होता है, अर्थात् 43,20,000 x 2,000 = 8,64,0000000 वर्षों का ब्रह्माजी का एक दिन-रात हुआ।

चौदह मन्वंतर और उनके अधिपति मनु कौन-से कहे गए हैं? मन्वंतरों में इन्द्र कौन हुए हैं? इन मन्वंतरों में विष्णु भगवान् ने कौन-से अवतार ग्रहण किए हैं? - इन चार महत्त्वपूर्ण प्रश्नों के उत्तर निम्न तालिका द्वारा समझाए गए हैं:

मन्वंतर	मनु	इन्द्र	भगवान् का अवतार
पहला	स्वयंभू	यज्ञ-पुरुष	यज्ञ-पुरुष
दूसरा	स्वारोचिष	विपश्चित्	विभु
तीसरा	औत्तम	सुशांति	सत्यसेन
चौथा	तामस	शिबी	हरि

मन्वंतर	मनु	इन्द्र	भगवान् का अवतार
पाँचवाँ	रैवत	विभु	वैकुण्ठ
छठा	चाक्षुष	मनोजव	अजित
सातवाँ	वैवस्वत	ऊर्जस्वी	वामन
आठवाँ	सावर्णिक	दैत्यराज बलि	सार्वभौम
नौवाँ	दक्षसावर्णि	कार्त्तिकेय	ऋषभदेव
दसवाँ	ब्रह्मसावर्णि	शांति	विष्वक्सेन
ग्यारहवाँ	धर्मसावर्णि	वृष	धर्मसेतु
बारहवाँ	रुद्रसावर्णि	ऋतधामा	स्वधामा
तेरहवाँ	रौच्य	देवस्पति	योगेश्वर
चौदहवाँ	भौत्य	शुचि	बृहभ्दानु

6. वंश

''सृष्टिकर्ता ब्रह्माजी द्वारा जितने राजाओं की सृष्टि की गई है, उनकी भूत, वर्तमान और भविष्यकालीन संतानपरम्परा को वंश कहते हैं।''

वंश से तात्पर्य राजवंश के साथ-साथ देवताओं, ऋषियों, मुनियों, दैत्यों आदि के वंश से भी है। अर्थात् इसमें राजाओं के अतिरिक्त देवताओं, ऋषियों, मुनियों और दैत्यों आदि की भूत, वर्तमान और भविष्यकालीन संतानपरम्परा का भी वर्णन किया गया है।

पुराणों में मुख्यतः सूर्यवंश और चन्द्रवंश - इन वंशों का वर्णन किया गया है। सूर्यवंश का आरम्भ सूर्य-पुत्र वैवस्वत मनु से कहा गया है। भगवान् सूर्यदेव ने विश्वकर्मा की पुत्री संज्ञा के गर्भ से वैवस्वत मनु को उत्पन्न किया था। वैवस्वत मनु के इक्ष्वाकु, नाभाग, धृष्ट, शर्याति, नरिष्यंत प्रांशु, अरिष्ट, करुष और पृषध्र नामक नौ पुत्र हुए। इक्ष्वाकु की उत्पत्ति वैवस्वत मनु की छींक से हुई थी। इक्ष्वाकु वंश में राजा सगर, अंशुमान, दिलीप, भगीरथ (जिन्होंने कठोर तपस्या कर गंगा को पृथ्वी पर उतारा था), रघु, अज आदि राजा हुए। त्रेतायुग में इक्ष्वाकु वंश में ही भगवान् श्रीराम हुए थे, जो सूर्यवंशी कहलाए।

पृथ्वी पर चन्द्रवंश का आरम्भ चन्द्र-पुत्र बुध से कहा गया है। चन्द्रदेव ने देवगुरु बृहस्पति की पत्नी तारा के गर्भ से बुध को उत्पन्न किया था। बुध का विवाह वैवस्वत मनु की पुत्री इला (पुराणों के अनुसार : शिवजी के वरदान के कारण वह स्त्री तथा पुरुष - दोनों रूप धारण कर सकती थी। वह स्त्री रूप में इला और पुरुष रूप में सुद्युम्न कहलाई) से हुआ। इला ने पुरुरवा को जन्म दिया, जिसका विवाह उर्वशी नामक अप्सरा से हुआ। पुरुरवा के वंश में जह्नु मुनि (जो गंगा द्वारा उद्दण्डता किए जाने पर क्रोधित होकर उसे पी गए थे और बाद में उनकी पुत्री बनकर गंगा

जाह्नवी नाम से प्रसिद्ध हुईं), कुशिक (जिनके घर देवराज इन्द्र पुत्ररूप में उत्पन्न हुए), गाधि, विश्वामित्र आदि अनेक तेजस्वी राजा हुए। राजा गाधि की पुत्री सत्यवती का विवाह ऋचीक मुनि से हुआ था। उनके पुत्र महर्षि जमदग्नि और पौत्र परशुराम हुए। पुरुरवा के बड़े पुत्र आयु के वंश में नहुष (जो वृत्रासुर के वध के बाद इन्द्र पद पर आसीन हुए थे), ययाति, पुरु, यदु आदि राजा हुए। राजा यदु के वंश में ही भगवान् श्रीकृष्ण अवतरित हुए थे, जो चन्द्रवंशी कहलाए।

इस प्रकार विभिन्न राजाओं के वंशों का पुराणों में विस्तृत वर्णन किया गया है। इसके माध्यम से हम विभिन्न राजवंशों की उत्पत्ति के विषय में सहज और सरल ढंग से उपयुक्त ज्ञान अर्जित कर सकते हैं।

7. वंशानुचरित

वंश में जहाँ राजाओं, देवताओं, ऋषियों आदि की संतान परम्परा का वर्णन है, वहीं वंशानुचरित में इनके चरित्रों का विस्तृत वर्णन किया गया है। इन वंशानुचरितों में देवताओं, महातेजस्वी राजाओं और परम तपस्वी ऋषि-मुनियों के चरित्रों का उल्लेख है।

यद्यपि वेद और पुराण के समकालीन होने के कारण वेदों में भी विभिन्न राजाओं के वंशानुचरितों का वर्णन किया गया है, किंतु उनमें संक्षिप्त और गूढ़ वर्णन होने के कारण साधारण जनमानस के अन्तर्मन मन में अनेक प्रश्न अनसुलझे रह जाते हैं। जबकि पुराणों में इनका वर्णन समयानुसार की घटनाओं, आख्यानों और कथाओं के साथ विस्तृत ढंग से किया गया है। शायद इसलिए वेदों की अपेक्षा पुराणों का स्वरूप अत्यंत विस्तृत और विशिष्ट हो गया है।

8. संस्था

प्रलय को ही तत्त्वज्ञ विद्वानों ने संस्था कहा है। प्रलय अर्थात् सृष्टि का अंत। जब ब्रह्माजी का एक दिन पूरा हो जाता है तो वे शयन से पूर्व अपने द्वारा की गई सृष्टि को समेट लेते हैं। इसका अर्थ है कि एक सहस्र (हज़ार) चतुर्युगी बीत जाने के बाद प्रलय द्वारा सम्पूर्ण सृष्टि नष्ट हो जाती है। चूँकि दिन के समान ब्रह्माजी की रात भी एक सहस्र चतुर्युगी के बराबर होती है, इसलिए इतने समय तक चारों ओर प्रलय का दृश्य उपस्थित रहता है। पुराणों के अनुसार प्रलय चार प्रकार की बताई गई हैं :

1. नैमित्तिक प्रलय
2. प्राकृतिक प्रलय
3. आत्यन्तिक प्रलय
4. नित्य प्रलय

तीनों लोकों का विलीन होना नैमित्तिक प्रलय कहलाता है। इस प्रलय में विश्व को स्वयं में समेटकर अर्थात् विलीन कर ब्रह्माजी शयन करते हैं।

जब ब्रह्माजी सृष्टि को स्वयं में विलीन करते हैं, तब महत्तत्त्व, अहंकार और पंचतन्मात्राएँ – ये सातों प्रकृतियाँ मूल प्रकृति में लीन हो जाती हैं। इसे ही प्राकृतिक

प्रलय कहते हैं। इसमें प्रलय का कारण उपस्थित होने पर पंचभूतों से निर्मित ब्रह्माण्ड अपना स्थूल स्वरूप छोड़कर कारणरूप में लीन हो जाता है।

आत्यन्तिक प्रलय द्वारा मोक्ष के स्वरूप का विवेचन किया गया है। जब विवेक जाग्रत होने पर मनुष्य का अहंकार खण्डित हो जाता है और उसे अपने वास्तविक स्वरूप के दर्शन हो जाते हैं, तब वह मायारूपी बंधन से मुक्त होकर अपने एकरस आत्मस्वरूप के साक्षात्कार में स्थित हो जाता है। आत्मा की यह मायामुक्त वास्तविक स्थिति ही आत्यन्तिक प्रलय कही गई है। तत्त्वदर्शी विद्वानों के अनुसार इस सृष्टि में जितने भी प्राणी व पदार्थ हैं, वे प्रतिक्षण पैदा होते और मरते रहते हैं। अर्थात् नित्यरूप से उत्पत्ति और प्रलय होती रहती है। इसे ही नित्य प्रलय कहते हैं। काल की गति के कारण प्रतिक्षण होने वाली इस प्रलय का पता नहीं चलता।

9. हेतु

हेतु शब्द का अर्थ है – साधन अथवा कारण। कुछ स्थानों पर हेतु के लिए 'ऊति' शब्द का भी प्रयोग किया जाता है। पुराणों के लक्षणों में हेतु नाम से जीव का वर्णन किया गया है। जीव ही सृष्टि के सर्ग, विसर्ग और प्रलय का हेतु (साधन) है। वास्तव में हेतु जीवों की वे वासनाएँ हैं, जो कर्मों द्वारा उन्हें बंधनों में डाल देती हैं।

10. अपाश्रय

जागृत, स्वप्न और सुषुप्ति – ये तीनों जीव की वृत्तियाँ बताई गई हैं। जीव की इन तीनों वृत्तियों में जो क्रमशः विश्व, तैजस और प्राज्ञ के मायामय रूपों में विद्यमान है और जो इन तीनों अवस्थाओं से अलग तुरीयतत्त्व के रूप में भी लक्षित होता है, वही ब्रह्म है। उसी परब्रह्म के लिए पुराणों में अपाश्रय शब्द का प्रयोग किया गया है। यदि नामविशेष और रूपविशेष से युक्त जीवों और पदार्थों पर विचार करें तो उनमें स्वयं ब्रह्म ही विद्यमान हैं। समयावधि पूर्ण होने पर जब जीव और पदार्थ नष्ट हो जाते हैं तब भी ब्रह्म पृथक रूप से इस सृष्टि में विद्यमान रहते हैं। इसी प्रकार विश्वब्रह्माण्ड की उत्पत्ति से लेकर महाप्रलय के अंत तक जितनी भी अवस्थाएँ हैं, उनके स्वरूप में ब्रह्म ही प्रतीत होते हैं। वे इसमें विद्यमान होकर भी इससे सर्वथा पृथक हैं। अनिवाशी ब्रह्म ही पुराणोक्त आश्रयतत्त्व हैं। इसी दशम लक्षण को स्पष्ट करने के लिए सर्ग से लेकर हेतु तक का वर्णन किया गया है।

यद्यपि उपर्युक्त दस लक्षण पुराणों की पहचान कहे गए हैं, तथापि कुछ विद्वान पुराणों के सर्ग, वंश, वंशानुचरित, मन्वंतर और प्रलय – केवल ये पाँच लक्षण ही मानते हैं। इससे अनेक बार जिज्ञासुओं के मन में लक्षणों की संख्या के प्रति संदेह और भ्रम उत्पन्न हो जाता है। किंतु वास्तव में उपर्युक्त दोनों ही कथन ठीक हैं, क्योंकि महापुराणों के विस्तृत होने के कारण उनके दस लक्षण होते हैं और छोटे पुराणों के संक्षिप्त होने के कारण पाँच।

(द्वितीय खण्ड : अठारह पुराणों का सार)

अध्याय 1

ब्रह्म पुराण

परिचय

सृष्टि के आरम्भ में ब्रह्माजी ने सर्वप्रथम पुराण की रचना की थी। इस पुराण के अत्यंत विस्तृत और जनमानस के लिए दुर्लभ होने के कारण महर्षि वेदव्यास ने इस विस्तृत पुराण को अठारह भागों में खण्डित कर दिया था। इस प्रकार ब्रह्माजी द्वारा रचित प्राचीनतम और विस्तृत पुराण महर्षि वेद व्यास द्वारा अठारह पुराणों में विभक्त हो गया। वेदव्यास द्वारा रचित अठारह पुराणों की गणना में ब्रह्म पुराण को प्रथम स्थान प्राप्त है। प्रथम पुराण होने के कारण इस पुराण को 'आदिपुराण' भी कहा जाता है। ब्रह्माजी द्वारा रचित और कथित होने के कारण इस पुराण को 'ब्रह्म पुराण' कहा गया है। यद्यपि सर्वप्रथम ब्रह्माजी ने ही दक्ष, मरीचि, कश्यप आदि प्रजापतियों को इस पुराण की मूल कथा सुनाकर भगवान् श्रीकृष्ण के परब्रह्म स्वरूप का निरूपण किया था, तथापि ब्रह्म पुराण की कथा महर्षि लोमहर्षण सूतजी और शौनक आदि ऋषियों के संवाद से आरम्भ होती है।

श्लोक संख्या और खण्ड

ब्रह्म पुराण में दस हज़ार (10,000) श्लोक निहित हैं। कुछ विद्वान इस पुराण के श्लोकों की संख्या चौदह हज़ार (14,000) बताते हैं। ब्रह्मपुराण का खण्ड अथवा स्कंद के अनुसार विभाजन न करके इसे 246 अध्यायों में विभक्त किया गया है।

ब्रह्म पुराण का सार

भगवान् विष्णु के नाभि-कमल से उत्पन्न ब्रह्माजी को सृष्टि का रचनाकार कहा गया है। उनकी महिमा अपरम्पार है। इस पुराण में सर्वप्रथम उनकी इसी महिमा - सृष्टि - का विराट वर्णन किया गया है। ब्रह्म पुराण के अनुसार नार (जल) में निवास करने वाले भगवान् नारायण सृष्टि के आदिपुरुष हैं। सृष्टि-रचना के उद्देश्य से भगवान् नारायण ने एक विशाल स्वर्णमय अण्ड को प्रकट किया था। इसी अण्ड में से ब्रह्माजी प्रकट हुए थे। ब्रह्माजी ने इस अण्ड को दो भागों में विभक्त कर इसके एक भाग से द्युलोक और दूसरे से भूलोक को प्रकट किया। इन दोनों लोकों के बीच में आकाश को रखने के बाद उन्होंने जल के ऊपर तैरती हुई पृथ्वी को स्थापित किया। तत्पश्चात् उन्होंने चराचर जगत् की रचना की।

सृष्टि की उत्पत्ति के वर्णन के बाद इस पुराण में राजा पृथु के चरित्र का वर्णन किया गया है। राजा वेन के अत्याचारों से क्रुद्ध होकर ऋषियों ने उनका वध कर दिया था। तत्पश्चात् प्रजाजन की रक्षा के लिए उन्होंने वेन की दाहिनी भुजा का मंथन किया। इस मंथन के फलस्वरूप परम तेजस्वी राजा पृथु उत्पन्न हुए थे। इन्होंने ही प्रजाजन की रक्षा के लिए गायरूपी पृथ्वी का दोहन कर उसके गर्भ में छिपे रत्नों, वनस्पतियों, औषधियों, वृक्षों और अन्नादि को प्रकट किया था। *राजा पृथु द्वारा पुत्रीरूप में स्वीकार किए जाने के कारण यह भूलोक पृथ्वी के नाम से प्रसिद्ध हुआ।*

इसके बाद चौदह मन्वंतरों, उनके अधिपति मनुओं और वैवस्वत मनु के वंशजों का वर्णन किया गया है। इसी शृंखला में राजा रैवत की पुत्री रेवती और वसुदेवनंदन बलराम का विवाह, राजा कुवलाश्व द्वारा दैत्य धुन्धु का संहार कर धुन्धुमार के नाम से प्रसिद्ध होना, महर्षि विश्वामित्र द्वारा राजा सत्यव्रत को सशरीर स्वर्ग भेजना, महाराज सगर की उत्पत्ति और भगवान् विष्णु के अंशावतार महर्षि कपिल द्वारा क्रोध में भरकर राजा सगर के साठ हज़ार पुत्रों को भस्म करना - ये ध ार्मिक कथाएँ सूर्यवंशी राजाओं के चरित्रों का वर्णन कर आरम्भ से ही इस पुराण को अत्यंत सुरुचिपूर्ण और ज्ञानवर्द्धक बनाती हैं।

इस पुराण में सूर्यवंशी राजाओं के कुछ प्रमुख चरित्रों का वर्णन करने के बाद ब्रह्माजी के मानस पुत्र महर्षि अत्रि के तेज से चन्द्रदेव के उत्पन्न होने और उनके वंश का विवरण दिया गया है। किस कारण से चन्द्रवंशी राजा गाधि के घर ब्राह्मण-स्वभाव से युक्त महर्षि विश्वामित्र और महर्षि जमदग्नि के घर क्षत्रिय-स्वभाव से युक्त परशुराम हुए - इस प्रश्न का उत्तर पुराण में वर्णित कथा द्वारा सरलता से दिया गया है। चन्द्रवंश के वर्णन में ही चन्द्रवंशी भगवान् श्रीकृष्ण की अद्‌भुत और अलौकिक लीला का वर्णन किया गया है।

चन्द्रवंश के वर्णन के बाद इसमें जम्बू आदि सातों द्वीपों, भारतवर्ष की महिमा, पाताल एवं नरकों का वर्णन, आकाश में ग्रहों की स्थिति और हरिनाम-कीर्तन की महिमा का विस्तृत विवरण दिया गया है।

भगवान् सूर्यनारायण का अलौकिक माहात्म्य, उनके अष्टोत्तरशत (108) नामों का वर्णन, पूजन-विधि, व्रत, देवमाता अदिति के गर्भ से उनकी उत्पत्ति और उड़ीसा में स्थित भगवान् सूर्य के कोणादित्य (कोणार्क) तीर्थ का वर्णन इस पुराण का एक ज्ञानवर्द्धक, अलौकिक और महत्त्वपूर्ण पक्ष है।

इसके अतिरिक्त भगवती पार्वती के अनुपम चरित्र और उनकी धर्मनिष्ठा का मिश्रित उपाख्यान इस पुराण की एक अन्य विशेषता है। भगवती पार्वती द्वारा कठोर तपस्या से ब्रह्माजी को प्रसन्न कर उनसे इच्छित वर प्राप्त करने का आख्यान जहाँ उनके तपोमयी स्वरूप को प्रकट करता है, वहीं एक बालक की प्राण-रक्षा के लिए अपने तप का सम्पूर्ण फल ग्राह को देने का आख्यान उनके दयामयी स्वरूप का

चित्रण करता है। इसमें भगवती पार्वती और भगवान् शिव से संबंधित और भी अनेक आख्यान दिए गए हैं, जो क्रमबद्ध ढंग से वर्णित हैं।

भगवन्नाम का अलौकिक माहात्म्य और भगवान् जगन्नाथ की महत्ता इस पुराण की दूसरी विशिष्टता है। इसके अंतर्गत भगवान् विष्णु की इन्द्रनीलमयी प्रतिमा के गुप्त होने, भगवत्प्रतिमाओं के पुनर्निर्माण, राजा इन्द्रद्युम्न द्वारा उनकी पुनर्स्थापना, भगवान् जगन्नाथ के दर्शन-पूजन की विधि, ज्येष्ठ पूर्णिमा को श्रीकृष्ण, बलराम और सुभद्रा के स्नान का उत्सव, उनके दर्शन-पूजन और गुण्डिचा यात्रा का माहात्म्य एवं द्वादश यात्रा की प्रतिष्ठा विधि का विस्तृत और अलौकिक वर्णन किया गया है।

तीर्थ माहात्म्य ब्रह्म पुराण की तीसरी और सबसे महत्त्वपूर्ण विशेषता है। इस पुराण के लगभग आधे से भी अधिक अध्यायों में विभिन्न तीर्थों के दर्शन, पूजन और वहाँ किए गए दानादि से प्राप्त होने वाले पुण्यों का वर्णन किया गया है। तीर्थों की महिमा का वर्णन करने से पूर्व पुराण में महर्षि गौतम द्वारा गंगा के पृथ्वी पर आगमन की कथा कही गई है। गौतमी गंगा (गोदावरी) का माहात्म्य, उनके दो स्वरूपों का वर्णन, गोदावरी में स्नान, व्रत, अनुष्ठान, दान तथा श्राद्ध आदि का महत्त्व इस पुराण में विस्तार से वर्णित है।

राजा भगीरथ और महर्षि गौतम में से गंगा को पृथ्वी पर कौन लाए थे? - इस विषय में सत्य की जिज्ञासा सदा से अनेक मनुष्यों के मन में उठती रही है। इस पुराण में पुण्यमय गंगा के दोनों स्वरूपों तथा पृथ्वी पर उनके आगमन के दोनों पौराणिक आख्यानों का विस्तृत विवेचन कर उनके पृथ्वी-आगमन से संबंधित भ्रम का निवारण किया गया है।

एक कथा के अनुसार इक्ष्वाकुवंशी राजा भगीरथ ने गंगा को पृथ्वी पर उतारा था, इसलिए उत्तर में गंगा भगीरथी के नाम से प्रसिद्ध है। किंतु दक्षिण में गंगा को पृथ्वी पर उतारने का श्रेय महर्षि गौतम को प्राप्त है। उन्हीं के नाम से दक्षिण में गंगा को गौतमी (गोदावरी) गंगा कहा जाता है।

पुराण में गौतमी (गोदावरी) गंगा के तट पर स्थित अधिकांश तीर्थों का अत्यंत मनोहारी, दर्शनीय और काव्यमय विवरण दिया गया है। वराह तीर्थ, भानु तीर्थ, अरुणा-वरुणा संगम, कपोत-कपोती तीर्थ, गारुड़ तीर्थ, गोवर्धन तीर्थ, श्वेत तीर्थ, शुक्रतीर्थ, इन्द्र तीर्थ, अग्नि तीर्थ, इला तीर्थ, सुपर्णा-संगम, पंच तीर्थ, शमी तीर्थ, पुरूरवा तीर्थ, चक्र तीर्थ, पिप्पल तीर्थ, नाग तीर्थ, मातृ तीर्थ, अविघ्न तीर्थ, शेष तीर्थ, शनैश्चर तीर्थ, सोम तीर्थ, धान्य तीर्थ, गोविन्द तीर्थ, श्रीराम तीर्थ, पुत्र तीर्थ, तपस्तीर्थ, लक्ष्मी तीर्थ, सारस्वत तीर्थ, भद्र तीर्थ, व्यास तीर्थ, चक्षु तीर्थ, विप्र तीर्थ, नारसिंह तीर्थ, पैशाचनाशन तीर्थ, कुशतर्पण तीर्थ, पुरुषोत्तम तीर्थ, श्रीविष्णु तीर्थ आदि ये इस पुराण में वर्णित कुछ प्रमुख तीर्थ हैं। इनसे संबंधित पौराणिक कथाएँ शिक्षाप्रद और तीर्थों के इतिहास की परिचायक हैं।

ब्रह्मपुराण में अच्छे-बुरे कर्मों के फलों, स्वर्ग-नरक और वैकुण्ठ आदि का भी विशद वर्णन है। इस पुराण में अनेक ऐसी शिक्षाप्रद, कल्याणकारी और रोचक कथाएँ दी गई हैं, जो मनुष्य-जीवन को उन्नत बनाने में बड़ी सहायक और उपयोगी हैं। भगवान् श्रीकृष्ण की परम पावन माधुर्यपूर्ण ब्रज-लीलाओं का विस्तृत वर्णन इसमें बड़ा मनोहारी और विशेष रूप से उल्लेखनीय है।

योग और सांख्य की सूक्ष्म चर्चा के साथ, गृहस्थोचित सदाचार तथा कर्त्तव्याकर्त्तव्य आदि का निरूपण भी इसमें किया गया है।

इस प्रकार यह पवित्र पुराण - गृहस्थ, ब्रह्मचारी, संन्यासी, साधकों और जिज्ञासुओं - सभी श्रेणी के पाठकगण के पठन-पाठन और चिंतन के लिए सर्वथा उपयोगी है।

ब्रह्म पुराण एक परम पवित्र पुराण है। जो मनुष्य श्रद्धापूर्वक इस पुराण का पठन, पाठन अथवा श्रवण करते हैं, उन्हें श्रीविष्णु के परम धाम वैकुण्ठलोक में स्थान प्राप्त होता है। यह पुराण मनुष्यों को वैभव, यश, आयु, सुख, कीर्ति, बल, पुष्टि और धन देने वाला तथा उनके अशुभ फलों का नाश करने वाला है। जो मनुष्य नित्य एकाग्रचित्त भाव से श्रद्धापूर्वक इस पवित्र पुराण का पाठ करते हैं, उन्हें सहज ही सम्पूर्ण अभीष्ट वस्तुएँ एवं सिद्धियाँ प्राप्त हो जाती हैं। जो भक्तजन भगवान् विष्णु के चरण-कमलों में ध्यान लगाकर सम्पूर्ण अभिलषित वस्तुएँ प्रदान करने वाले इस पवित्र ग्रंथ का श्रवण करते हैं, वे समस्त पापों से मुक्त होकर मोक्ष के अधिकारी बनते हैं। ब्रह्म पुराण का भक्तिपूर्वक पठन, श्रवण और चिंतन - मनुष्य को विद्या, ऐश्वर्य, वैभव, श्रेष्ठ बुद्धि, धैर्य, धर्म, अर्थ, काम और मोक्ष प्रदान करता है।

कहा गया है :

यान्-यान् कामानभिप्रेत्य पठेत्प्रयतामानसः।
तास्तान् सर्वानवाप्नोति पुरुषो नात्र संशयः।।

अर्थात् जिन-जिन कामनाओं को मन में लेकर मनुष्य संयत चित्त से इस पुराण का पाठ करते हैं, उन सबकी उन्हें प्राप्ति हो जाती है - इसमें तनिक भी संदेह नहीं है।

ब्रह्म पुराण की कथा : राजा इन्द्रद्युम्न की कथा

सतयुग की बात है, अवंती (उज्जैन) में इन्द्रद्युम्न नामक एक प्रतापी राजा राज्य करते थे। वे बड़े पराक्रमी, सत्यवादी, दानी, धर्मात्मा, ब्राह्मण-भक्त और परम विद्वान थे। दान, यज्ञ और तप में उनकी समानता करने वाला दूसरा कोई नहीं था। इस प्रकार समस्त ऐश्वर्य-वैभव से सुशोभित और श्रेष्ठ गुणों से अलंकृत राजा इन्द्रद्युम्न धर्मपूर्वक अपने राज्य का उपभोग कर रहे थे।

एक बार राजा इन्द्रद्युम्न के मन में भगवान् नारायण की आराधना करने का विचार उत्पन्न हुआ। वे अपने कुलगुरु से बोले - ''गुरुदेव ! यह सृष्टि श्रीविष्णु की

इच्छानुसार प्रकट होती है और कल्पांत में उन्हीं की इच्छा से नष्ट हो जाती है। मनुष्य की इच्छाएँ पूर्ण करना ही उनका स्वभाव है। वे परब्रह्म परमेश्वर संसार के पालनहार हैं। धन, ऐश्वर्य, वैभव, मोक्ष – सभी उनके चरणों के दास हैं। जिस प्राणी पर उनकी कृपा-दृष्टि हो जाती है, वह जन्म-मरण के चक्र से मुक्त हो जाता है। गुरुदेव ! भगवान् विष्णु की कृपा से मैंने पृथ्वी के सम्पूर्ण विषयों का भोग किया है और अब मैं उन्हें प्रसन्न कर इस माया-निर्मित संसार से मुक्ति प्राप्त करना चाहता हूँ। किंतु मुझे यह ज्ञान नहीं है कि मैं उनकी आराधना किस प्रकार करूँ? गुरुदेव ! आप परम विद्वान हैं। आपको भली-भाँति ज्ञात है कि एक गृहस्थ मनुष्य किस प्रकार श्रीविष्णु के परमधाम का अधिकारी बन सकता है। कृपया आप मेरा मार्गदर्शन करें।''

कुलगुरु बोले – ''राजन ! वेदों में मनुष्य-जीवन को चार अवस्थाओं में विभाजित किया गया है। मनुष्य को सदा इन चार आश्रमों के अनुसार जीवन व्यतीत करना चाहिए। ब्रह्मचर्य आश्रम में मनुष्य को गुरुदेव के पास रहकर विद्याध्ययन करना चाहिए। गृहस्थाश्रम में विवाह कर ऐश्वर्य और विषयों का भोग करना चाहिए। वानप्रस्थाश्रम में उसे विषय-भोगों का त्याग कर भगवान् की पूजा-उपासना के लिए वन की ओर प्रस्थान करना चाहिए, जबकि संन्यास आश्रम में शरीर का मोह त्याग कर भगवान् विष्णु के श्रीचरणों में ध्यानमग्न हो जाना चाहिए। राजन ! आपका विचार अति उत्तम है। सौभाग्यशाली मनुष्यों को ही भगवान् विष्णु की पूजा-आराधना करने का सौभाग्य प्राप्त होता है। किंतु राजन ! आपकी वानप्रस्थ की अवस्था में अभी कुछ समय शेष है अतः गृहस्थ धर्मानुसार आपको पुरुषोत्तम क्षेत्र में जाकर भगवान् की आराधना करने का सौभाग्य प्राप्त करना चाहिए।''

तब भगवान् पुरुषोत्तम की आराधना करने के उद्देश्य से राजा इन्द्रद्युम्न अपनी महारानियों, कुलगुरु, मंत्रिगण, सेनापति और अनेक ऋषि-मुनियों के साथ पुरुषोत्तम क्षेत्र की ओर चल पड़े। नगर-निवासियों ने जब इस बारे में सुना तो उन्होंने भी अपने राजा का अनुसरण किया। इस प्रकार यात्रा करते हुए कुछ ही दिनों में वे दक्षिण समुद्र के तट पर पहुँच गए।

वहाँ पहुँचकर राजा इन्द्रद्युम्न ने समुद्र के दर्शन किए, जो अनेक प्रकार के दिव्य रत्नों से से युक्त है। वह अत्यंत विशाल, भयंकर तथा श्याम वर्ण है। भगवान् विष्णु का निवास-स्थान वह समुद्र परम पवित्र, समस्त पापों का नाश करने वाला और सम्पूर्ण इच्छाओं को पूर्ण करने वाला है। इसके अतिरिक्त इन्द्रद्युम्न ने वहाँ अनेक रमणीय स्थानों और नदियों के भी दर्शन किए।

पुरुषोत्तम तीर्थ में वट-वृक्ष के दर्शन कर इन्द्रद्युम्न सोचने लगे – 'मैं यहीं रहकर परब्रह्म परमेश्वर भगवान् विष्णु की आराधना करूँगा। मुझे यह भली-भाँति ज्ञात हो गया है कि यही स्थान भगवान् का मानस तीर्थ पुरुषोत्तम क्षेत्र है, क्योंकि यहाँ कल्प-वृक्ष स्वरूप वट-वृक्ष खड़ा है। यहीं इन्द्रनील मणि की बनी हुई उनकी प्रतिमा

गए। फिर भगवान् विष्णु की आज्ञा से विश्वकर्मा ने कुछ ही समय में श्रीकृष्ण, बलराम और सुभद्रा की प्रतिमाएँ तैयार कर दीं।

यह देख इन्द्रद्युम्न के आश्चर्य का कोई ठिकाना नहीं रहा। वे श्रद्धापूर्वक बोले – "भगवन् ! आप दोनों कोई साधारण ब्राह्मण प्रतीत नहीं होते। आपके कर्म अद्‌भुत हैं। आपका व्यवहार देवताओं के समान है। ऐसा प्रतीत होता है, मानो देवता ही मनुष्य-रूप में मेरे सामने आ गए हों। भगवन् ! आप देवता हैं अथवा मनुष्य? यक्ष हैं अथवा विद्याधर? कहीं आप ब्रह्मा और भगवान् विष्णु तो नहीं? कृपया अपना वास्तविक परिचय देकर मुझे अनुगृहीत करें।"

तब भगवान् विष्णु ने अपना वास्तविक परिचय दिया और बोले – "वत्स ! मेरे अनन्य भक्तों को ही मेरे दुर्लभ दर्शन सुलभ होते हैं और तुम्हारी दृढ़ भक्ति के कारण ही तुम्हें मेरा साक्षात्कार हुआ। मैं तुम्हें वर देता हूँ कि तुम अनेक वर्षों तक सुखपूर्वक पृथ्वी का उपभोग करने के बाद मेरा परमधाम प्राप्त करोगे। यह तीर्थ इन्द्रद्युम्न तीर्थ के नाम से प्रसिद्ध होगा। यहाँ मात्र एक बार स्नान करने पर ही मनुष्य स्वर्ग का अधिकारी बन जाएगा। यहाँ पिण्डदान करने वाले की इक्कीस पीढ़ियों का उद्धार हो जाएगा। यहाँ निकट ही वृक्षों से व्याप्त एक सुंदर मण्डप है। आषाढ़ के शुक्ल पक्ष की पंचमी को महानक्षत्र में भक्तजन सात दिन तक उस सुंदर मण्डप में हमारी इन प्रतिमाओं को स्थापित रखेंगे। राजन ! यहाँ सात दिन के लिए मेरी यात्रा होगी। भक्तों के मनोरथ पूर्ण करने वाली वह यात्रा गुण्डिचा यात्रा नाम से प्रसिद्ध होगी। जो लोग वहाँ मेरी, बलरामजी और सुभद्रा की श्रद्धापूर्वक पूजा-अर्चना करेंगे, मेरी कृपा से उनकी सभी कामनाएँ पूर्ण होंगी।" यह कहकर भगवान् विष्णु विश्वकर्मा सहित वहाँ से अंतर्धान हो गए।

इसके बाद इन्द्रद्युम्न ने एक विशाल उत्सव का आयोजन कर उन प्रतिमाओं की स्थापना करवाई। भगवान् के वर-स्वरूप समस्त ऐश्वर्य भोगने के बाद इन्द्रद्युम्न को उनका परमधाम प्राप्त हुआ।

गुण्डिचा नामक प्रसिद्ध मंदिर इन्द्रद्युम्न सरोवर के तट पर ही स्थित है। वहाँ भगवान् विष्णु का दर्शन करने से इच्छित भोगों की प्राप्ति होती है। वहाँ प्रबोधिनी एकादशी के दिन, फाल्गुन की पूर्णिमा को तथा विषुवयोग में विधिपूर्वक यात्रा कर श्रीकृष्ण, बलराम और सुभद्रा के दर्शन करने से भक्त वैकुण्ठ के अधिकारी बनते हैं। जो भक्त ज्येष्ठ मास में शास्त्रोक्त विधि के अनुसार बारह यात्राएँ कर उनकी प्रतिष्ठा करते हैं, वे पृथ्वी के समस्त ऐश्वर्य भोगने के बाद अंत में मोक्ष-पद प्राप्त करते हैं।

इन बारह यात्राओं के पूर्ण होने पर इन्हें द्वादश यात्रा कहा जाता है। द्वादश यात्रा पूर्ण होने पर इनकी विधिपूर्वक प्रतिष्ठा करनी चाहिए। ज्येष्ठ मास के शुक्ल पक्ष की एकादशी तिथि में किसी पवित्र सरोवर पर जाकर आचमन करें और भगवान् नारायण का ध्यान करते हुए विधिवत् स्नान करें।

स्नानादि के पश्चात् शास्त्रोक्त विधि द्वारा देवताओं और पितृों का तर्पण करें। तत्पश्चात् स्वच्छ वस्त्र धारण कर एक-सौ आठ बार गायत्री का मानसिक जप करें। तदंतर सूर्य-संबंधी मंत्रों का जप करके तीन बार सूर्यदेव की परिक्रमा करें। इसके बाद मौन धारण कर घर जाए और विधिपूर्वक भगवान् पुरुषोत्तम की पूजा-आराधना करते हुए 108 बार 'ॐ नमो: पुरुषोत्तम' इस महामंत्र का उच्चारण करें।

इसके बाद भक्तिपूर्वक भगवान् से प्रार्थना करें :

नमस्ते सर्वलोकेश भक्तानामभयप्रद।
संसार सागरे मग्नं त्राहि मां पुरुषोत्तम।।
यास्ते मया कृता यात्रा द्वादशैव जगत्पते।
प्रसादात्तव गोविन्द सम्पूर्णास्ता भवंतु मे।।

"भक्तों को अभय प्रदान करने वाले हे पुरुषोत्तम ! आपको नमस्कार है। मैं इस संसार-सागर में डूबा हुआ हूँ। मेरा उद्धार कीजिए। जगत्पते ! गोविंद ! आपके दर्शनों के लिए मैंने जो बारह यात्राएँ की हैं, आपके प्रसाद से वे सब मेरे लिए परिपूर्ण हों।"

इसके बाद भगवान् को प्रणाम कर गुरु की पूजा करें। फिर भक्तिपूर्वक रात्रि-जागरण करें। प्रात: द्वादशी को बारह ब्राह्मणों को निमंत्रित करें। भगवान् की पूजा करने के बाद ब्राह्मणों की पूजा करें। तदंतर गुरु और ब्राह्मणों को गौ, वस्त्र, स्वर्ण, छतरी, जूते और काँसे के पात्र अर्पित करें। भोजन करवाने के बाद उन्हें जल से भरे बारह घड़े, लड्डू और दक्षिणा दें। तत्पश्चात् उनकी तीन बार प्रदक्षिणा करें। फिर प्रणाम कर उन्हें विदा करें। इसके बाद स्वजन, याचकों और बंधु-बांधवों को भोजन करवाकर स्वयं भोजन ग्रहण करें।

इस प्रकार द्वादश यात्रा की विधिपूर्वक प्रतिष्ठा करने वाले मनुष्य वैकुण्ठ लोक में स्थान पाते हैं।

अध्याय 2
पद्म पुराण

परिचय

पद्म का अर्थ है – 'कमल का पुष्प'। चूँकि सृष्टि-रचयिता ब्रह्माजी ने भगवान् नारायण के नाभि-कमल से उत्पन्न होकर सृष्टि-रचना संबंधी ज्ञान का विस्तार किया था, इसलिए इस पुराण को पद्म पुराण की संज्ञा दी गई है। महर्षि वेदव्यास द्वारा रचित सभी अठारह पुराणों की गणना में 'पद्म पुराण' को द्वितीय स्थान प्राप्त है। श्लोक संख्या की दृष्टि से भी इसे द्वितीय स्थान रखा जा सकता है। पहला स्थान स्कंद पुराण को प्राप्त है।

सर्ग, प्रतिसर्ग, वंश, मन्वतंर और वंशानुचरित – पद्म पुराण इन पाँच महत्त्वपूर्ण लक्षणों से युक्त है। भगवान् विष्णु के स्वरूप और पूजा-उपासना का प्रतिपादन करने के कारण इस पुराण को वैष्णव पुराण भी कहा गया है। इस पुराण में विभिन्न पौराणिक आख्यानों और उपाख्यानों का वर्णन किया गया है, जिसके माध्यम से भगवान् विष्णु से संबंधित भक्तिपूर्ण कथानकों को अन्य पुराणों की अपेक्षा अधिक विस्तृत ढंग से प्रस्तुत किया है।

श्लोक संख्या और खण्ड

इस पुराण में श्लोकों की संख्या पचपन हज़ार (55,000) है। आख्यानों, उपाख्यानों, तथ्यों और शिक्षाओं के आधार पर पद्म पुराण को पाँच खण्डों में विभजित किया गया है। ये पाँच खण्ड निम्नलिखित हैं :

1. **सृष्टि खण्ड**
2. **भूमि खण्ड**
3. **स्वर्ग खण्ड**
4. **पाताल खण्ड**
5. **उत्तर खण्ड**

पद्म पुराण का सार

प्राचीन समय में नैमिषारण्य नामक स्थान पर शौनक आदि ऋषि-मुनियों द्वारा प्रार्थना किए जाने पर महर्षि लोमहर्षण के पुत्र एवं शिष्य उग्रश्रवा मुनि ने उन्हें पद्म पुराण पढ़कर सुनाया था।

1. सृष्टि खण्ड

सृष्टि खण्ड इस पुराण का प्रथम खण्ड है। पद्म पुराण का आरम्भ इसी खण्ड से कहा गया है। बयासी (82) अध्यायों से युक्त यह खण्ड पाँच पर्वों (उपखण्डों)

में विभाजित है। ये पाँच पर्व (उपखण्ड) हैं - पौष्कर पर्व, तीर्थ पर्व, तृतीय पर्व, वंशानुकीर्तन पर्व एवं मोक्ष पर्व।

इस खण्ड में सृष्टि से संबंधित अनेक गूढ़ रहस्यों को स्पष्ट किया गया है। इस खण्ड के आरम्भ में भीष्म द्वारा सृष्टि-रचना से संबंधित प्रश्न किए जाने पर महर्षि पुलस्त्य ने ब्रह्माण्ड की उत्पत्ति से लेकर सृष्टि के क्रमबद्ध विकास तक का वृहत् वर्णन किया है। चराचर जगत् की उत्पत्ति के विषय में देवगण, पितृ, मुनि और मनुष्यों की सात प्रकार की सृष्टियों का वर्णन किया गया है।

इस खण्ड में शास्त्रों के अनुसार पितृ-कर्म का वर्णन कर तर्पण, श्राद्ध तथा पिण्डदान के लिए उपयुक्त स्थानों आदि के माहात्म्य का प्रतिपादन किया गया है। श्राद्ध के समय किन नियमों का पालन करना चाहिए? दान में दी जाने वाली कौन-सी वस्तुएँ पितृों को तृप्त करती हैं? - इन सभी महत्त्वपूर्ण प्रश्नों का भी विस्तृत समाधान प्रस्तुत किया गया है।

इस खण्ड में पुष्कर तीर्थ की उत्पत्ति और उसकी महिमा का वर्णन किया गया है। कथानुसार इस तीर्थ स्थल पर विराट् यज्ञ करते समय ब्रह्माजी के हाथ से एक कमल-पुष्प नीचे गिर गया था, इसलिए इस स्थान का नाम पुष्कर पड़ा। यह तीर्थ स्थल ब्रह्माजी को अत्यंत प्रिय है।

पुष्कर तीर्थ के माहात्म्य का वर्णन करते हुए कहा गया है कि इस तीर्थ स्थल पर माघ मास की द्वादशी का व्रत रखने से मनुष्य को स्त्री, संतान और सम्पत्ति का सुख प्राप्त होता है। इस तीर्थ में आश्विन मास की एकादशी को निराहार रहकर द्वादशी का व्रत रखने वाले मनुष्यों के समस्त दु:खों का नाश हो जाता है। इस खण्ड में भगवान् श्रीराम द्वारा पुष्कर तीर्थ में अपने पिता का पिण्डदान किए जाने का भी आख्यान है।

भगवान् वामन के अवतार की कथा, अगस्त्य मुनि द्वारा सागर-जल पीने की कथा, क्षेमंकरी देवी द्वारा दैत्य महिषासुर, कार्त्तिकेय द्वारा दैत्य तारक तथा भगवान् नृसिंह द्वारा दैत्य हिरण्यकशिपु का संहार करने की कथा - ये पौराणिक आख्यान एवं उपाख्यान इस खण्ड के महत्त्वपूर्ण भाग हैं।

इनके अतिरिक्त रुद्राक्ष की उत्पत्ति, उसकी महिमा, प्रलयकाल के समय मार्कण्डेय ऋषि द्वारा भगवान् नारायण के दर्शन करने तथा भगवान् नृसिंह के अवतार की कथा का सुरुचिपूर्ण और मनोहारी चित्रण किया गया है।

इस खण्ड में पतिभक्ति के संदर्भ में पतिव्रता शैव्या की कथा, लोभत्याग के संदर्भ में एक शूद्र की कथा तथा सत्यनिष्ठा के संदर्भ में तुलाधार की कथा के पौराणिक और शिक्षाप्रद उपाख्यान दिए गए हैं।

अंत में आँवले, तुलसी और देवी गंगा के माहात्म्य के साथ सृष्टि खण्ड का उपसंहार किया गया है।

2. भूमि खण्ड

भूमि खण्ड में वैष्णव भक्ति और महिमा से संबंधित अनेक आख्यान वर्णित हैं। इस खण्ड के आरम्भ में महर्षि कश्यप द्वारा दैत्य-माता दिति को आत्मा के मूल स्वरूप को समझाने का प्रसंग है। इसके अंतर्गत महर्षि कश्यप ने उदिभज, स्वेदज, अण्डज तथा जरायुज - इन चार प्रकार के प्राणियों का वर्णन कर आत्मा तथा परमात्मा की एकरूपता को स्पष्ट किया है।

इसके बाद सोम शर्मा नामक ब्राह्मण और वसिष्ठ ऋषि का सारगर्भित संवाद है। इस आख्यान में सदाचारसहित धर्म के ग्यारह स्वरूपों और पूर्वजन्मों के कर्मों का प्रतिपादन कर भगवान् नारायण की पूजा-उपासना का उपदेश दिया गया है। इसी संदर्भ में सोम शर्मा द्वारा कपिल संगम तीर्थ पर भगवान् विष्णु की उपासना करने और भगवान् विष्णु द्वारा उसे मनोवांछित फल देने का भक्तिमय प्रसंग है।

उपर्युक्त प्रसंग के बाद इक्ष्वाकुवंशी राजा वेन के चरित्र का वर्णन किया गया है। तत्पश्चात् अत्रि ऋषि के पुत्र अंग द्वारा भगवान् विष्णु से अभीष्ट वर प्राप्त करने, शंख नामक गंधर्व द्वारा यम (मृत्यु) की पुत्री सुनीथा को शाप देने और अंग ऋषि द्वारा सुनीथा से विवाह करने की कथा है। इसमें पाखण्डी ऋषि के अज्ञानयुक्त उपदेश से तपस्वी राजा वेन के दुराचारी बनने, सप्तर्षियों द्वारा उसके वध करने और पृथु की उत्पत्ति का वृत्तांत है।

इसके बाद भगवान् नारायण द्वारा वेन को दान-तीर्थ आदि का उपदेश, पतिव्रता सुकाला की कथा, शूकर-शूकरी का उपाख्यान, शूकरी द्वारा अपने पूर्वजन्म का वर्णन और रानी सुदेवा द्वारा उसके उद्धार की कथा का सुंदर और शिक्षाप्रद वर्णन किया गया है। इसमें भगवान् शिव की महिमा और भगवान् विष्णु के प्रिय स्तोत्र का उल्लेख किया गया है। पितृ-तीर्थ के संदर्भ में त्रिदेवों से वरदान प्राप्त कर पिप्पल नामक ब्राह्मण के अहंकारी होने और सारसरूपी भगवान् विष्णु द्वारा उसे पितृ-भक्त सुकर्मा के पास भेजने की कथा वर्णित है। इसी प्रसंग में पुरु द्वारा राजा ययाति को अपना यौवन देने की प्रसिद्ध पौराणिक कथा भी वर्णित है। अंत में महर्षि च्वयन की कथा तथा कुंजल पक्षी द्वारा अपने पुत्र उज्ज्वल को ज्ञानव्रत तथा स्तोत्र का उपदेश देने की कथा का वर्णन कर इस खण्ड का उपसंहार किया गया है।

3. स्वर्ग खण्ड

पद्म पुराण का तीसरा खण्ड अर्थात् स्वर्ग खण्ड बासठ (62) अध्यायों से परिपूर्ण है। इस खण्ड के आरम्भ में ब्रह्माण्ड सहित चराचर जगत् की उत्पत्ति तथा ग्रह-नक्षत्र आदि का विस्तृत वर्णन किया गया है। तत्पश्चात् भारतवर्ष के मलय, महेन्द्र, विन्ध्याचल, ऋक्षवान आदि पर्वतों; नर्मदा, सरयू, गंगा, सरस्वती, शिप्रा, गोदावरी (गौतमी), यमुना आदि पवित्र नदियों; पांचाल, शूरसेन, मत्स्य, कौशल,

अवंति, मगध, सिंधु आदि जनपदों तथा अनेक राजाओं का विवरण दिया गया है। इसके अतिरिक्त काल का विभाजन करके चार युगों की आयु, इनमें धर्म-कर्म की स्थिति और इनमें उत्पन्न होने वाले प्राणियों के गुण-स्वभाव का वर्णन किया गया है।

इस खण्ड में शकुन्तला-दुष्यंत के प्रसिद्ध पौराणिक उपाख्यान सहित दिवोदास, हरिश्चन्द्र तथा मांधाता आदि तेजस्वी राजाओं के चरित्रों का सूक्ष्मता से अवलोकन किया गया है। पुष्कर सहित पवित्र नर्मदा नदी और उसके तट पर स्थापित विभिन्न तीर्थों का माहात्म्य प्रस्तुत करना इस पुराण की प्रमुख विशेषता है। इस खण्ड में पुष्कर की महिमा स्पष्ट करते हुए कहा गया है :

''पुष्कर को दस हज़ार तीर्थों का सान्निध्य प्राप्त है। जिस प्रकार देवगण में भगवान् विष्णु शोभायमान हैं, उसी प्रकार समस्त तीर्थों में पुष्कर सुशोभित हैं। इस तीर्थ में इन्द्र, सूर्य, वसु, शिव, ब्रह्माजी आदि देवताओं सहित भगवान् विष्णु स्वयं विराजमान रहते हैं। जो मनुष्य यहाँ तपस्या करते है अथवा इस तीर्थ का सेवन करते हैं, उन्हें सभी तीर्थों की यात्रा का फल सहज ही प्राप्त हो जाता है और वे ऐश्वर्य भोगते हुए अंत में मोक्ष प्राप्त करते हैं।''

विभिन्न तीर्थों के अन्तर्गत कश्मीर के विताता तीर्थ (तक्षक नामक नाग की जन्मभूमि), सिंधु-समृद्ध संगम क्षेत्र तीर्थ, कपाल-मोचन तीर्थ, अर्बुदक्षेम तीर्थ, पुण्डरीक तीर्थ तथा सन्निहिता आदि तीर्थों की महत्ता को दर्शाया गया है।

इस खण्ड में कर्मयोग के अंतर्गत ब्रह्मचर्य, गृहस्थ, वानप्रस्थ, संन्यास - इन चारों आश्रमों का नियमों सहित उल्लेख किया गया है।

परम कल्याणकारी और ऐश्वर्य एवं मोक्ष प्रदायक व्रतों का वर्णन इस खण्ड की विशेषता है। इसके अंतर्गत देवर्षि नारद और देवी पार्वती के पूछने पर भगवान् शिव द्वारा जन्माष्टमी और एकादशी व्रतों की महिमा का वर्णन किया गया है।

पद्म पुराण के अनुसार जन्माष्टमी के व्रत की विधि निम्न प्रकार है :

''जन्माष्टमी का व्रत भाद्रपद के कृष्ण पक्ष की अष्टमी को किया जाता है। इसमें भक्त प्रातःकाल काले तिलों सहित जल से स्नान करे। तत्पश्चात् एक घड़े में पाँच रत्न डालकर घड़े को दूध आदि से साफ करें। फिर उस पर चन्दन लगाकर अँगूठे के आकार जैसा चन्द्रमा और रोहिणी बनाएँ। उसके बाद भगवान् श्रीकृष्ण की पूजा करें। भगवान् को सफेद वस्त्रों से सुशोभित कर धूप और दीपक जलाएँ। फिर अपने व्रत का समापान करें।''

इस प्रकार विधिपूर्वक किया गया जन्माष्टमी व्रत भक्त को ऐश्वर्य और मोक्ष - दोनों प्रदान करता है।

इस खण्ड में धर्मदत्त नामक ब्राह्मण द्वारा राक्षसी के उद्धार की कथा द्वारा स्पष्ट किया गया है कि कार्तिक मास में भगवान् विष्णु के पूजन से पूर्वजन्मों के पाप भी नष्ट हो जाते हैं और प्राणी को मनोवांछित फल की प्राप्ति होती है।

कार्तिक मास के व्रत में तुलसी-पूजन की महिमा स्पष्ट करते हुए कहा गया है कि भगवान् विष्णु को तुलसी अत्यंत प्रिय है और उन्हीं के वरस्वरूप कार्तिक मास में सभी देवगण और ऋषि-मुनि तुलसी वृक्ष में वास करते हैं। इसलिए कार्तिक मास में तुलसी की पूजा-उपासना करने का विशेष विधान है।

"समस्त पुराण भगवान् विष्णु के अंगस्वरूप हैं।" - स्वर्ग खण्ड के अंत में भगवान् विष्णु के पुराणमय स्वरूप का अत्यंत सुंदर चित्रण कर उपर्युक्त कथन को स्पष्ट किया गया है। गूढ़ रहस्य से युक्त भगवान् विष्णु का पुराणमय स्वरूप निम्न प्रकार है :

क्रम संख्या	पुराण	श्रीविष्णु का पुराणमय स्वरूप
1.	ब्रह्म पुराण	मस्तक
2.	पद्म पुराण	हृदय
3.	विष्णु पुराण	दाहिनी भुजा
4.	शिव पुराण	बाईं भुजा
5.	श्रीमद् भागवत पुराण	दोनों नेत्र
6.	नारद पुराण	नाभि
7.	मार्कण्डेय पुराण	दायाँ चरण
8.	अग्नि पुराण	बायाँ चरण
9.	भविष्य पुराण	दायाँ घुटना
10.	ब्रह्मवैवर्त पुराण	बायाँ घुटना
11.	लिंग पुराण	दायाँ गुल्म (टखना)
12.	वराह पुराण	बायाँ गुल्म (टखना)
13.	स्कंद पुराण	रोएँ (ऐरों)
14.	वामन पुराण	त्वचा
15.	कूर्म पुराण	पीठ
16.	मत्स्य पुराण	मेदा (उदर)
17.	गरुड़ पुराण	मज्जा
18.	ब्रह्माण्ड पुराण	अस्थियाँ

इस खण्ड का उपसंहार करते हुए कहा गया है कि भगवान् विष्णु के पूजन से बढ़कर और कोई पूजा नहीं है। भक्तजन को चाहिए कि वह दान, पूजा, व्रत आदि द्वारा भगवान् विष्णु की पूजा-उपासना करते रहें। इसके फलस्वरूप उनकी समस्त मनोकामनाएँ पूर्ण होती हैं और वे सभी ऐश्वर्य भोगकर अंत में भगवान् विष्णु के परम पद के अधिकारी बनते हैं।

4. पाताल खण्ड

पाताल खण्ड में भगवान् विष्णु के 'श्रीरामावतार' और 'श्रीकृष्णावतार' का वर्णन है। इसमें उनके कल्याणमयी चरित्रों सहित उनकी सभी लीलाओं का समावेश किया गया है। श्रीरामावतार में रावण-विजय के बाद के श्रीराम से सम्बन्धित पौराणिक आख्यानों को प्रस्तुत किया गया है। यह खण्ड भगवान् श्रीराम के सीता एवं लक्ष्मण सहित लंका से अयोध्या लौटने के प्रसंग से आरम्भ होता है। इस कथा में भगवान् श्रीराम और भरत के मिलाप का बड़ा ही अद्‌भुत और मनोहारी वर्णन किया गया है।

तत्पश्चात् भगवान् श्रीराम के राज्याभिषेक और राम-राज्य का विलक्षण वर्णन उल्लेखित है। श्रीराम द्वारा मृत ब्राह्मण-पुत्र को जीवित करने तथा कान्यकुब्ज में भगवान् वामन की स्थापना करने की कथाएँ उनके चरित्र के धार्मिक पक्ष को प्रस्तुत करती हैं। इसके बाद श्रीराम द्वारा अश्वमेध यज्ञ करने, शत्रुघ्न द्वारा दैत्य विद्युन्माली के संहार, राजा वीरमणि के पुत्र अंगद द्वारा यज्ञ-अश्व को पकड़ने तथा वीरमणि के पक्ष से युद्ध करते हुए भगवान् शिव द्वारा शत्रुघ्न एवं भरत-पुत्र पुष्कल के वध करने की कथाएँ हैं।

इसी संदर्भ में भगवान् शिव और हनुमानजी के युद्ध, हनुमान द्वारा संजीवनी औषधि से शत्रुघ्न एवं पुष्कल को पुनर्जीवित करने तथा श्रीराम-दर्शन कर भगवान् शिव के अंतर्धान होने की कथा का अत्यंत सुंदर चित्रण किया गया है।

इसके बाद वाल्मीकि आश्रम में लव-कुश द्वारा यज्ञ-अश्व को पकड़े जाने, शत्रुघ्न को मूर्च्छित करने तथा माता के पारितोष के लिए यज्ञ-अश्व को छोड़ने का प्रसंग वर्णित है। तत्पश्चात् भगवान् राम द्वारा लव-कुश सहित सीता के अयोध्या लौटने और यज्ञ पूर्ण करने का प्रसंग है। च्यवन मुनि के विवाह का प्रसंग तथा गण्डकी नदी एवं शालिग्राम का माहात्म्य भी इसी कथा के अंतर्गत वर्णित है।

इसी खण्ड में श्रीराम के माहात्म्य के बाद श्रीकृष्ण के माहात्म्य का वर्णन किया गया है। श्रीकृष्ण माहात्म्य में श्रीकृष्ण द्वारा द्वारिका और ब्रजवासियों को वरस्वरूप मुक्ति देने का प्रसंग वर्णित है। इसके अतिरिक्त श्रीराधा की आठ सखियों – पद्‌मा, विशाखा, ललिता, श्यामला, शैव्या, धन्या, भद्रा और हरिप्रिया का वर्णन किया गया है। इसके पश्चात् भगवान् नारायण के विभिन्न चतुर्भुज स्वरूपों, उनकी विशेषताओं, पाँच प्रकार की पूजा-विधियों और हृदय शुद्धि के साधनों का वर्णन है।

इसके बाद श्रीमाधव-पूजन, पाप प्रशमन स्तोत्र, तुलसी एवं वैशाख मास के माहात्म्य तथा श्रीकृष्ण के ध्यान का प्रतिपादन किया गया है।

यद्यपि इस खण्ड में भगवान् विष्णु के 'श्रीरामावतार' और 'श्रीकृष्णावतार' की विभिन्न लीलाओं का विस्तृत वर्णन है, तथापि इसमें नारदजी के स्त्री-रूप धारण करने का आख्यान, भूगोल संबंधी सामग्री तथा वर्ष भर के समस्त प्रमुख पर्वों के माहात्म्य का विवरण दिया गया है।

5. उत्तर खण्ड

इस खण्ड में सर्वप्रथम देवर्षि नारद तथा भगवान् शिव का संवाद वर्णित है, जिसके माध्यम से बदरिकाश्रम तथा भगवान् नारायण की महिमा का वर्णन किया गया है। इसके बाद दैत्यराज जलन्धर तथा तुलसी वृंदा का प्रसिद्ध पौराणिक आख्यान है। तत्पश्चात् पुण्यमय गंगा के पृथ्वी आगमन की कथा तथा हरिद्वार, प्रयाग, वाराणसी (काशी) एवं गया आदि अनेक तीर्थों के माहात्म्य का विस्तृत वर्णन किया गया है।

तत्पश्चात् संवत्सरदीप व्रत और जन्माष्टमी व्रत की विधि एवं महिमा का वर्णन है। इसके बाद राजा दशरथ तथा शनिदेव की कथा का वर्णन कर शनिदेव को प्रसन्न करने वाले शनिस्तोत्र का वर्णन किया गया है।

भगवान् महादेव द्वारा एकादशी की उत्पत्ति की कथा और बारह मास की कृष्ण एवं शुक्ल पक्षों की एकादशी का विस्तृत विवरण भी इस खण्ड में प्राप्त होता है। तदंतर चातुर्मास व्रत की विधि, यमराज-पूजन, गोपीचन्दन एवं श्रावण द्वादशी के माहात्म्य तथा विष्णु सहस्रनाम स्तोत्र का वर्णन है।

उपर्युक्त प्रसंगों के बाद दैत्य शंखासुर के संहार एवं वेदों के उद्धार की कथा, कार्तिक एवं माघ मास तथा शूकर क्षेत्र की महिमा का सुंदर विवेचन किया गया है। इसके बाद भगवान् विष्णु के मत्स्य, कूर्म, वराह, नृसिंह आदि अवतारों का संक्षिप्त परिचय दिया गया है।

उत्तर खण्ड के अंत में श्रीमद् भागवत के प्रत्येक अध्याय का अत्यंत गूढ़ व सारगर्भित विवेचन किया गया है। गीता के अठारह अध्यायों में अपने स्वरूप को स्पष्ट करते हुए श्रीविष्णु कहते हैं – *"गीता के आरम्भिक पाँच अध्याय मेरे पाँच मुख हैं। फिर दस अध्याय मेरी दस भुजाएँ, फिर एक अध्याय मेरा उदर तथा अंतिम दो अध्याय मेरे चरण हैं। इस प्रकार गीता में वर्णित 18 अध्याय मेरे ही स्वरूप हैं।"*

तत्पश्चात् श्रीमद् भागवत के सप्ताह-पारायण की विधि, भगवान् श्रीराम की कथा तथा उनके एक सौ आठ नामों के साथ इस पुराण का उपसंहार किया गया है।

पद्म पुराण की कथा : पतिव्रता शैव्या की कथा

प्राचीन समय की बात है – प्रतिष्ठानपुर नामक नगर में कौशिक नामक एक ब्राह्मण रहता था। पूर्व जन्म में किए हुए पापों के कारण उसे कोढ़ हो गया। उसके संबंधी उसे छोड़कर चले गए। किंतु भयंकर रोग होने के बाद भी उसकी पत्नी शैव्या उसे देवता के समान पूजती थी। वह प्रतिदिन उसके पैरों की मालिश करती, उसे स्नान करवाती, कपड़े पहनाती और भोजन करवाती थी। इस प्रकार अपने सुखों का त्याग कर वह सदा पति-सेवा में मग्न रहती थी। कौशिक बड़ा क्रोधी स्वभाव का था। वह प्राय: शैव्या को भला-बुरा कहता रहता था। किंतु शैव्या शांत मन से सबकुछ सहन कर लेती थी। कौशिक ब्राह्मण से चला-फिरा नहीं जाता था।

एक दिन उसने शैव्या से कहा – ''प्रिय ! कुछ दिन पहले मैंने घर के सामने से एक सुंदर वेश्या को जाते देखा था। वह मेरे मन में बस गई है। मैं उसे चाहने लगा हूँ, किंतु मुझमें उस तक पहुँचने की शक्ति नहीं है। अत: तुम मुझे उसके पास ले चलो और उससे मिला दो।''

पति के वचन सुनकर भी साध्वी शैव्या को क्रोध नहीं आया। उसने पति को वेश्या के पास ले जाने का दृढ़ निश्चय किया और स्वयं उसके घर गई। जब वेश्या ने उसके आने का उद्देश्य पूछा तो उसने सारी बात बताई। तब वेश्या ने आधी रात के बाद उसके पति को अपने पास लाने को कहा। यह सुनकर शैव्या प्रसन्नतापूर्वक अपने घर लौट आई।

उसी रात शैव्या ने पति को अपने कंधों पर उठाया और फिर धीरे-धीरे वेश्या के घर की ओर चल पड़ी। आधी रात का समय था। आकाश में बादल छाए हुए थे। केवल बिजली के चमकने से मार्ग दिखाई दे जाता था। ऐसे घोर अंधकार में शैव्या अपने पति को कंधे पर उठाए, राजमार्ग से जा रही थी।

मार्ग में एक सूली थी, जिसपर चोरी के संदेह में माण्डव्य नामक एक ऋषि को चढ़ा दिया गया था। यद्यपि माण्डव्य चाहते तो अपनी मंत्र-शक्ति से इस दण्ड से बच सकते थे, किंतु उन्हें ज्ञात था कि बचपन में वे चींटियों को काँटे चुभो-चुभोकर पीड़ा दिया करते थे। उसी पाप के परिणामस्वरूप उन्हें सूली पर चढ़ना पड़ा था। इसलिए वे अपने दुष्कर्म का यह दण्ड भोग रहे थे।

जब शैव्या पति को लेकर सूली के पास से निकली तब अंधकार में देख न सकने के कारण कौशिक ने अनजाने में ही अपने पैर से सूली को हिला दिया। इससे कुपित होकर माण्डव्य ऋषि बोले – ''जिस दुष्ट ने सूली को हिलाकर मुझे कष्ट पहुँचाया है, मुझे दुखी किया है, वह पापी आत्मा सूर्योदय होने पर अपने प्राणों से हाथ धो बैठे। सूर्य-दर्शन से उसका विनाश हो जाए।''

माण्डव्य ऋषि का शाप सुनकर शैव्या बोली – ''ब्राह्मण देव ! मेरे पति से अनजाने में ही यह कार्य हो गया। आप एक परम तपस्वी ऋषि हैं। वेदों और शास्त्रों का आपने ज्ञान अर्जित किया है। इस प्रकार विचलित होकर शाप देना आपको शोभा नहीं देता। कृपया अपने शाप को वापस ले लें।''

माण्डव्य ऋषि पुन: क्रुद्ध स्वर में बोले – ''दुष्टा ! मेरा शाप वापस नहीं हो सकता। तुम्हारे पति ने मुझे अत्यंत पीड़ा पहुँचाई है, अपने अपराध का फल इसे अवश्य भोगना होगा।''

तब शैव्या बोली – ''मुनिवर ! आप अपना शाप वापस ले लें, अन्यथा कल सूर्योदय नहीं होगा। यदि मैंने सच्चे मन से अपने पति की सेवा की है तो मैं अपने सतीत्व के बल से सूर्य को रोक लूँगी।'' इतना कहकर वह अपने पति को लेकर वहाँ से चली गई।

ही पृथक-पृथक रूप से जगत् की उत्पत्ति, पालन व संहार के कारण हैं, तथापि भगवान् विष्णु चारों स्वरूपों में विद्यमान होकर भी इनसे पृथक हैं। मात्र लीलावश ही वे व्यक्त, अव्यक्त, पुरुष और कालरूप में स्थित होते हैं। चौबीस तत्त्वों से निर्मित सम्पूर्ण ब्रह्माण्ड, सृष्टि, चराचर जगत् भगवान् श्रीविष्णु के अंश से उत्पन्न हुए हैं। इस पुराण में सृष्टि की उत्पत्ति से लेकर विभिन्न सर्गों का बड़ा मनोहारी वर्णन किया गया है।

इस अंश में भगवान् विष्णु के परम भक्त ध्रुव की कथा का बड़ा सुंदर चित्रण किया गया है। पितृ-प्रेम से वंचित छः वर्षीय ध्रुव द्वारा परमपिता भगवान् विष्णु को प्राप्त करने के लिए घोर तप करना और उसके तप से प्रसन्न होकर भगवान् द्वारा उसे अपनी गोद में स्थान प्रदान करना इस पौराणिक कथा का सार है। यह पौराणिक आख्यान जहाँ भक्तजन के मन में भगवान् विष्णु की भक्ति का संचार करता है, वहीं भगवान् के दयामयी स्वरूप के दर्शन भी करवाता है।

ध्रुव-कथा के बाद ध्रुव-वंश में उत्पन्न परम तेजस्वी राजा पृथु, प्राचीनबर्हि और प्रचेताओं के चरित्रों का वर्णन किया गया है। ब्रह्माजी के मानस-पुत्र दक्ष प्रजापति की उत्पत्ति और उनके वंश का वृत्तांत मैथुनी सृष्टि के प्रारम्भिक काल का विवरण प्रस्तुत करता है। भक्त प्रह्लाद द्वारा भगवान् विष्णु की भक्ति के लिए अपने प्राण संकट में डालना तथा श्रीविष्णु द्वारा नृसिंह-अवतार धारण कर अपने भक्त की रक्षा करने का पौराणिक आख्यान भगवान् और भक्त के परस्पर निःस्वार्थ प्रेम को प्रदर्शित करता है। प्रथम अंश के अंत में महर्षि कश्यप और उनके वंश का वर्णन है।

2. द्वितीय अंश

विष्णु पुराण का दूसरा अंश सोलह (16) अध्यायों से युक्त है। इस अंश का आरम्भ स्वयंभू मनु के पुत्र प्रियव्रत के वंश-वर्णन से है। इसके बाद जम्बू आदि सातों द्वीपों का भौगोलिक विवरण देकर पृथ्वी के प्राचीनतम स्वरूप का वर्णन किया गया है। सूर्य, नक्षत्र और राशियों की व्यवस्था, सातों ऊर्ध्वलोकों, पातालों तथा गंगाविर्भाव का वर्णन पुराण का महत्त्वपूर्ण पक्ष है। इसके अतिरिक्त पुराण में वर्णित विभिन्न नरकों और भगवन्नाम के माहात्म्य का वर्णन अज्ञानरूपी अंधकार में भटकने वाले मनुष्यों के ज्ञान-चक्षु खोलने में समर्थ है।

दूसरे अंश के अंत में राजा ऋषभदेव के पुत्र तथा प्रथम मन्वंतर के एक विष्णु भक्त राजा जडभरत और सौवीर नरेश के संवाद द्वारा अद्वैत-ज्ञान का उपदेश दिया गया है। एक स्थान पर सौवीर नरेश द्वारा परमार्थ संबंधी प्रश्न किए जाने पर जडभरत ब्रह्म की एकरूपता का वर्णन करते हुए कहते हैं - *''राजन ! आत्मा केवल एक, व्यापक, सम, शुद्ध, निर्गुण और प्रकृति से परे है। वह जन्म-वृद्धि आदि से रहित, सर्वव्यापी और अव्यय है। वह परम ज्ञानमय है, नाम और जाति आदि से उस*

सर्वव्यापक का मिलन न हुआ था, न है और न कभी होगा। वह विभिन्न प्राणियों में विद्यमान रहते हुए भी एक ही है।''

3. तृतीय अंश

विष्णु पुराण के अठारह (18) अध्यायों से युक्त तीसरा अंश चौदह मन्वंतरों, उनके अधिपति चौदह मनुओं, इन्द्र, देवता, सप्तर्षि और मनु-पुत्रों के विस्तृत वर्णन से आरम्भ होता है। इसमें एक ओर जहाँ चतुर्युगानुसार विभिन्न व्यासों के नाम और ब्रह्म-ज्ञान की महिमा का वर्णन किया गया है, वहीं दूसरी ओर ऋग्वेद, शुक्ल यजुर्वेद, सामवेद तथा तैत्तिरीय यजुर्वेद की शाखाओं के विस्तार का विस्तृत विवरण दिया गया है। पुराण के इस अंश में ब्रह्मचर्य आदि आश्रमों, गृहसंबंधी सदाचार, नामकरण, विवाह-संस्कार की विधि तथा श्राद्धादि का शास्त्रानुसार विवरण गागर में सागर की भाँति प्रस्तुत किया गया है।

4. चतुर्थ अंश

विष्णु पुराण का चौथा अंश चौबीस (24) अध्यायों से सुशोभित है। इस अंश में सर्वप्रथम सूर्यवंश के अंतर्गत वैवस्वत मनु के वंश का विवरण, राजा इक्ष्वाकु की उत्पत्ति और उनके वंश में उत्पन्न मान्धाता, त्रिशंकु, सगर, सौदास और भगवान् राम के चरित्रों का वर्णन किया गया है। तत्पश्चात् बुध, पुरूरवा, रजि, ययाति आदि राजाओं के चरित्रों का वर्णन कर चन्द्रवंश का विवरण दिया गया है। इसके अतिरिक्त इस अंश में यदु, तुर्वसु, अनु, पुरु, क्रोष्टु, अंधक, कुरु आदि जैसे अन्य और भी अनेक प्रसिद्ध राजवंशों का वर्णन है।

5. पंचम अंश

विष्णु पुराण के पाँचवें अंश के सभी अड़तीस (38) अध्यायों में भगवान् विष्णु के श्रीकृष्णावतार के उपक्रम से लेकर यदुवंश के विनाश और पाण्डवों के स्वर्गारोहण का वर्णन किया गया है। इसके अंतर्गत भगवान् श्रीकृष्ण द्वारा की गई लीलाओं का अत्यंत मनोहारी और काव्यमय वर्णन किया गया है।

6. षष्ठ अंश

विष्णु पुराण का छठा और अंतिम अंश मात्र आठ (8) अध्यायों का है। इस अंश में कलियुग-धर्म के गुण-दोषों का विवेचन किया गया है। नैमित्तिक, प्राकृतिक और आत्यन्तिक - प्रलय के इन तीन स्वरूपों का विस्तृत वर्णन इस पुराण की एक अन्य विशेषता है। इसके अतिरिक्त इस पुराण में आध्यात्मिकादि त्रिविधि तापों और भगवान् के पारमार्थिक स्वरूप का वर्णन कर ब्रह्मयोग का निरूपण किया है।

अंत में महर्षि पराशर ग्रंथ का उपसंहार करते हुए कहते हैं - *''वेदसम्मत इस पुण्यमय पुराण के श्रवणमात्र से सम्पूर्ण दोषों से उत्पन्न हुआ पाप सहज ही नष्ट हो*

जाता है। अश्वमेध-यज्ञ में अवभृथ (यज्ञान्त) स्नान करने से जो श्रेष्ठ फल मिलता है, वही फल मनुष्य इस पुराण के श्रवणमात्र से प्राप्त कर लेते हैं। यह पुराण संसार से भयभीत हुए पुरुषों का अति उत्तम रक्षक, अत्यंत श्रवण योग्य तथा पवित्रों में परम उत्तम है। यह मनुष्यों के दु:स्वप्नों एवं सम्पूर्ण दोषों को दूर करने वाला, मांगलिक वस्तुओं में परम मांगलिक और संतान व सम्पत्ति प्रदान करने वाला है।''

विष्णु पुराण की कथा : राजा पृथु की कथा

एक समय की बात है, विष्णु-भक्त ध्रुव के वंश में अंग नामक एक राजा हुए। वे बड़े धर्मात्मा और प्रजा-प्रिय थे। वृद्धावस्था में वे राजपाट त्याग कर तपस्या करने वन में चले गए। भृगु आदि मुनियों ने जब देखा कि उनके जाने के बाद पृथ्वी की रक्षा करने वाला कोई नहीं बचा है, तब उन्होंने उनके पुत्र वेन का राज्याभिषेक कर दिया। राजा बनते ही वेन अपने बल और ऐश्वर्य के मद में चूर हो गया। उसने राज्य में घोषणा करवा दी कि ऋषि-मुनि किसी भी प्रकार का यज्ञ और हवन न करें। जो राजाज्ञा का उल्लंघन करेंगे उन्हें दण्डित किया जाएगा। उसके भय से चारों ओर ध र्म-कर्म बंद हो गए।

धर्म-संबंधी कार्य में विघ्न उत्पन्न होने पर सभी ऋषि-मुनि एकत्रित होकर राजा वेन के पास गए और उनसे विनम्र स्वर में बोले - ''राजन ! कृपया हमारी बात ध्यानपूर्वक सुनें। इससे आपकी आयु, बल और यश में वृद्धि होगी। राजन ! यदि मनुष्य मन, वाणी, शरीर और बुद्धि से धर्म का पालन करे तो उसे स्वर्ग आदि लोकों की प्राप्ति होती है और यदि वह निष्काम भाव से धर्म का पालन करे तो मोक्ष का अधिकारी बनता है। अत: प्रजा का धर्म आप द्वारा नष्ट नहीं होना चाहिए। धर्म नष्ट होने पर राजा भी नष्ट हो जाता है। राजन ! आपके राज्य में जो यज्ञ और हवन आदि होंगे, उससे देवता भी प्रसन्न होकर आपको इच्छित वर प्रदान करेंगे। अतएव आपको यज्ञादि अनुष्ठान बंद करके देवताओं का तिरस्कार नहीं करना चाहिए।''

दुष्ट वेन अहंकार भरे स्वर में बोला - ''मुनियो ! तुम बड़े मूर्ख हो। तुमने सारा ज्ञान त्यागकर अधर्म में अपनी बुद्धि लिप्त कर रखी है। तभी तो तुम अपने पालन करने वाले मुझ प्रत्यक्ष ईश्वर को छोड़कर किसी दूसरे ईश्वर की पूजा-अर्चना करना चाहते हो, जो तुम्हारे लिए कल्पित है। जो लोग मूर्खतावश अपने राजा-रूपी परमेश्वर का अपमान करते हैं, उन्हें न तो इस लोक में सुख मिलता है और न ही परलोक में। देवगण राजा के शरीर में ही वास करते हैं। इसलिए तुम मेरा ही पूजन करो और मुझे ही यज्ञ का भाग अर्पित करो।''

अहंकार के कारण वेन की बुद्धि पूर्णत: भ्रष्ट हो गई थी। वह बड़ा क्रूर, अन्यायी, अधर्मी और कुमार्गी हो गया था, इसलिए उसने ऋषि-मुनियों की विनीत प्रार्थना पर कोई ध्यान नहीं दिया।

उसके पापयुक्त शब्द सुनकर मुनिगण क्रोधित होकर बोले – "वेन ! तू बड़ा अधर्मी और पापी है। यदि तू जीवित रहा तो कुछ ही दिनों में इस सृष्टि को नष्ट कर देगा। जिन भगवान् विष्णु की कृपा से तुझे पृथ्वी का राज्य प्राप्त हुआ है, तू उन्हीं परब्रह्म का अपमान कर रहा है। जगत् के कल्याण के लिए तेरा मरना ही उचित है।"

इस प्रकार उन्होंने दुष्ट वेन को मारने का निश्चय कर उस पर प्रहार करने आरम्भ कर दिए। फिर शीघ्र ही उन्होंने उसका काम तमाम कर दिया और अपने आश्रमों को लौट गए। इधर वेन की माता मोहवश अपने पुत्र के मृत शरीर की रक्षा करने लगी। वेन की मृत्यु के पश्चात् राज्य में चोरों-डाकुओं का आतंक बढ़ गया।

एक दिन सरस्वती नदी के तट पर कुछ मुनिगण बैठे धर्म-चर्चा कर रहे थे। तभी डाकुओं का एक दल उधर से निकला। उन्हें देखकर मुनिगण सोच में पड़ गए। उनके मन में एक ही विचार उत्पन्न होने लगा – 'वेन के मरते ही राज्य में अराजकता फैल गई है। राज्य में चोर और डाकू बढ़ गए हैं, जो निर्दोष प्रजा को लूट रहे हैं। यद्यपि ऋषि-मुनि शांत स्वभाव के होते हैं, तथापि दीनों की उपेक्षा करने से उनका तप क्षण भर में क्षीण हो जाता है। राजा अंग का वंश नष्ट नहीं होना चाहिए, क्योंकि इसमें अनेक पराक्रमी और धर्मात्मा राजा हो चुके हैं। इसलिए हमें उनका उत्तराधिकारी अवश्य उत्पन्न करना होगा, जो अपने पुरुषार्थ से प्रजा की रक्षा कर सके।'

तब उन्होंने आपस में विचार कर राज्य के उत्तराधिकारी के लिए वेन की जँघा को बड़े जोर से मथा तो उसमें से एक बौना पुरुष उत्पन्न हुआ। उसका रंग काला था, उसके सभी अंग टेढे-मेढ़े और छोटे थे। उसने जन्म लेते ही राजा वेन के समस्त भयंकर पापों को अपने ऊपर ले लिया। वह और उसके वंशधर वन और पर्वतों पर रहने वाले 'निषाद' कहलाए।

इसके बाद मुनियों ने वेन की भुजाओं का मंथन किया। उसमें से दिव्य स्वरूप धारण किए हुए स्त्री-पुरुष का एक जोड़ा प्रकट हुआ। उस पुरुष के दाहिने हाथ में भगवान् विष्णु की हस्तरेखाएँ और चरणों में कमल का चिह्न अंकित देखकर उन्होंने उसे भगवान् विष्णु का ही अंश समझा।

मुनिगण प्रसन्न होकर बोले – "यह पुरुष भगवान् नारायण की कला से प्रकट हुआ है और यह स्त्री साक्षात् लक्ष्मी का अवतार है। यह दिव्य पुरुष अपने सुयश का विस्तार करने के कारण संसार में पृथु के नाम से प्रसिद्ध होगा। सुंदर वस्त्राभूषणों से अलंकृत यह अतीव सुंदर स्त्री इसकी पत्नी अर्चि होगी। पृथु के रूप में स्वयं भगवान् विष्णु ने संसार की रक्षा के लिए लक्ष्मीरूपा अर्चि के साथ अवतार लिया है।"

महात्मा पृथु जैसे सत्पुत्र ने उत्पन्न होकर अपने शुभ-कर्मों द्वारा पापी वेन को नरक से छुड़ा दिया। तत्पश्चात् ऋषि-मुनियों ने पृथु के राज्याभिषेक का आयोजन किया। इस शुभ अवसर पर समस्त देवगण उपस्थित हुए। भगवान् विष्णु ने पृथु को अपना सुदर्शन चक्र, ब्रह्माजी ने वेदमयी कवच, भगवान् शिव ने दस चक्राकार चिह्नों

वाली दिव्य तलवार, वायुदेव ने दो चँवर, धर्म ने कीर्तिमयी माला, देवराज इन्द्र ने मनोहर मुकुट, यमराज ने कालदण्ड, अग्निदेव ने दिव्य धनुष और कुबेर ने सोने का राजसिंहासन भेंट किया।

जब मुनिगण पृथु की स्तुति करने लगे, तब पृथु बोले - ''मान्यवरो ! अभी इस लोक में मेरा कोई भी गुण प्रकट नहीं हुआ, फिर आप किन गुणों के लिए मेरी स्तुति करेंगे? आप केवल परब्रह्म परमात्मा की ही स्तुति करें। जब मेरे गुण प्रकट हो जाएँ, तब ही मेरी स्तुति करें। वैसे भी श्रेष्ठ पुरुष - भगवान् विष्णु के रहते तुच्छ मनुष्यों की स्तुति नहीं करते। जिस प्रकार विद्वजन अपने ज्ञान की चर्चा करना बुरा समझते हैं, उसी प्रकार लोक-विख्यात पुरुषों को अपनी स्तुति से भी घृणा होती है। इसलिए कृपया आप मेरी स्तुति न करें।'' पृथु की बात सुन सभी ऋषि-मुनि आत्मविभोर हो गए। तब पृथु ने उन्हें अभिलषित वस्तुएँ देकर संतुष्ट किया। वे सभी राजा पृथु को आशीर्वाद देने लगे।

जब ऋषि-मुनियों ने पृथु का राज्याभिषेक किया, उन दिनों पृथ्वी अन्नहीन हो गई थी, प्रजाजन के शरीर अन्न के अभाव में बड़े दुर्बल हो गए थे। उन्होंने राजा पृथु से सहायता की विनती की।

प्रजाजन की करुण विनती सुनकर पृथु का मन करुणा से द्रवित हो गया। कुछ देर विचार करके उन्हें पृथ्वी के अन्नहीन होने का कारण ज्ञात हो गया। वे जान गए कि पृथ्वी ने सभी प्रकार के अन्न तथा औषधियों को अपने गर्भ में छिपा लिया है। तब उन्होंने क्रोधित होकर धनुष उठाया और पृथ्वी को लक्ष्य बनाकर बाण चलाने के लिए उद्यत हो गए। उन्हें बाण चढ़ाए देखकर पृथ्वी अपने प्राण बचाने के लिए गाय का रूप रखकर भागने लगी।

पृथ्वी को गाय-रूप में भागते देख क्रोधित पृथु उसका पीछा करने लगे। वह प्राण बचाते हुए जिस-जिस स्थान पर जाती, वहीं-वहीं उसे राजा पृथु हाथ में धनुष-बाण लिए दिखाई देते।

जब उसे कहीं भी शरण न मिली तो वह भयभीत होकर पृथु के पास आई और बोली - ''महाराज ! आप सभी प्राणियों की रक्षा करने को सदा तत्पर रहते हैं, फिर मुझ दीन-हीन और निरपराधिनी को क्यों मारना चाहते हैं? आप धर्मज्ञ हैं, फिर क्या आपका क्षत्रिय धर्म एक स्त्री का वध करने की अनुमति देगा? स्त्रियाँ कोई अपराध करें तो साधारण जीव भी उन पर हाथ नहीं उठाते, फिर आप जैसे करुणामय और दीन-वत्सल ऐसा कैसे कर सकते हैं? फिर सोचें कि मेरा वध करने के बाद आप अपनी प्रजा को कहाँ रखेंगे?''

तब पृथु बोले - ''पृथ्वी ! तुमने यज्ञों का भाग लेकर भी प्रजा को अन्न नहीं दिया, अत: आज मैं तुम्हें समाप्त कर दूँगा। तुम्हारी बुद्धि भ्रष्ट हो गई है। तुमने ब्रह्माजी द्वारा उत्पन्न किए गए अन्नादि बीजों को अपने गर्भ में छिपा लिया है और

उन्हें न निकालकर अनेक जीवों की हत्या कर रही हो। जो केवल अपना पोषण करने वाला तथा अन्य प्राणियों के प्रति निर्दय हो - उसका वध शास्त्रों में तर्कसंगत है। अब मैं तुम्हारे गर्भ को अपने बाणों से छिन्न-भिन्न कर दूँगा और प्रजाजन की क्षुधा शांत कर योगबल से उन्हें धारण करूँगा।''

क्रोध की तीव्रता से राजा पृथु उस समय साक्षात् काल के समान दिखाई पड़ रहे थे। उनके भयंकर रूप को देख कर पृथ्वी करुण स्वर में उनकी स्तुति करते हुए बोली - ''राजन् ! ब्रह्माजी ने जिस अन्नादि को उत्पन्न किया था, उसे केवल दुराचारी मनुष्य ही खा रहे थे। अनेक राजाओं ने मेरा आदर करना छोड़ दिया था, इसलिए मैंने अन्न को अपने गर्भ में छिपा लिया। यदि आप वह अन्न प्राप्त करना चाहते हैं तो मेरे योग्य एक बछड़ा, दोहन पात्र और दुहने वाले की व्यवस्था कीजिए। मैं दूध के रूप में आपको वे पदार्थ प्रदान कर दूँगी। एक बात और राजन ! आप मुझे समतल कर दें, जिससे कि मेरे ऊपर इन्द्र द्वारा बरसाया गया जल वर्ष भर बना रहे। यह आप सभी के लिए मंगलकारक होगा।''

तब पृथु ने स्वयंभू मनु को बछड़ा बनाकर अपने हाथों से ही पृथ्वी का सारा दुग्ध दुह लिया। फिर उन्होंने अपने धनुष की नोक से पर्वतों को तोड़कर पृथ्वी को समतल कर दिया। तत्पश्चात् उन्होंने पृथ्वी को अपनी पुत्रीरूप में स्वीकार किया। दैत्य मधु-कैटभ के मेद से निर्मित होने के कारण पृथ्वी को पहले मेदिनी कहा जाता था, किंतु राजा पृथु की पुत्री बनने के बाद यह पृथ्वी नाम से प्रसिद्ध हुई। इस प्रकार राजा पृथु ने पृथ्वी का मनोरथ सिद्ध करते हुए अपनी प्रजा की रक्षा की।

अध्याय 4

शिव पुराण

परिचय

'शिव पुराण' एक प्रमुख तथा सुप्रसिद्ध पुराण है, ज़िसमें परब्रह्म परमेश्वर के 'शिव' (कल्याणकारी) स्वरूप का तात्त्विक विवेचन, रहस्य, महिमा एवं उपासना का विस्तृत वर्णन है। भगवान् शिव पंचदेवों में प्रधान कहे गए हैं। इस पावन पुराण में महर्षि वेदव्यास ने भगवान् शिव को अव्यक्त, अजन्मा, सृष्टि-रचना का मूल कारक, पालक एवं संहारक कहकर उनके निराकार और साकार स्वरूप का परिचय दिया है।

इस पुराण में शिव तत्त्व के विस्तृत विवेचन के साथ-साथ शिव-अवतार, महिमा और उनकी शिक्षाप्रद, रोचक, मनोहारी एवं प्रेरणादायी लीला-कथाओं का सुंदर संयोजन है। इसके अतिरिक्त इसमें भगवान् शिव की पूजा-पद्धति और अनेक ज्ञानप्रद आख्यानों का समावेश है।

श्लोक संख्या और खण्ड

शिव पुराण में वर्णित श्लोकों की संख्या चौबीस हज़ार (24,000) है। इसके अतिरिक्त सम्पूर्ण शिव पुराण सात संहिताओं (खण्डों) में विभक्त है। ये संहिताएँ और उनमें श्लोकों की संख्या निम्नलिखित है :

क्रम संख्या	संहिताएँ	श्लोक संख्या
1.	विद्येश्वर संहिता	2,000
2.	रुद्र संहिता	10,500
3.	शतरुद्र संहिता	2,180
4.	कोटिरुद्र संहिता	2,240
5.	उमा संहिता	1,840
6.	कैलाश संहिता	1,240
7.	वायवीय संहिता	4,000

शिव पुराण का सार

शिव पुराण का आरम्भ शौनक मुनि द्वारा पुराणों के सारतत्त्व-संबंधित प्रश्न से है। वे महर्षि व्यास के शिष्य लोमहर्षण सूतजी से प्रश्न पूछते हुए कहते हैं -

"मुनिश्रेष्ठ ! आप सम्पूर्ण सिद्धांतों के ज्ञाता हैं। इसलिए आप पुराणों के सारतत्त्व के विषय में विस्तार से बताकर मेरी जिज्ञासा को शांत करें। मुनिवर ! ज्ञान, वैराग्य और भक्ति से प्राप्त होने वाले विवेक की वृद्धि कैसे होती है? काम, क्रोध, मोह, लोभ और अहंकार – साधारण मनुष्य इन मानसिक विकारों का निवारण किस प्रकार कर सकते हैं? कलियुग में सभी प्राणी तामसिक प्रवृत्ति के हैं, अतः किस साधन द्वारा उनके अंतःकरण की शुद्धि सम्भव है? – कृपया आप इन सारगर्भित प्रश्नों के उत्तर देकर प्राणियों का कल्याण करें।" शौनक मुनि के इन्हीं प्रश्नों के प्रत्युत्तर में महर्षि लोमहर्षण ने उन्हें शिवपुराण का परम पावन ज्ञान प्रदान किया।

इस पुराण में सर्वप्रथम ब्राह्मण बिन्दुग और उसकी पत्नी चंचुला की कथा का वर्णन है। चंचुला और उसका पति बिन्दुग पापों में लिप्त होकर भी शिवपुराण के श्रवण मात्र से पाप-रहित होकर शिवधाम के अधिकारी बनते हैं। इस कथा द्वारा शिवपुराण के श्रवण-माहात्म्य को बड़े सुंदर ढंग से दर्शाया गया है। इसमें शिवपुराण की श्रवण विधि और श्रोताओं के लिए आवश्यक नियमों का भी विस्तृत वर्णन किया गया है।

1. विद्येश्वर संहिता

विद्येश्वर संहिता में साध्य और साधन का प्रतिपादन कर श्रवण, कीर्तन और मनन – इन तीन साधनों की श्रेष्ठता का निरूपण किया गया है। तत्पश्चात् भगवान् शिव के निराकार और साकार स्वरूप का परिचय देते हुए लिंगपूजन का महत्त्व बताया गया है। इसके अतिरिक्त इस पुराण में शिवलिंग की स्थापना, उसके लक्षण, पूजन-विधि तथा शिवधाम की प्राप्ति करवाने वाले सत्कर्मों का भी विस्तृत विवेचन किया गया है।

इस पुराण में पाँच कृत्यों, संध्यावंदन, प्रणव, गायत्री-जप, अग्निहोत्र, अग्नियज्ञ, देवयज्ञ, ब्रह्मयज्ञ और पंचाक्षर मंत्र की महत्ता का विशद् वर्णन जहाँ साधकों के लिए अमृत-तुल्य है, वहीं मोक्षदायक पुण्यक्षेत्रों और कालविशेष में विभिन्न नदियों के जल में स्नान करने से प्राप्त होने वाले उत्तम फल का वर्णन साधारण जन के लिए परम कल्याणकारी और ज्ञानप्रदायक है।

भगवान् शिव द्वारा सात वारों का निर्माण, उनके अधिपति देवताओं और ग्रहों की पूजा-आराधना से प्राप्त होने वाले फल का वर्णन अत्यंत सुरुचिपूर्ण है। समस्त लोकों के कल्याण के लिए भगवान् शिव ने वारों की कल्पना की थी। उन्होंने सर्वप्रथम स्वयं के वार (सोमवार) की कल्पना की, जो आरोग्य प्रदान करने वाला है। तत्पश्चात् मायाशक्ति का वार (मंगलवार) बनाया, जो सम्पत्ति प्रदायक है। जन्मकाल में रोगग्रस्त संतान की रक्षा के लिए उन्होंने कुमार के वार (बुधवार) की कल्पना की। फिर भगवान् शिव ने आलस्य और पाप के नाश तथा समस्त लोकों का

हित करने के लिए लोकरक्षक भगवान् विष्णु का वार (बृहस्पतिवार) बनाया। तदंतर उन्होंने जगत् की पुष्टि और रक्षा के लिए ब्रह्माजी के वार (शुक्रवार) की कल्पना की। इसके बाद प्राणियों को उनके पुण्य का शुभाशुभ फल देने के लिए भगवान् शिव ने इन्द्र और यमराज के वारों (शनिवार व रविवार) का निर्माण किया। जो क्रमशः प्राणियों को भोग देने वाले और उनके मृत्युभय को दूर करने वाले हैं। तदंतर भगवान् शिव ने सूर्य आदि सात ग्रहों को उपर्युक्त सात वारों का स्वामी निश्चित किया।

देव-प्रतिमाओं की पूजन-विधि, विशेष तिथियों और नक्षत्रों के योग में पूजन की विभिन्न विधियों से प्राप्त होने वाले विशेष फलों का वर्णन इस पुराण की एक अन्य विशेषता है। इसके अतिरिक्त षड्लिंगस्वरूप प्रणव का माहात्म्य, उसके सूक्ष्म रूप (ओंकार) और स्थूल रूप (पंचाक्षर मंत्र) का विवेचन, उसके जप की विधि, शिवलोक के वैभव-वर्णन सहित विभिन्न लोकों का विवरण प्रस्तुत कर शिवभक्तों के सत्कार की महत्ता को भी दर्शाया गया है।

पुराण में शिवलिंग के अतिरिक्त रुद्राक्ष की महिमा सहित उसके विभिन्न भेदों का वर्णन किया गया है। रुद्राक्ष भगवान् शिव को अत्यंत प्रिय हैं। भगवान् रुद्र (शिव) के नेत्रों से निकले जल (आँसुओं) से उत्पन्न होने के कारण इन्हें रुद्राक्ष कहा गया है। रुद्राक्ष के दर्शन, स्पर्श और उनके द्वारा जप करने से मनुष्य के सभी पाप नष्ट हो जाते हैं। जो मनुष्य अपने कण्ठ में बत्तीस, मस्तक पर चालीस, कानों में छः-छः, हाथों में बारह-बारह, भुजाओं में सोलह-सोलह, शिखा में एक तथा वक्ष पर एक सौ आठ रुद्राक्षों को धारण करता है, वह साक्षात् भगवान् नीलकण्ठ के समान हो जाता है। उसके जीवन में सुख-शांति बनी रहती है। रुद्राक्ष धारण करना भगवान् शिव के दिव्य-ज्ञान को प्राप्त करने का साधन है। सभी वर्णों के मनुष्य रुद्राक्ष धारण कर सकते हैं। रुद्राक्ष धारण करने वाले भक्त समाज में मान-सम्मान प्राप्त करते हैं।

रुद्राक्ष के पचास या सत्ताईस दानों की माला बनाकर धारण करके जप करने से अनन्त फल की प्राप्ति होती है। ग्रहण, संक्रांति, अमावस्या और पूर्णमासी आदि पर्वों और पुण्य दिवसों पर रुद्राक्ष अवश्य धारण किए रहें। रुद्राक्ष धारण करने वाले के लिए मांस-मदिरा आदि पदार्थों का सेवन वर्जित होता है।

कुछ प्रमुख रुद्राक्ष

एक मुखी रुद्राक्ष : एक मुख वाला रुद्राक्ष साक्षात् भगवान् महादेव (शिव) का अंश होता है। इन्हें धारण करने से मन में दिव्य-ज्ञान का उदय होता है।

दो मुखी रुद्राक्ष : दो मुख वाला रुद्राक्ष भगवान् शिव के अर्द्धनारीश्वर स्वरूप का प्रतीक है। इन्हें धारण करने से भगवान् अर्द्धनारीश्वर की कृपा भक्त पर सदा बनी रहती है।

तीन मुखी रुद्राक्ष : तीन मुखी रुद्राक्ष अग्नि का परिचायक है। इन्हें धारण करने से ब्रह्म-हत्या जैसा घोर पाप भी तत्काल भस्म हो जाता है और अग्निदेव की कृपा बनी रहती है।

चार मुखी रुद्राक्ष : चार मुख वाले रुद्राक्ष को ब्रह्माजी का रूप माना जाता है। इन्हें धारण करने से मनुष्य धनी और आरोग्य हो जाता है। उसे दिव्य-ज्ञान की प्राप्ति होती है।

पाँच मुखी रुद्राक्ष : पाँच मुखी रुद्राक्ष साक्षात् पंचब्रह्मस्वरूप है। भक्तों द्वारा इन्हें धारण करने से भगवान् शिव संतुष्ट होकर मनोवांछित फल प्रदान करते हैं।

छः मुखी रुद्राक्ष : छः मुख वाले रुद्राक्ष के देवता कार्तिकेय हैं। गणेशजी को भी इनका देवता माना जाता है। ये मनुष्य को अपार बल एवं इच्छित फल प्रदान करते हैं।

सात मुखी रुद्राक्ष : सात मुख वाले रुद्राक्ष के स्वामी देवता सात मातृकाएँ, सात अश्व और सप्तर्षि हैं। इन्हें धारण करने से मनुष्य आरोग्य एवं आदर का पात्र बन जाता है।

आठ मुखी रुद्राक्ष : आठ मुखी रुद्राक्ष में अष्ट मातृकाओं का वास होता है। ये रुद्राक्ष आठ वसुओं और गंगा को भी संतुष्ट करते हैं। इन्हें धारण करने से देवता प्रसन्न हो जाते हैं।

नौ मुखी रुद्राक्ष : नौ मुखी रुद्राक्ष के देवता धर्मराज हैं। इन्हें धारण करने से किसी भी प्रकार का मृत्यु-भय समाप्त हो जाता है।

दस मुखी रुद्राक्ष : दस मुखी रुद्राक्ष के देवता दसों दिक्पाल हैं। इनको धारण करने से मनुष्य दसों दिशाओं का प्रिय बन जाता है।

ग्यारह मुखी रुद्राक्ष : ग्यारह मुख वाले रुद्राक्ष के देवता ग्यारह रुद्र हैं। देवराज इन्द्र को भी इनका प्रधान देवता कहा गया है। इन्हें धारण करने से सुखों में वृद्धि होती है।

बारह मुखी रुद्राक्ष : बारह मुख वाले रुद्राक्ष भगवान् विष्णु के स्वरूप हैं। इन्हें धारण करने वाले श्रीविष्णु के प्रिय बन जाते हैं।

तेरह मुखी रुद्राक्ष : ये रुद्राक्ष कामदेव के स्वरूप हैं। ये धारण करने वालों की समस्त अभिलाषाएँ पूर्ण कर उन्हें सिद्धि प्रदान करते हैं। इन्हें धारण करने से कामदेव प्रसन्न हो जाते हैं।

चौदह मुखी रुद्राक्ष : चौदह मुखी रुद्राक्ष स्वयं भगवान् शिव के नेत्रों से प्रकट हुए हैं। इनके प्रभाव से सभी व्याधियाँ शांत हो जाती हैं और मनुष्य सब प्रकार से आरोग्यवान बन जाता है।

उपर्युक्त रुद्राक्षों को धारण करने वाले को भूत, प्रेत, पिशाच, डाकिनी एवं शाकिनी आदि का भय नहीं रहता। रुद्राक्षधारी मनुष्य पर देवता प्रसन्न होकर उसकी समस्त कामनाएँ पूर्ण करते हैं।

2. रुद्र संहिता

शिवपुराण की द्वितीय संहिता अर्थात् रुद्र संहिता सृष्टि, सती, पार्वती, कुमार और युद्ध – इन पाँच खण्डों में विभक्त है। इस संहिता में भगवान् शिव के जीवन-चरित्र और उनकी विभिन्न लीलाओं का वर्णन होने के कारण पाठकगण की सहजता के लिए इस संहिता का क्रमबद्ध खण्डात्मक अध्ययन ही प्रस्तुत किया गया है।

प्रथम (सृष्टि) खण्ड

रुद्र संहिता का प्रथम भाग सृष्टि खण्ड कहलाता है। इस खण्ड के आरम्भ में देवर्षि नारद के मोहग्रस्त होकर स्वयं पर अभिमान करने और दयामय भगवान् शिव द्वारा उनका मोहभंग करने की कथा है। तप में लीन देवर्षि नारद ने भगवान् शिव की कृपा से काम को जीत लिया था। इससे उनके हृदय में मिथ्या अहंकार उत्पन्न हो गया। भगवान् शिव की माया से मोहित होने के कारण उन्हें यथार्थ सत्य का ज्ञान नहीं रहा। इसी अहंकार में भरकर वे आत्मप्रशंसा में मग्न हो गए। अपने भक्त को मोह से ग्रसित देख भगवान् शिव ने श्रीविष्णु की सहायता से देवर्षि नारद का मोह भंग कर उन्हें अपनी कृपा से अनुगृहीत किया। इस उपाख्यान से स्पष्ट होता है कि भगवान् शिव मायारूपी भँवर में फँसे अपने भक्तों की सदैव रक्षा करते हैं।

इसी संदर्भ में देवर्षि नारद ने ब्रह्माजी से भगवान् शिव के विविध चरित्रों, उनके स्वरूप-तत्त्व, साकाररूप में प्राकट्य, विवाह आदि के बारे में बताने का आग्रह किया था। उनकी जिज्ञासा शांत करने के लिए ब्रह्माजी ने महाप्रलयकाल में परब्रह्म की सत्ता का प्रतिपादन कर उस निर्गुण-निराकार परब्रह्म से सदाशिव के प्राकट्य, सदाशिव द्वारा स्वरूपभूता शक्ति (अम्बिका) के प्रकटीकरण और शिव के अंश से प्राकृत तत्त्वों की क्रमशः उत्पत्ति का विस्तृत वर्णन किया। ब्रह्माजी द्वारा वर्णित शिवतत्त्व का उपदेश शिवपुराण की श्रेष्ठता और महत्ता का परिचायक है।

भगवान् शिव द्वारा ब्रह्माजी को सृष्टि-रचना का और श्रीविष्णु को सृष्टि की रक्षा का भार सौंपने के आख्यान में शिव, विष्णु और ब्रह्मा – इन तीनों देवताओं की एकरूपता का प्रतिपादन किया गया है। सृष्टि-उत्पत्ति के संदर्भ में, इस खण्ड में दक्ष, मरीचि आदि प्रजापतियों और दक्ष कन्याओं की संतानों का विशद् वर्णन किया गया है। इस खण्ड के अंत में भगवान् शिव की कृपा से यज्ञदत्त-कुमार को कुबेर पद की प्राप्ति का आख्यान वर्णित है। *''भक्तजन की साधारण पूजा से प्रसन्न होकर ही भगवान् शिव उन्हें सर्वस्व प्रदान कर देते हैं।''* – कुबेर के आख्यान से इस भाव को सुंदर ढंग से चित्रित किया गया है।

द्वितीय (सती) खण्ड

सती खण्ड रुद्र संहिता का द्वितीय भाग है। इस खण्ड के आरम्भ में देवर्षि नारद के प्रश्न का प्रत्युत्तर देते हुए ब्रह्माजी ने सदाशिव से त्रिदेवों की उत्पत्ति, देवता आदि की सृष्टि के बाद कामदेव एवं दक्ष-कन्या रति की उत्पत्ति और उसके विवाह का वर्णन किया है। तत्पश्चात् देवी संध्या की उत्पत्ति, उसके कठोर तप से प्रसन्न होकर भगवान् शिव द्वारा उसे अभीष्ट वर देने का आख्यान है। देवी संध्या के वर माँगने पर भगवान् शिव ने प्राणियों की शैशवावस्था को कामभाव से पूर्णतः मुक्त कर दिया। वरदान प्राप्त करने के बाद संध्या ने महर्षि मेधातिथि के यज्ञ में स्वयं को भस्म कर उनकी पुत्री अरुंधती के रूप में पुनः जन्म लिया था। इस जन्म में उसका विवाह महर्षि वसिष्ठ के साथ हुआ।

इस आख्यान के बाद दक्ष प्रजापति द्वारा भगवती जगदम्बा की पूजा-उपासना कर उनसे वरदान प्राप्त करने, मैथुनी सृष्टि के आरम्भ और दक्ष द्वारा देवर्षि नारद को शाप देने का अत्यंत सुंदर वृत्तांत वर्णित है।

इसके बाद भगवती जगदम्बा के सती नाम से दक्ष के घर अवतरित होने और भगवान् शिव को प्राप्त करने के लिए उनके द्वारा कठोर तप करने का वर्णन है। तदंतर देवताओं के अनुरोध पर भगवान् शिव द्वारा विवाह की स्वीकृति देने और बारात लेकर दक्ष प्रजापति के घर जाने का बड़ा काव्यमय, मनोहारी और कल्याणमयी आख्यान प्रस्तुत किया गया है।

इस खण्ड में देवी सती के प्रश्न करने पर भगवान् शिव द्वारा ज्ञान और भक्ति के स्वरूप का विवेचन किया गया है। भगवान् शिव द्वारा श्रीराम को प्रणाम करते देखकर मोहग्रस्त सती द्वारा श्रीराम की परीक्षा लेना, भगवान् शिव द्वारा देवी सती का मानसिक त्याग और दक्ष द्वारा भगवान् शिव का तिरस्कार - ये सुप्रसिद्ध आख्यान इस खण्ड के महत्त्वपूर्ण अंश हैं। इन्हीं के माध्यम से देवी सती के प्राण त्यागने की पवित्र कथा की पृष्ठभूमि स्पष्ट की गई है। दक्ष प्रजापति द्वारा आयोजित यज्ञ में पति के सम्मान के लिए देवी सती द्वारा प्राण-त्यागने का आख्यान उनके पतिव्रत धर्म को रेखांकित करता है। देवी सती की मृत्यु से क्रोधित भगवान् शिव द्वारा वीरभद्र को प्रकट कर दक्ष के यज्ञ को नष्ट करने और मृत दक्ष को पुनर्जीवित करने का आख्यान उनके संहारक और भोलेभंडारी स्वरूप का प्रतिपादन करता है।

अंत में सती खण्ड का माहात्म्य स्पष्ट करते हुए ब्रह्माजी कहते हैं - *"भगवान् शिव और भगवती सती के अद्भुत चरित्रों से सम्पन्न यह खण्ड परम कल्याणकारी और सम्पूर्ण कामनाओं को पूर्ण करने वाला है। इसके श्रद्धापूर्वक श्रवण मात्र से ही भक्तजन समस्त ऐश्वर्य भोगकर मोक्ष को प्राप्त करते हैं। यह स्वर्ग, यश, आयु और पुत्र-पौत्ररूपी फल प्रदान करने वाला है।"*

तृतीय (पार्वती) खण्ड

रुद्र संहिता के तीसरे भाग में भगवती पार्वती के चरित्र का विस्तृत वर्णन होने के कारण इसे पार्वती खण्ड कहा गया है। इस खण्ड के प्रारम्भ में परमपिता ब्रह्माजी ने हिमालय के स्थावर और जंगम – द्विविध स्वरूपों का प्रतिपादन कर उनके दिव्यत्व का वर्णन किया है।

इस खण्ड में देवी जगदम्बा के वरस्वरूप देवी सती द्वारा हिमालय की पत्नी मेना के गर्भ से पार्वती अवतार ग्रहण करने का विशद् वर्णन किया गया है। इसके बाद भगवान् शिव द्वारा कामदेव को भस्म करने और भगवान् शिव की आज्ञा से सप्तर्षियों द्वारा भगवती पार्वती की परीक्षा लेने का रोचक और मनोहारी आख्यान दिया गया है। शिव–पार्वती विवाह इस खण्ड का मूल आख्यान है। इस खण्ड में उन सभी देवताओं का वर्णन है जो शिव–पार्वती के विवाह के लिए प्रयासरत हैं। इस खण्ड द्वारा शिव–पार्वती के अद्‌भुत चरित्रों के सभी पक्षों पर प्रकाश डालने का प्रयास किया गया है। वास्तव में यही खण्ड भगवान् शिव के अर्द्धनारीश्वर स्वरूप का परिचायक है।

चतुर्थ (कुमार) खण्ड

रुद्र संहिता के इस खण्ड में शिव–पुत्रों के चरित्रों का वर्णन किया गया है। इस खण्ड में सर्वप्रथम शिव–पुत्र कुमार कात्तिकेय के जन्म और उनके द्वारा तारकासुर के वध की कथा का वर्णन किया गया है।

इसके बाद भगवती पार्वती द्वारा गणेश को उत्पन्न करने, भगवान् शिव द्वारा गणेश का मस्तक काटने और गज का मस्तक जोड़कर उन्हें पुनर्जीवित करने की कथा का सुरुचिपूर्ण वर्णन किया गया है। तत्पश्चात् भगवान् शिव द्वारा गणेशजी को सर्वाध्यक्ष पद प्रदान कर गणेश चतुर्थी व्रत का वर्णन किया गया है। इसके अतिरिक्त भगवान् गणेश के विवाह तथा कुमार कार्त्तिकेय के क्रौंच पर्वत पर निवास करने के प्रसिद्ध आख्यान अत्यंत शिक्षाप्रद हैं।

पंचम (युद्ध) खण्ड

रुद्र संहिता के पंचम भाग को युद्ध खण्ड कहा गया है। इसमें भगवान् शिव की विभिन्न संहारक लीलाओं का चित्रण किया गया है। तीनों लोकों के कल्याण के लिए संहारक स्वरूप धारण कर भगवान् शिव समस्त पापियों का संहार करते हैं। युद्ध खण्ड के माध्यम से इस भाव को सुरुचिपूर्ण तरीके से स्पष्ट किया गया है।

इस खण्ड में सर्वप्रथम दैत्य तारकासुर के पुत्रों तारकाक्ष, विद्युन्माली और कमलाक्ष द्वारा ब्रह्माजी से वरस्वरूप तीन दिव्य पुर प्राप्त करने और देवगण की स्तुति से प्रसन्न होकर भगवान् शिव द्वारा उन दैत्यों के संहार करने की कथा है। इस कथा में भगवान् शिव के सूक्ष्म और स्थूल तत्त्वों से निर्मित दिव्य रथ का अत्यंत काव्यमय

और विहंगम वर्णन किया गया है। यथा :

"भगवान् शिव का दिव्य रथ स्वर्णनिर्मित है। उसके दाहिने चक्र में सूर्य और वाम चक्र में चन्द्र विराजमान हैं। रथ के दाहिने चक्र में बारह अरे लगे हुए हैं, जिनमें द्वादश सूर्य प्रतिष्ठित हैं। वाम चक्र सोलह अरों युक्त है, जिसमें चन्द्र की सोलह कलाएँ सुशोभित हैं। छः ऋतुएँ उन पहियों की नेमियाँ हैं। अंतरिक्ष रथ का अग्रभाग तथा मंदराचल ने रथ में बैठक का स्थान ग्रहण किया है। उदयाचल और अस्ताचल – ये दोनों उस रथ के कूबर हैं। महामेरु अधिष्ठान और शाखापर्वत उसके आश्रयस्थान हैं। संवत्सर रथ का वेग, उत्तरायण और दक्षिणायन – दोनों लौह धारक, मुहूर्त उसका बन्धुर (रस्सा), कलाएँ उसकी कीलें हैं। काष्ठाएँ उसकी नासिकारूपी अग्रभाग, क्षण, अक्षदण्ड और निमेष नीचे का काष्ठ हैं। द्युलोक इस रथ का ऊपरी पर्दा (वरूथ) तथा स्वर्ग व मोक्ष ध्वजाएँ हैं। ऐरावत की पत्नी अभ्रमु तथा कामधेनु जुए के अन्तिम छोर पर स्थित हैं। प्रकृति उसका ईषादण्ड, बुद्धि नड्वल, अहंकार कोना और पाँच महाभूत उसका बल कहे गए हैं। इन्द्रियाँ उसे चारों ओर से विभूषित करती हैं। श्रद्धा रथ की चाल है। वेद, पुराण, न्याय, मीमांसा तथा धर्मशास्त्र उस रथ के आभूषण हैं। शुभ लक्षणों से युक्त मंत्र घण्टा-स्थान पर सुशोभित हैं। गंगा आदि पुण्यमय नदियाँ सुंदर स्त्रियों का रूप धारण कर चँवर-सहित उस रथ में शोभायमान हैं। वेदों के चारों कल्याणमयी स्वरूप उस रथ के चार अश्व और ब्रह्माजी उस रथ के सारथि हैं।"

वास्तव में उपर्युक्त वर्णन के माध्यम से भगवान् शिव के परब्रह्म स्वरूप तथा सम्पूर्ण ब्रह्माण्ड में उनके अधिपत्य को दर्शाया गया है। भगवान् शिव इस सृष्टि के रचयिता, पालनकर्ता तथा संहारक हैं। इसी रथ पर सुशोभित होकर भगवान् शिव तारक-पुत्रों और उनके दिव्य पुरों का संहार कर 'त्रिपुरारी' नाम से विख्यात हुए। इस युद्ध में देवगण भगवान् शिव के पशु बने थे। पशुओं के स्वामी होने के कारण भगवान् शिव 'पशुपति' भी कहलाए।

इस खण्ड में भगवान् शिव द्वारा शंखचूड़-वध तथा तुलसी एवं शालिग्राम शिला के माहात्म्य का वर्णन किया गया है। इसके अतिरिक्त भगवान् शिव के तेज से दैत्य अंधकासुर के उत्पन्न होने, देवी पार्वती के सौन्दर्य से मोहित अंधक द्वारा शिवलोक पर आक्रमण करने तथा भगवान् शिव द्वारा अंधक को दण्डित करने का आख्यान भी विस्तृत रूप से वर्णित है। इसी कथा के संदर्भ में भगवान् शिव द्वारा दैत्यगुरु शुक्राचार्य को पुत्र-रूप में स्वीकार करने तथा महामृत्युंजय मंत्र के माहात्म्य को भी स्पष्ट किया गया है।

अंत में भगवान् शिव के कृत्तिवासेश्वर और कंदुकेश्वर नामक शिवलिंगों के प्राकट्य, पूजा-विधि तथा माहात्म्य का विस्तृत वर्णन कर युद्ध खण्ड सहित रुद्र संहिता का उपसंहार किया गया है।

3. शतरुद्र संहिता

शतरुद्र संहिता में भगवान् शिव के विभिन्न अवतारों की उत्पत्ति और लीलाओं का वर्णन किया गया है। इस संहिता के आरम्भ में भगवान् महादेव के पाँच अवतारों का वर्णन किया गया है। ये अवतार हैं – सद्योजात, वामदेव, तत्पुरुष, अघोर और ईशान। विभिन्न कल्पों में भगवान् शिव उपर्युक्त वर्णित अवतार धारण कर ब्रह्माजी को सृष्टि-रचना के लिए प्रेरित करते हैं।

तदंतर भगवान् शिव की अष्ट मूर्तियों (शर्व, भव, उग्र, भीम, पशुपति, रुद्र, ईशान और महादेव) और उनके अर्द्धनारीश्वर स्वरूप का प्रतिपादन किया गया है। भगवान् शिव की इन अष्टमूर्तियों द्वारा ही पृथ्वी, जल, अग्नि, वायु, आकाश, क्षेत्रज्ञ, सूर्य और चन्द्रमा अधिष्ठित हैं।

भगवान् शिव के अट्ठाईस लीलावतारों सहित उनके नन्दीश्वर, गृहपति, हनुमान, दुर्वासा, पिप्पलाद, द्विजेश्वर, यतिनाथ, हंस, कृष्णदर्शन, अवधूतेश्वर, भिक्षुवर्य, सुरेश्वर और किरात आदि अवतारों का रोचक और रसपूर्ण विवरण दिया गया है। इस खण्ड में भगवान् शिव के महाकालादि दस अवतारों और ग्यारह रुद्र अवतारों का वर्णन कर उनके स्वरूप के विभिन्न पक्षों का अवलोकन किया गया है। इस संहिता के अंत में भगवान् शिव के द्वादश ज्योतिर्लिंगों का संक्षिप्त विवरण प्रस्तुत किया गया है।

4. कोटिरुद्र संहिता

शतरुद्र संहिता में जिन द्वादश ज्योतिर्लिंगों का संक्षिप्त परिचय दिया गया है, कोटिरुद्र संहिता में उन्हीं द्वादश ज्योतिर्लिंगों और उनकी उत्पत्ति का विस्तृत वर्णन कर उनके दर्शन-पूजन का माहात्म्य बताया गया है। इस संहिता में द्वादश ज्योतिर्लिंगों के माहात्म्य का प्रतिपादन करते हुए उनसे सम्बद्ध पौराणिक और शिक्षाप्रद आख्यानों का क्रमबद्ध उल्लेख किया गया है।

इस पुराण में वर्णित द्वादश ज्योतिर्लिंग निम्नलिखित हैं :

ज्योतिर्लिंग	प्राकट्य स्थल	वर्तमान स्थिति	राज्य
सोमनाथ	वेरावल	जूनागढ़ से 50 कि०मी०	गुजरात
महाकालेश्वर	अवंतिका	उज्जैन	मध्य प्रदेश
केदारनाथ	रुद्रप्रयाग	रुद्रप्रयाग	उत्तरांचल
भीमशंकर	डाकिनी	पूना से 160 कि०मी०	महाराष्ट्र
विश्वेश्वर	काशी	वाराणसी	उत्तर प्रदेश
रामेश्वरम्	सेतुबंध	रामेश्वरम	तमिलनाडु
घुश्मेश्वर	वेरुल	औरंगाबाद से 27 कि०मी०	महाराष्ट्र
नागेश्वर	दारुकावन	औरंगाबाद से 210 कि०मी०	महाराष्ट्र

ज्योतिर्लिंग	प्राकट्य स्थल	वर्तमान स्थिति	राज्य
त्र्यम्बकेश्वर	ब्रह्मगिरि	नासिक से 39 कि॰मी॰	महाराष्ट्र
वैद्यनाथ	संथाल परगना	जसीडीह	झारखंड
परमेश्वर	नर्मदा का तट	इंदौर से 80 कि॰मी॰	मध्य प्रदेश
मल्लिकार्जुन	श्रीशैल	हैदराबाद से 250 कि॰मी॰	आंध्र प्रदेश

उपर्युक्त वर्णित द्वादश ज्योतिर्लिंगों का धार्मिक महत्त्व स्पष्ट करते हुए कहा गया है कि भगवान् शिव के निर्गुण स्वरूप के प्रतीक ये द्वादश ज्योतिर्लिंग भक्तों की सभी कामनाएँ पूर्ण करने वाले और मोक्ष प्रदान करने वाले हैं। इनके दर्शन-पूजन से मनुष्य पापरहित होकर शिवलोक के अधिकारी बनते हैं। द्वादश ज्योतिर्लिंगों की कथा का श्रद्धापूर्वक पठन, श्रवण और चिंतन करने से प्राणी सभी ऐश्वर्य भोगकर मोक्ष प्राप्त करते हैं। अंत में शिवसहस्रनाम-स्तोत्र, प्रमुख व्रतों सहित शिवरात्रि व्रत की विधि एवं महिमा और शिवसंबधी तत्त्वज्ञान का वर्णन कर इस संहिता का उपसंहार किया गया है।

5. उमा संहिता

उमा संहिता में देवी पार्वती के अद्‌भुत चरित्र तथा उनसे संबंधित लीलाओं का उल्लेख किया गया है। चूँकि पार्वती भगवान् शिव के आधे भाग से प्रकट हुई हैं और भगवान् शिव का आंशिक स्वरूप हैं, इसलिए इस संहिता में उमा-महिमा का वर्णन कर अप्रत्यक्ष रूप से भगवान् शिव के ही अर्द्धनारीश्वर स्वरूप का माहात्म्य प्रस्तुत किया गया है। इसके आरम्भ में शिव-शिवा द्वारा श्रीकृष्ण को अभीष्ट वर देने की कथा है। तदंतर यमलोक यात्रा, एक सौ चालीस नरकों, नरकों में गिराने वाले पापों और उसके फलस्वरूप मिलने वाली नरक-यातनाओं का वर्णन कर मृत्यु के बाद के गूढ़ रहस्यों का प्रतिपादन किया गया है।

वेद और पुराणों के स्वाध्याय, विविध प्रकार के दानों की महिमा, मृत्यु के लक्षणों, काल को जीतने के उपाय और विभिन्न सिद्धियों-साधनाओं की महिमा के वर्णन से इस पुराण का सूक्ष्म और मूल तत्त्वज्ञान परिलक्षित होता है।

तत्त्वज्ञान के अतिरिक्त इस संहिता में भगवती उमा के कालिका, महालक्ष्मी, सरस्वती, दुर्गा, शताक्षी, शाकम्भरी, भ्रामरी आदि लीलावतारों का वर्णन करके उनके द्वारा महिषासुर, मधु, कैटभ, शुम्भ, निशुम्भ, रक्तबीज आदि भयंकर एवं महापराक्रमी दैत्यों के संहार की कथाओं का उल्लेख किया गया है।

इसके अतिरिक्त भगवती के क्रियायोग, विविध पुण्यमय व्रतों, विभिन्न उत्सवों, पूजन विधियों तथा उमा संहिता के श्रवण, पठन एवं चिंतन का विवेचन करके उनके माहात्म्य को दर्शाया गया है।

6. कैलाश संहिता

इस संहिता में भगवान् शिव के आदि मूल बीजरूप का चित्रण मिलता है। इसके अतिरिक्त इसमें ऋषि-मुनियों से संबंधित द्वैत-अद्वैत चिंतन आदि के विषय में विस्तार से विचार किया गया है।

प्रणवार्थ-निरूपण, प्रणव के अर्थों का विवेचन और वाच्यार्थ रूप सदाशिव के स्वरूप का ध्यान, वर्णाश्रम धर्म के पालन का महत्त्व, ज्ञानमयी पूजा, संन्यास के पूर्वांगभूत नान्दी श्राद्ध एवं ब्रह्म यज्ञ आदि का वर्णन, संन्यास की शास्त्रीय विधि, भगवान् शिव से जीव-जगत् की अभिन्नता का प्रतिपादन - ये कैलाश संहिता के मूल आधार हैं। इस संहिता में उपर्युक्त सभी का विस्तृत वर्णन किया गया है।

7. वायवीय संहिता

इस संहिता के प्रारम्भ में महर्षि सूतजी ने विद्यास्थानों एवं अठारह पुराणों का परिचय दिया है। तत्पश्चात् परमतत्त्व के रूप में भगवान् शिव की महत्ता का प्रतिपादन कर वायुदेव द्वारा पशु, पाश एवं पशुपति का तात्त्विक विवेचन किया गया है। चेतन (जीव), जड़ (प्रकृति) एवं नियन्ता (परमेश्वर) - इन तीनों को ही वायुदेव ने क्रमशः पशु, पाश और परमेश्वर कहा है। तत्त्वज्ञ विद्वान इन तीनों को ही क्षर (प्रकृति), अक्षर (पशु) और परमतत्त्व (पशुपति) कहते हैं।

उपर्युक्त वर्णन के बाद भगवान् शिव के रुद्र-अवतार और उनके महिमामय स्वरूप का विवेचन है। अग्नि एवं सोम के स्वरूप, जगत् की अग्नीषोमात्मकता, पाशुपत ज्ञान और पाशुपत-व्रत के माहात्म्य का प्रतिपादन इस संहिता की प्रमुख विशेषताएँ हैं।

इसके अतिरिक्त इस संहिता में पाँच प्रकार के शिव-धर्मों, उनके चार पादों, ज्ञानयोग, शिव-पूजन की विधियों, वर्णाश्रम-धर्म, पंचाक्षर मंत्र की महिमा, शिवलिंग-महाव्रत की विधि, त्रिविध दीक्षा, षडध्वशोधन की विधि और शिवाग्नि की स्थापन-विधि का विस्तृत और सारयुक्त विवेचन किया गया है।

शिवपुराण की कथा : नारद का मोह भंग

एक बार की बात है, मुनि शिरोमणि नारद ने हिमालय पर्वत की एक सुंदर गुफा में लम्बे समय तक तपस्या की। नारदजी के घोर तप से इन्द्र विचलित हो उठे। देवराज इन्द्र को यह भय सताने लगा कि तप सफल हो जाने पर नारद कहीं उनके सिंहासन की माँग न करने लगें। यह सोचकर इन्द्र ने नारदजी के तप को भंग करने का निश्चय किया। उन्होंने कामदेव का स्मरण किया और उन्हें नारदजी की तपस्या भंग करने के लिए कहा। कामदेव ने शीघ्र ही नारदजी के तपस्या-क्षेत्र में अपनी समस्त कलाएँ रच डालीं। वसंत ने भी मदमत्त होकर अपना प्रभाव अनेक प्रकार से प्रकट किया।

किंतु नारदजी उस स्थान पर तपस्या कर रहे थे, जहाँ पूर्वकाल में भगवान् शिव ने कामदेव को भस्म किया था और वह सम्पूर्ण क्षेत्र काम के प्रभाव से पृथक घोषित कर दिया था। इसलिए शिवजी की कृपा से कामदेव और वसंत के अथक प्रयास के बाद भी नारदजी के मन में विकार उत्पन्न नहीं हुआ। महादेव के अनुग्रह से उन दोनों का गर्व चूर-चूर हो गया। कामदेव को अपने कार्य में असफल होते देखकर इन्द्र स्वयं वहाँ आए और नारदजी के संयम एवं तप की प्रशंसा करने लगे।

इन्द्र के मुख से अपनी प्रशंसा सुनकर नारदजी के मन में अहंकार उत्पन्न हो गया। वे स्वयं को कामविजयी समझने लगे। अज्ञानवश वे यह नहीं समझ सके कि कामदेव के पराजित होने में भगवान् शिव का प्रभाव ही मूल कारण है। वे भगवान् की माया से मोहित हो गए थे।

गर्व से भरे नारद मुनि उसी क्षण कैलाश पहुँचे और भगवान् शिव को अपनी कामविजय का वृत्तांत बढ़ा-चढ़ाकर सुनाने लगे। नारदजी को माया से ग्रसित देखकर भगवान् शिव ने उन्हें आत्मप्रशंसा तथा अहंकारपूर्ण बातें न करने का परामर्श दिया, लेकिन नारदजी उनका भाव नहीं समझे। यह सोचकर कि भगवान् शिव उनके प्रभाव से ईर्ष्या कर रहे हैं, वे मन-ही-मन मुस्कराते हुए ब्रह्मलोक पहुँचे और वहाँ भी अपनी काम-विजय की कथा सुनाई। इसके बाद विष्णुलोक में भी उन्होंने वही बात दोहराई।

यद्यपि भगवान् विष्णु सारी बात जानते थे, तथापि उन्होंने नारदजी के ज्ञान-वैराग्य की प्रशंसा की। इस प्रकार नारदजी के मन में अपने कामविजयी होने का अहंकार पूर्ण रूप से भर गया। अंत में शिवजी की इच्छानुसार श्रीविष्णु ने नारदजी के मोह-अहंकार का नाश करने का निश्चय किया। उन्होंने पलभर में नारदजी के मार्ग में एक सुंदर नगर की रचना कर डाली। वह नगर स्वर्ग की भाँति समस्त ऐश्वर्यों से परिपूर्ण था।

जब नारदजी आत्मप्रशंसा में डूबे हुए आकाशमार्ग से जा रहे थे तब उनकी दृष्टि इस सुंदर नगर पर पड़ी। नगर की सुंदरता और वैभवता देखकर वे उत्सुकतावश उस नगर में पहुँच गए। उस नगर में राजा शीलनिधि का राज्य था। नारदजी को आया देखकर उन्होंने उनका उचित स्वागत-सत्कार किया। इसके बाद शीलनिधि ने अपनी पुत्री को बुलवाया, जिसका नाम श्रीमती था। श्रीमती के अद्‌भुत रूप-सौंदर्य को देख भगवान् शिव की माया से नारद मुनि के मन में विकार उत्पन्न हो गया और वे काम के वशीभूत हो गए। राजा शीलनिधि द्वारा श्रीमती के स्वयंवर की बात सुनकर नारदजी मन-ही-मन उसे प्राप्त करने का विचार करने लगे।

'नारियों को सौंदर्य अत्यंत प्रिय होता है और इस सृष्टि में केवल भगवान् विष्णु ही विश्व के रूप-सौंदर्य का स्रोत्र हैं। इसलिए मुझे एक दिन के लिए उनसे उनका रूप माँग लेना चाहिए।' - यह सोचकर वे उसी क्षण वैकुण्ठ लोक पहुँचे और अपना मनोरथ श्रीविष्णु को बताया।

भगवान् शिव की आज्ञानुसार श्रीविष्णु ने नारदजी के अंगों में अपना स्वरूप देकर उनका मुख वानर का बना दिया। नारदजी इस बात से पूर्णतया अनभिज्ञ थे।

'श्रीविष्णु के समान सुंदर स्वरूप देखकर राजकुमारी श्रीमती अवश्य ही पति-रूप में मेरा वरण करेगी।' - यह सोचकर वे प्रसन्नतापूर्वक स्वयंवर-सभा में जा बैठे। भगवान् शिव की माया के कारण वहाँ उपस्थित राजा नारदजी के वास्तविक स्वरूप को न जान सके। किंतु दो शिवगण ये सारा भेद जानते थे, जो उस सभा में ब्राह्मण-वेश में बैठे थे। वे नारदजी को काम के अधीन देख उनसे हास-परिहास करने लगे।

स्वयंवर-आरम्भ हुआ। उस सभा में भगवान् विष्णु भी राजा के वेश में उपस्थित थे। श्रीमती ने उनके गले में वरमाला डाल दी। श्रीमती को साथ लेकर श्रीविष्णु वहाँ से अदृश्य हो गए। कामवेदना ने नारदजी को अत्यंत उत्तेजित कर दिया था, इसलिए स्वयं का तिरस्कार होते देखकर वे क्रोधित हो उठे। तभी ब्राह्मण-वेशधारी शिवगण ने उपहास करते हुए उन्हें अपना वानर-मुख देखने के लिए कहा। उनकी बात सुनकर नारदजी बड़ा आश्चर्य हुआ। उन्होंने जब दर्पण में अपना वानर-मुख देखा तो क्रोध और अपमान के वेग से वे जल उठे। भगवान् शिव की माया से वशीभूत होकर उन्होंने उसी क्षण शिवगण को दैत्य-योनि में जन्म लेने का शाप दे दिया। शाप को भगवान् शिव की इच्छा जानकर वे शिवगण उसी समय वहाँ से चुपचाप चले गए।

इसके बाद देवर्षि नारद क्रोध से जलते हुए वैकुण्ठ पहुँचे। भगवान् शिव की माया से उनका ज्ञान-विवेक नष्ट हो गया था, अतः उन्होंने श्रीविष्णु को स्त्री-वियोग से दुखी होने का शाप दे दिया। श्रीविष्णु ने भगवान् शिव की लीला को समझते हुए शाप को स्वीकार कर लिया। तभी भगवान् शिव ने अपनी फैली हुई माया समेट ली और नारदजी पुनः अपनी सहज स्थिति में आ गए। उन्हें अपने आचरण पर ग्लानि और पश्चात्ताप अनुभव होने लगा।

तब श्रीविष्णु बोले - "मुनिवर! तुमने अहंकारवश भगवान् शिव की बात की अवहेलना कर दी थी, शिवजी ने तुम्हें उसी अपराध का ऐसा फल दिया है, क्योंकि वे ही कर्म-फल के दाता हैं। सबके स्वामी भगवान् शिव अहंकार को दूर करने वाले हैं। उन्हीं के सच्चिदानन्द स्वरूप से बोध होता है। उनके आदेश से ही सभी देवगण अपने-अपने कार्य करते हैं। वास्तव में वे ही अपने अंश से इस सृष्टि के कण-कण में विद्यमान हैं। अतः हे मुनिवर ! अब तुम अपने सारे संशय को त्यागकर भगवान् शिव के सुयश का गान करो एवं अनन्यभाव से शिव के शतनामस्तोत्र का पाठ करो। भगवान् शिव तुम्हारा अवश्य कल्याण करेंगे।"

श्रीविष्णु की बात सुनकर नारदजी के मन का संशय दूर हो गया और वे प्रसन्न मन से भगवान् शिव के शतनामस्तोत्र का गान करते हुए विभिन्न स्थानों पर स्थापित शिवलिंगों की पूजा-अर्चना करने लगे। इस प्रकार शिवजी की कृपा से उनकी बुद्धि शुद्ध हो गई और उन्हें देवताओं के ऋषि अर्थात् देवर्षि बनने का सौभाग्य प्राप्त हुआ।

अध्याय 5

श्रीमद् भागवत पुराण

परिचय

संस्कृत भाषा में प्रत्येक श्लोक, वाक्य, शब्द, अक्षर, धातु, व्यंजन, स्वर, उपसर्ग और प्रत्यय में अनंत अर्थ, ज्ञान-विज्ञान और दर्शन-तत्त्व भरा पड़ा है। साथ ही संस्कृत के वृहत् ग्रंथ तो एक-एक और विविध विषयों के विश्वकोष हैं। अनेक ग्रंथ ऐसे भी हैं जो अनंत, विविध और विभिन्न विषयों के समन्वय-सामंजस्यपूर्ण सुंदर व्याख्यान और भाष्य हैं। हमारे पुराण भी ऐसी ही निधियाँ हैं। इनमें श्रीमद् भागवत पुराण एक विश्ववंद्य महाग्रंथ और महाकाव्य है जिसका काव्य-सौंदर्य, तात्त्विक रहस्य और विषय-बाहुल्यता विद्वन्मान्य ही नहीं, अपितु विद्वता को परखने की कसौटी भी है। प्राचीन काल में विद्वानों की परीक्षा की सर्वोत्तम वस्तु वस्तुतः भागवत ही थी। यही कारण है कि संस्कृत-साहित्य और विशेषतः पुराण-साहित्य में श्रीमद् भागवत का निराला स्थान है।

यह पुराण ज्ञान, कर्म और उपासना का एक अद्‌भुत समन्वय है। यह वैदिक साहित्य और संस्कृत साहित्य के गहन विषयों का खुला रहस्य है। यही नहीं, इसकी ज्ञेयता अनंत है। इसमें भूगोल, खगोल, इतिहास, दर्शन, विज्ञान, नीति, कला व अन्यान्य गणनातीत विषयों का मनोरंजक वर्णन है। साथ ही यह ईश्वरीय ज्ञान - वेदों की कुंजी, प्रकृति के रहस्यों का उद्‌घाटन और अभ्युदय - निश्रेयस (मुक्ति)का सर्वोत्तम सोपान है। इसमें आध्यात्मिक, आधिदैविक और आधिभौतिक विज्ञानत्रय का बड़ा ही मनोरंजक वर्णन है। सर्वाधिक विलक्षण बात तो यह है कि इस पुराण में भारत के इतिहास के बहाने वेदों का गूढ़ रहस्य खोला गया है।

श्रीमद् भागवत के रचयिता महर्षि व्यासजी ने भी इस महान धार्मिक ग्रंथ को अपने अठारह पुराणों में सर्वश्रेष्ठ स्थान दिया है। उनका स्वयं का कथन है कि जब उन्हें पुराणों की रचना के बाद भी शांति नहीं मिली तो उन्होंने श्रीमद् भागवत की रचना की और तब जाकर उन्हें परम शांति का अनुभव हुआ।

'भागवत' शब्द का अर्थ है - ''जो भगवान् का हो।'' श्रीमद् भागवत के अनेक प्रसंगों में भक्त के अर्थ में 'भागवत' शब्द का प्रयोग हुआ है। भक्त के हृदय में, दृष्टि में, रोम-रोम में भगवान् का निवास है; भक्त केवल भगवान् के लिए है। उसके साध्य, साधन, जीवन सबकुछ भगवान् के श्रीचरणों में समर्पित हैं। ठीक उसी

प्रकार श्रीमद् भागवत में जो कुछ है, वह स्वयं जो कुछ है, सब भगवान् का ही है; सब भगवान् ही है।

भागवत में श्रीकृष्ण, श्रीकृष्ण में भागवत - यह है परस्पर संबंध। इस संबंध का रहस्य जान लेने पर भागवत में भगवान् के और भगवान् में भागवत के प्रत्यक्ष दर्शन होते हैं। विश्व-साहित्य में काव्य के अंतर्गत अध्यात्म की इतनी दिव्य अभिव्यक्ति कहीं हुई है - इसमें संदेह है।

यह एक अलौकिक पुराण है। इसमें वर्णाश्रम धर्म, मानव धर्म, कर्म योग, अष्टांग-योग, ज्ञान-योग और भक्ति-योग आदि भगवत प्राप्ति के सभी साधनों का बड़ा विशद् वर्णन किया गया है। इसमें साधन और साध्य दोनों प्रकार की भक्ति से ईश्वर प्राप्ति के सहज मार्ग को दर्शाया गया है।

भक्ति की महिमा बताते हुए स्वयं भगवान् श्रीकृष्ण ने कहा है -

''न साधयति मां योगो न सांख्यं धर्म उद्धव।
न स्वाध्याय स्तपस्त्यागो यथा भक्तिर्ममोर्जिता।।''

अर्थात् ''हे उद्धव ! जिस प्रकार मेरी बढ़ी हुई भक्ति द्वारा मुझे सहज ही पाया जा सकता है; उसी प्रकार न तो योग, न ज्ञान, न धर्म, न वेदों का स्वाध्याय, न तप तथा न दान करा सकते हैं। केवल श्रद्धासम्पन्न भक्ति से मेरी प्राप्ति सहजता से सुलभ है।''

इस परम पवित्र ग्रंथ में अध्यात्म, मनोविज्ञान, समाज-शास्त्र, विश्वोत्पत्ति, कालतत्त्व एवं आर्य जाति के इतिहास का ऐसी सुंदर, सरल और सुसंस्कृत भाषा में वर्णन किया गया है कि उससे पाठकों के हृदय में अनायास ही पवित्र भावों का संचार हो जाता है। एक प्रसिद्ध विद्वान के अनुसार - *''पुराण का पठन करते समय यदि आपको कोई कथा अशक्य-असंभावित जान पड़े और साधारण बुद्धि जिसे स्वीकार न करे, ऐसा हो तो निश्चयपूर्वक जानें कि उसमें बड़ा गुप्त मर्म भरा हुआ है। इस नियम को लक्ष्य में रखकर पुराण का अध्ययन और मनन करना चाहिए।''*

साधना-भक्ति से मनुष्य क्या नहीं कर सकता? शुद्ध भक्ति और परमात्म - प्रेम से मनुष्य में दैवी ऐश्वर्य प्रकट होता है। जो केवल परमात्मा को ही सर्वेसर्वा मान लेता है, वह तो असम्भव-से-असम्भव कार्य को भी सम्भव कर लेता है। ध्रुव जैसा छोटा-सा बालक बीहड़ जंगल में अकेला बैठकर परमात्मा की भक्ति में तन्मय हो जाता है। उसकी साधना-भक्ति से तीनों लोक कम्पायमान हो गए। यह है भगवद्-भक्ति का पराक्रम !

इस ग्रंथ में प्रसंग-दर-प्रसंग शिक्षा और उपदेश के अनुकरणीय उदाहरण प्रस्तुत किए गए हैं। भगवान् श्रीकृष्ण साक्षात् परब्रह्म परमात्मा हैं। वे सभी दोषों से सर्वथा रहित और समस्त कल्याणमय गुण-गणों से सर्वदा सम्पन्न हैं। उनके नाम, गुण, लीला आदि के श्रवण, मनन और चिंतन-कथन से ही मनुष्य परम पवित्र होकर दुर्लभ पद को प्राप्त करते हैं; फिर साक्षात् उनमें किसी दोष की कल्पना कैसे की जा

सकती है। अतएव् भगवान् की लीलाओं में जहाँ कहीं ऐसे प्रसंग या वाक्य आए हैं, वहाँ परम शुद्ध भाव में ही उनका अर्थ लेना चाहिए, कुत्सित भाव में कदापि नहीं।

श्रीमद् भागवत में अनेक स्थानों पर प्रसंगवश मांस, मदिरा, व्यभिचार, हिंसा, चोरी, असत्य संभाषण, काम, क्रोध, लोभ, मोह, अहंकार, कपट, राग, द्वेष आदि के प्रकरण आए हैं। उन्हें न तो सिद्धांत समझना चाहिए, न अनुकरणीय ही। उन्हें सर्वदा हेय समझकर उनका त्याग ही करना चाहिए। वास्तव में श्रीमद् भागवत में स्थान-स्थान पर जो इन दोषों, दुर्गुणों और दुराचारों के त्याग का आदेश दिया गया है, उसी का पालन करना चाहिए। अच्छे पुरुषों में कहीं किसी दोष की बात आई है – जैसे ब्रह्माजी के काम, क्रोध, मोह आदि – तो वहाँ यह समझना चाहिए कि काम, क्रोध, मोह आदि विकारों की प्रबलता दिखाकर बड़ी सावधानी से उनका त्याग कर देने के अभिप्राय से ही वे बातें लिखी गई हैं।

भागवत में भगवान् स्वयं कहते हैं – ''यदि कोई अतिशय दुराचारी भी अनन्य भाव से मेरा भक्त होकर मुझे निरंतर भजता है तो वह साधु ही मानने योग्य है, क्योंकि वह यथार्थ निश्चय वाला है। वह शीघ्र ही धर्मात्मा हो जाता है और सदा रहने वाली परम शांति को प्राप्त होता है।''

कलियुग में भगवत्प्राप्ति के साधन बहुत सुलभ हैं – भगवान् के नाम-संकीर्तन से ही सारा काम बन सकता है। सत्संग मिल जाए तो फिर कहना ही क्या है। श्रीमद् भागवत में कहा गया है –

''तुलयाम लवेनापि न स्वर्गं नापुनर्भवम्।
भगवत्संगिसंगस्य मर्त्यानां किमुताशिषः।।''

अर्थात्, ''भगवत्-प्रेमी के निमिषमात्र के संग की तुलना, स्वर्गादि की तो बात ही क्या, पुनर्जन्म का नाश कर देने वाली मुक्ति के साथ भी नहीं की जा सकती; फिर भूलोक की राज्यादि सम्पत्ति तो है ही किस गिनती में !''

''कलेर्दोषनिधे राजन्नस्ति ह्येको महान गुणः।
कीर्तनादेव कृष्णस्य मुक्तसंगः परं व्रजेत्।।
कृते यद्ध्यायतो विष्णुंप्रेतायां यजतोमरवैः।
द्वापरे परिचर्यायां कलौ तद्धरिकीर्तनात्।।''

'कलियुग दोषों का खज़ाना है; किंतु इसमें एक बहुत बड़ा गुण है। वह यह कि कलियुग में भगवान् श्रीकृष्ण के कीर्तन से ही समस्त आसक्तियाँ छूट जाती हैं और परमात्मा की प्राप्ति हो जाती है। सत्युग में समाधि-रूप ध्यान-योग से; त्रेता में बड़े-बड़े यज्ञों से और द्वापर में विधिपूर्वक पूजन-अर्चन द्वारा भगवान् की पूजा-उपासना करने वाले को जो फल मिलता है, वही फल कलियुग में केवल श्रीहरि के नाम-संकीर्तन से सहज ही मिल जाता है।'

श्रीमद् भागवत के पठन और श्रवण से अनन्य पुण्य-लाभ प्राप्त होता है और भक्त जीवन-मृत्यु के बंधन से छुटकारा प्राप्त कर लेता है। स्वयं भगवान् श्रीकृष्ण कहते हैं –

''यः पठते् प्रयतो नित्यं श्लोकं भागवतं सुत।
अष्टादशपुरणानां फलमाप्नोति मानव।।''

अर्थात् ''जो प्रतिदिन पवित्र चित्त होकर भागवत के एक श्लोक का पाठ करता है, वह मनुष्य अठारह पुराणों के पाठ का फल पा लेता है।''

''नित्यं मम कथा यत्र तत्र तिष्ठन्ति वैष्णवः।
कलिबाह्या नरास्ते वै येदर्चयन्ति सदा मम।।'ह

''जहाँ नित्य मेरी कथा होती है, वहाँ विष्णु-पार्षद प्रह्लाद आदि विद्यमान रहते हैं। जो मनुष्य सदा मेरे भागवत शास्त्र की पूजा-उपासना करते हैं, वे कलि के अधिकार से अलग हैं। उन पर कलि का वश नहीं चलता।''

''यत्र तत्र भवेत् पुण्यं शास्त्रं भागवतं कलौ।
तत्र तत्र सदैवाहं भवामि त्रिदशैः सह।।''

''कलियुग में जहाँ-जहाँ पवित्र श्रीमद् भागवत पुराण रहता है, वहाँ-वहाँ ही मैं देवताओं के साथ उपस्थित रहता हूँ। यही नहीं – वहाँ नदी, नद और सरोवर-रूप में प्रसिद्ध सभी तीर्थ वास करते हैं; सम्पूर्ण यज्ञ, सात पुरियाँ और सभी पावन पर्वत वहाँ नित्य निवास करते हैं।''

यह पावन ग्रंथ श्रीमद् भागवत – आयु, आरोग्य और पुष्टि प्रदान करने वाला है; इसका पाठ या श्रवण करने से मनुष्य सब पापों से मुक्त हो जाता है। मनुष्य के लिए सम्पूर्ण पुण्याश्रमों की यात्रा या सम्पूर्ण तीर्थों में स्नान करना भी वैसा पवित्रकारक नहीं है, जैसा श्रीमद् भागवत का श्रवण है। श्रीमद् भागवत में प्रमुखतः नौ प्रकार की भक्ति का वर्णन किया गया है – श्रवण, कीर्तन, स्मरण, वन्दन, अर्चन, पादसेवन, दास्य, सख्य, आत्मनिवेदन। प्रेमलक्षणा दसवीं तथा पराभक्ति ग्यारहवीं है।

पादसेवन, अर्चन, वंदन, दास्य व सांख्य – भक्ति-मार्ग के बहिरंग साधन हैं। आत्म-निवेदन, स्मरण आदि अंतरंग साधन हैं। श्रवण और कीर्तन बाह्यान्तर मिश्र साधन हैं। इन साधनों में बहिर्मुख वृत्ति को अंतर्मुख किया जाए। भक्ति का मुख्य लक्षण यही है कि भक्तजन की बहिर्मुख वृत्तियाँ लौकिक पदार्थों की ओर से हटकर – अंतर्मुख होकर इष्ट-स्वरूप में लीन हो जाएँ।

श्रीमद् भागवत पुराण में बारह स्कंध हैं। उसमें पैर से लेकर जानुपर्यंत पहला स्कंध, जानु से कटिपर्यंत दूसरा स्कंध, नाभि तीसरा स्कंध, उदर चौथा स्कंध, हृदय पाँचवा स्कंध, बाहु सहित कंठ छठा स्कंध, मुख सातवाँ स्कंध, नेत्र आठवाँ स्कंध, कपोल व भ्रकुटि नवाँ स्कंध, ब्रह्मरंध्र दसवाँ स्कंध, मन ग्यारहवाँ स्कंध तथा आत्मा को बारहवाँ स्कंध कहा गया है। इस प्रकार हमारा सारा शरीर भागवतमय है।

वस्तुत: श्रीमद् भागवत – घटना, उपदेश, स्तुति एवं गीत – चारों रूपों में ही चारों वेदों के समान अत्यंत महत्त्वपूर्ण है। यह वेद-शास्त्रों का दूसरा स्वरूप है और रसमय फल है, इसका आस्वादन ही इसकी महिमा को यत्किंचित व्यक्त कर सकता है। वास्तव में इसकी महिमा अनिर्वचनीय है।

श्रीमद् भागवत में इसकी सप्ताहपारायण-विधि का वर्णन किया गया है। वैसे भगवान् श्रीकृष्ण ने स्वयं कहा है कि भक्त द्वारा भागवत के दर्शन अथवा शब्द-उच्चारण मात्र से ही वे प्रसन्न हो जाते हैं – इसलिए जन सामान्य श्रद्धापूर्वक अपनी सुविधानुसार भागवत का पठन, श्रवण तथा चिंतन कर इसका समुचित लाभ उठा सकते हैं।

श्लोक संख्या और खण्ड

श्रीमद् भागवत पुराण अठारह हज़ार (18,000) श्लोकों से सम्पन्न है। सम्पूर्ण पुराण बारह स्कंधों (खण्डों) में विभक्त है। इन 12 स्कंधों में वर्णित अध्यायों की संख्या निम्नलिखित हैं :

स्कंध	अध्याय	स्कंध	अध्याय
प्रथम	19	सप्तम	15
द्वितीय	10	अष्टम	24
तृतीय	33	नवम	24
चतुर्थ	31	दशम	90
पंचम	26	एकादश	31
षष्ठ	19	द्वादश	13

श्रीमद् भागवत पुराण का सार

इस पुराण में सर्वप्रथम श्रीमद् भागवत के माहात्म्य का प्रतिपादन करते हुए इसकी सप्ताहपारायण विधि का वर्णन किया गया है। इस विधि के अनुसार श्रीमद् भागवत का पठन तथा श्रवण करने से मनुष्य मात्र सात दिन में पापरहित होकर मोक्ष का अधिकारी बन जाता है। इसके अतिरिक्त इसमें देवर्षि नारद द्वारा भक्ति के कष्ट की निवृत्ति की कथा, भगवान् के प्रादुर्भाव तथा गोकर्ण द्वारा प्रेत धुंधुकारी के उद्धार की कथा भी वर्णित है।

1. प्रथम स्कंध

श्रीमद् भागवत के प्रथम स्कंध का आरम्भ भगवान् के परब्रहा स्वरूप की स्तुति से है। दूसरे अध्याय में शौनकादि ऋषि-मुनियों के श्रीकृष्ण-संबंधी प्रश्न पूछने पर महर्षि सूतजी द्वारा भगवत्कथा तथा भगवद् भक्ति के माहात्म्य का विस्तृत वर्णन

किया गया है। इसके बाद भगवान् के लीलावतारों का संक्षिप्त परिचय वर्णित है। चौथे से छठे अध्याय तक भगवान् के यश-कीर्तन की महिमा तथा देवर्षि नारद के पूर्वजन्म के चरित्र का अद्‌भुत वर्णन किया गया है।

सातवें अध्याय में सूतजी ने श्रीकृष्ण से सम्बद्ध कथाओं के संदर्भ में अश्वत्थामा द्वारा द्रौपदी के सोते हुए पुत्रों के मस्तक काटने, अर्जुन द्वारा अश्वत्थामा को पराजित कर उसे बंदी बनाने तथा द्रौपदी एवं श्रीकृष्ण के कहने पर अश्वत्थामा के मस्तक की मणि उतारकर उसे जीवित छोड़ने की कथा का वर्णन किया है। आठवें अध्याय में अश्वत्थामा द्वारा उत्तरा के गर्भ पर ब्रह्मास्त्र के प्रयोग तथा भगवान् श्रीकृष्ण द्वारा ब्रह्मास्त्र को निष्फल करने का प्रसंग वर्णित है।

नवें अध्याय में श्रीकृष्ण एवं युधिष्ठिर के पितामह भीष्म के पास जाने और भीष्म द्वारा श्रीकृष्ण की स्तुति कर प्राण त्यागने का बड़ा मार्मिक वर्णन किया है। दसवें अध्याय में श्रीकृष्ण के द्वारिका-गमन और ग्यारहवें अध्याय में द्वारिका में उनके स्वागत का सुंदर चित्रण किया गया है। बारहवें अध्याय में अभिमन्यु-पुत्र परीक्षित के जन्म तथा तेरहवें अध्याय में धृतराष्ट्र, गांधारी एवं विदुरजी के वन-गमन का वृत्तांत है। चौदहवें एवं पन्द्रहवें अध्याय में अर्जुन के द्वारिका से लौटने तथा पाण्डवों के हिमालय-प्रस्थान का वर्णन किया गया है।

सोलहवें अध्याय में परीक्षित की दिग्विजय तथा पृथ्वी एवं धर्म के संवाद के माध्यम से कलियुग के स्वरूप का निरूपण किया गया है। सत्रहवें अध्याय में राजा परीक्षित द्वारा कलियुग के दमन तथा उसके लिए द्यूत, मद्य, स्त्री-संग, हिंसा एवं स्वर्ण - इन पाँच स्थानों को निर्धारित किए जाने का वर्णन है।

अठारहवें अध्याय में कलि-प्रभाव के कारण राजा परीक्षित द्वारा शमीक ऋषि के अपमान करने तथा शमीक ऋषि के पुत्र शृंगी मुनि द्वारा परीक्षित को शाप देने का प्रसंग है। इसी शाप के कारण सात दिनों के बाद तक्षक नाग द्वारा काटे जाने से राजा परीक्षित की मृत्यु हो गई थी। इस कथा के अंत में राजा परीक्षित को दिए शाप के बारे में जानकर महर्षि शमीक द्वारा पुत्र के कार्य पर पश्चात्ताप करने का प्रसंग ऋषि-मुनियों के उस स्वरूप को प्रकट करता है, जिसमें वे काम, क्रोध, मद, लोभ व मोह को त्यागकर क्षमा, दया और परमार्थ को धर्मरूप में अंगीकार कर लेते हैं। अंतिम अध्याय में राजा परीक्षित द्वारा गंगा तट पर निवास करने और वहाँ महर्षि शुकदेव के आगमन के वर्णन के साथ ही यह स्कंध समाप्त हो जाता है।

2. द्वितीय स्कंध

दस अध्यायों से युक्त इस स्कंध के प्रारम्भिक दो अध्यायों में भगवान् नारायण के विराट स्वरूप तथा उनके स्थूल एवं सूक्ष्म स्वरूपों का प्रतिपादन कर ध्यानविधि तथा क्रममुक्ति व सद्योमुक्ति का वर्णन किया गया है। तीसरे अध्याय में अभीष्ट

कामनाओं की पूर्ति के लिए विभिन्न देवताओं की पूजा-उपासना का वर्णन है। इसी अध्याय में भगवद् भक्ति की सर्वोच्चता का निरूपण किया गया है। चौथे एवं पाँचवें अध्याय में राजा परीक्षित द्वारा सृष्टि-विषयक प्रश्न करने तथा शुकदेव मुनि द्वारा भगवान् के विराट् स्वरूप से सृष्टि-उत्पत्ति का वर्णन कर कथारम्भ करने का वृत्तांत है। छठे अध्याय में श्रीविष्णु के विराट् स्वरूप की विभिन्न विभूतियों का वर्णन है।

सातवाँ अध्याय भगवान् के विभिन्न लीलावतारों का संक्षिप्त परिचय प्रस्तुत करता है। इसमें भगवान् के हरि, दत्तात्रेय, हंस, सनकादि (सनक, सनन्दन, सनातन और सनत्कुमार), नर-नारायण, ध्रुव, पृथु, हयग्रीव, ऋषभदेव, वराह, नृसिंह, श्रीराम, धन्वंतरि, परशुराम आदि अवतारों से सम्बद्ध पौराणिक कथाओं का प्रसंगवश वर्णन किया गया है।

तत्त्वों की संख्या, स्वरूप और लक्षण क्या हैं? योगीश्वरों को अंत में कौन-सी गति मिलती है? भगवान् की उपासना की अध्यात्मयोग विधि कौन-सी है? आत्मा के बंधन-मोक्ष का स्वरूप क्या है तथा वह अपने स्वरूप में किस प्रकार स्थित होती है? प्रलय के समय प्रकृति में लीन हो जाने वाले जीवों की उत्पत्ति किस प्रकार होती है? - आठवाँ अध्याय परीक्षित के इन्हीं सारगर्भित तथा आध्यात्मिक प्रश्नों से परिपूर्ण है।

नवें अध्याय में ब्रह्माजी के भगवद्-धाम दर्शन तथा भगवान् द्वारा उन्हें दिए चतुश्लोकी भागवत् के उपदेश का वर्णन है। दसवें अध्याय में सर्ग, विसर्ग, स्थान, पोषण, ऊति, मन्वंतर, ईशानुकथा, निरोध, मुक्ति तथा आश्रय - भागवत् के इन दस लक्षणों सहित प्राकृत सर्ग के क्रम का वर्णन किया गया है।

3. तृतीय स्कंध

तीसरा स्कंध महात्मा विदुर तथा उद्धवजी की भेंट से आरम्भ होता है। तत्पश्चात् दूसरे व तीसरे अध्याय में उद्धवजी द्वारा भगवान् की विभिन्न लीलाओं का वर्णन है। चौथे अध्याय में उद्धवजी के बदरिकाश्रम-प्रस्थान तथा विदुरजी के महर्षि मैत्रेय के पास जाने का प्रसंग है। इसके बाद पाँचवें से बारहवें अध्याय तक महर्षि मैत्रेय द्वारा सृष्टिक्रम, विराट् शरीर एवं ब्रह्माजी की उत्पत्ति, ब्रह्माजी द्वारा भगवान् की स्तुति, दस प्रकार की सृष्टि, मन्तंवर आदि काल विभाग तथा सृष्टि के विस्तार का विवेचन किया गया है। तेरहवें अध्याय में भगवान् के वराहावतार की कथा वर्णित है।

चौदहवें अध्याय में कामातुर दिति द्वारा अपने पति कश्यप मुनि से असमय समागम करने तथा इस कर्म के फलस्वरूप सत्रहवें अध्याय में दैत्य हिरण्याक्ष तथा हिरण्यकशिपु के उत्पन्न होने की कथा वर्णित है। इसी कथा के संदर्भ में सनकादि मुनिगण के शाप के कारण भगवान् विष्णु के जय-विजय नामक दो पार्षदों का वैकुण्ठ से पतन तथा दिति के गर्भ से हिरण्याक्ष एवं हिरण्यकशिपु के नाम से जन्म लेने का प्रसंग वर्णित है। अठारहवें अध्याय में भगवान् वराह के साथ हिरण्याक्ष के

युद्ध तथा उन्नीसवें अध्याय में हिरण्याक्ष-वध का प्रसंग है। बीसवें अध्याय में ब्रह्माजी ने पुनः विभिन्न प्रकार की सृष्टि का वर्णन किया है।

इक्कीसवें से चौबीसवें अध्याय तक भगवान् विष्णु द्वारा कर्दम मुनि को वर देने और वरस्वरूप उनकी पत्नी देवहूति के गर्भ से कपिलावतार ग्रहण करने की कथा वर्णित है। इसी अवतार में भगवान् विष्णु ने सांख्यशास्त्र की रचना की थी। पच्चीसवें से तैंतीसवें अध्याय तक कपिल मुनि द्वारा सांख्यशात्र के गूढ़ रहस्यों का वर्णन कर अपनी माता देवहूति के प्रश्नों का निवारण किया गया है। इस प्रकार यह स्कंध यहीं समाप्त हो जाता है।

4. चतुर्थ स्कंध

श्रीमद् भागवत का चौथा स्कंध स्वयंभू मनु की कन्याओं के वंश-वर्णन से आरम्भ होता है। तत्पश्चात् दूसरे से सातवें अध्याय तक दक्ष प्रजापति द्वारा भगवान् शिव के अपमान, दक्ष-यज्ञ में देवी सती के प्राण त्यागने, वीरभद्र की उत्पत्ति, दक्ष-यज्ञ-विध्वंस तथा भगवान् शिव द्वारा दक्ष-यज्ञ की पूर्ति का पौराणिक आख्यान वर्णित है। आठवें से तेरहवें अध्याय तक विष्णु-भक्त ध्रुव से सम्बद्ध कथाएँ वर्णित हैं। इनमें बालक ध्रुव के वनागमन, तपस्या द्वारा भगवान् विष्णु से वरदान प्राप्त करने, ध्रुव-यक्ष युद्ध, कुबेर द्वारा ध्रुव को वरदान, ध्रुव का विष्णुलोक-प्रस्थान तथा ध्रुव-वंश सहित राजा अंग के चरित्र का वर्णन है।

चौदहवें अध्याय में राजा वेन के चरित्र का प्रसंग है। तत्पश्चात् पन्द्रहवें से तेईसवें अध्याय तक राजा पृथु के आविर्भाव, उनके राज्याभिषेक, पृथ्वी द्वारा पृथु की स्तुति, पृथ्वी-दोहन, राजा पृथु के अश्वमेध-यज्ञ, राजा पृथु की यज्ञशाला में भगवान् विष्णु के प्रकट होने, पृथु की कठोर तपस्या और उनके परलोकगमन के प्रसंगों का वर्णन है। चौबीसवें अध्याय में पृथु की वंशपरम्परा तथा प्रचेताओं को भगवान् रुद्र के उपदेश का वर्णन है।

इस स्कंध में मनुष्य-जीवन की वास्तविकता, आध्यात्मिक दर्शन तथा तत्त्वज्ञान को राजा पुरंजन की कथा द्वारा प्रस्तुत किया गया है। राजा प्राचीनबर्हि को आत्मविद्या का उपदेश देते समय देवर्षि नारद ने इस कथा का प्रतिपादन किया था।

राजा पुरंजन की शिक्षाप्रद कथा इस प्रकार है :

प्राचीन समय में पुरंजन नामक एक प्रतापी राजा हुआ। उसका अविज्ञात नामक एक मित्र था। उसके कर्म बड़े ही रहस्यपूर्ण थे। फिर भी उन दोनों मित्रों में बड़ा प्रेमभाव था। राजा पुरंजन भोग में लिप्त रहने वाला व्यक्ति था।

एक दिन अपने रहने के लिए योग्य स्थान ढूँढते हुए पुरंजन ने हिमालय के दक्षिण तटवर्ती क्षेत्र में नौ द्वारों वाला एक नगर देखा। वह नगर सभी विषय-भोगों से सम्पन्न था। नगर में उसकी दृष्टि एक सुंदर युवती पर पड़ी, जिसके साथ दस सेवक

तथा असंख्य सखियाँ थीं। एक भयंकर नाग उस नगर का रक्षक था, जिसके पाँच फन थे। उस सुंदर युवती को देखकर पुरंजन कामातुर हो गया और उसने युवती के समक्ष विवाह का प्रस्ताव रखा। युवती ने पुरंजन का प्रस्ताव स्वीकार कर उससे विवाह कर लिया। विवाह के उपरांत राजा पुरंजन ने नगर में निवास करते हुए अनेक वर्षों तक विषय-भोगों का आनन्द लिया।

एक दिन पुरंजन पाँच अश्वों के रथ पर सवार होकर अपने ग्यारहवें सेनापति के साथ शिकार पर गया। जब वह लौटकर आया तो उसने देखा कि रानी कुपित होकर कोपभवन में बैठी हुई है। उसने विभिन्न प्रकार के उद्योग कर रानी को प्रसन्न किया और पुन: भोग-विलास में डूब गया। इस प्रकार पुरंजन की युवावस्था बीत गई।

पुरंजन को भोग-विलास में लीन देखकर उसके शत्रुओं - गंधर्व चण्डवेग तथा यवनराज भय ने तीन सौ साठ सैनिकों के साथ उसकी नगरी पर आक्रमण कर दिया। पंचमुखी नाग ने बड़ी वीरता से उनका सामना किया। किंतु अंत में वह उनसे परास्त हो गया। तत्पश्चात् पुरंजन की सारी वैभवता समाप्त हो गई। वह विवेकहीन हो गया। उसके भोग-ऐश्वर्य क्षीण हो गए। यवनराज भय की आज्ञा से सैनिकों ने उसे बंदी बना लिया। यवनराज भय के बड़े भाई प्रज्वार ने पुरंजनपुरी को आग में भस्म कर दिया। तदंतर यवनराज भय ने पुरंजन को मृत्युदंड दे दिया।

उन्तीसवें अध्याय में देवर्षि नारद पुरंजन की कथा का तात्पर्य स्पष्ट करते हुए कहते हैं - ''*हे राजन ! इस कथा में देहधारी जीव को पुरंजन, नौ छिद्रों से युक्त जीव के शरीर को नौ द्वारों वाला नगर कहा गया है, अज्ञान व अविद्या को नगर में निवास करने वाली सुंदरी, दस इन्द्रियों को उसका सेवक तथा इन्द्रियों की वृत्तियों को ही उसकी सखियाँ कहा गया है। अविद्या का आश्रय लेकर जीव इन्द्रियों के माध्यम से ही विभिन्न विषयों को भोगता है। प्राण, अपान, उदान, व्यान एवं समान - इन पंच प्राणवायुओं को ही शरीररूपी नगर की रक्षा करने वाला पंचमुखी नाग कहा गया है। ज्ञानेन्द्रिय पुरंजन के रथ के पाँच अश्व, पाप व पुण्य रथ के दो पहिए, मन बागडोर, बुद्धि सारथि, हृदय बैठने का स्थान, इन्द्रियाँ आयुध तथा मन ग्यारहवाँ सेनापति है। इन्द्रियों द्वारा विषयों को ग्रहण करना ही शिकार खेलना है। इसी शरीररूपी रथ पर सवार होकर जीव मिथ्या विषयों के पीछे दौड़ता है। काल के वेग को ही शत्रु गंधर्व चण्डवेग तथा वर्ष के तीन सौ साठ दिनों को उसके सैनिक कहा गया है, जो आयु का हरण करते हैं। इन्हीं से प्रतिदिन युद्ध करता-करता पंच-प्राण वाला पराजित हो जाता है। प्राणियों को पीड़ा पहुँचाकर उन्हें मृत्यु के मुख में ले जाने वाला शीत अथवा उष्ण ज्वर ही यवनराज भय का प्रज्वार नामक भाई है।*''

पुरंजन की कथा के बाद भगवान् नारायण द्वारा प्रचेताओं को वरदान देने की कथा वर्णित है। तत्पश्चात् देवर्षि नारद द्वारा प्रचेताओं को उपदेश के साथ ही यह स्कंध समाप्त हो जाता है।

5. पंचम स्कंध

इस स्कंध में प्रियव्रत, आग्नीध्र, नाभि, ऋषभदेव तथा भरत आदि तेजस्वी तथा यशस्वी राजाओं के चरित्रों का वर्णन किया गया है। भरत-चरित्र के संदर्भ में उनके मृग-योनि में उत्पन्न होने, तत्पश्चात् गण्डकी नदी के पुण्य-प्रताप से ब्राह्मण-योनि में जन्म लेने तथा राजा रहूगण के संशयों का समाधान कर उन्हें आध्यात्मिक उपदेश देने का प्रसंग वर्णित है। इसके बाद भरत-वंश का परिचय तथा भुवनकोश का वर्णन है। सत्रहवें अध्याय में पावन गंगा के अवतरण तथा रुद्रदेवकृत भगवान् संकर्षण की स्तुति वर्णित है।

अठारहवें से बीसवें अध्याय तक भारतवर्ष की पौराणिक भौगोलिक स्थिति, छः द्वीपों तथा लोकालोक पर्वत का वर्णन है। इक्कीसवें अध्याय में सूर्य के रथ एवं उसकी गति तथा बाईसवें अध्याय में विभिन्न ग्रहों की स्थिति एवं गति का वर्णन है। इसके बाद शिशुमार चक्र का प्रतिपादन किया गया है।

पुराण में शिशुमार चक्र (नक्षत्र मंडल) का वर्णन करते हुए कहा गया है कि शिशुमार (जलजन्तु विशेष) कुण्डली मारे हुए है और इसका मुख नीचे की ओर है। इसकी पूँछ के सिरे पर ध्रुव स्थित है। पूँछ के मध्यभाग में प्रजापति, अग्नि, इन्द्र और धर्म हैं। पूँछ की जड़ में धाता और विधाता हैं। इसके कटिप्रदेश में सप्तर्षि हैं। यह शिशुमार दाहिनी ओर सिकुड़कर कुण्डली मारकर बैठा हुआ है। उत्तरायण के चौदह नक्षत्र (अभिजित से लेकर पुनर्वसु तक) इसके दाहिने भाग में तथा दक्षिणायन के चौदह नक्षत्र (पुष्य से लेकर उत्तराषाढ़ा तक) इसके बाएँ भाग में हैं। इसके ऊपर की थूथन में अगस्त्य, नीचे की ठोड़ी में यम, मुख में मंगल, लिंग प्रदेश में शनि, छाती में सूर्य, कुम्भ में बृहस्पति, हृदय में विष्णु, मन में चन्द्र, नाभि में शुक्र, स्तनों में अश्विनी कुमार, प्राण एवं अपान में बुध, गले में राहु, सभी अंगों में केतु एवं रोमों में सम्पूर्ण तारागण स्थित हैं। शिशुमार चक्र को भगवान् विष्णु का सर्ववेदमय स्वरूप कहा गया है। ज्योतिष की दृष्टि से इसे अत्यंत महत्त्वपूर्ण कहा गया है। अंत में विभिन्न नरकों का वर्णन कर इस स्कंध का उपसंहार किया गया है।

6. षष्ठ स्कंध

इस स्कंध का आरम्भ अजामिल की कथा से होता है। इसमें कान्यकुब्ज (कन्नौज) में रहने वाले अजामिल नामक एक दुश्चरित्र ब्राह्मण की कथा है, जो जीवनभर पाप का संग्रह करने के बाद मृत्यु-समय में अपने पुत्र नारायण को पुकारने के कारण वैकुण्ठ का अधिकारी बनता है। इस उपाख्यान के माध्यम से भगन्नाम के माहात्म्य का निरूपण किया गया है। इसके बाद भगवान् द्वारा दक्ष को वरदान तथा दक्ष द्वारा देवर्षि नारद को शाप देने की कथा वर्णित है। तत्पश्चात् दक्ष-कन्याओं के वंश का वर्णन किया गया है।

सातवें अध्याय में देवगुरु बृहस्पति द्वारा देवगण को त्यागने तथा देवगण द्वारा विश्वरूप का देवगुरु के रूप में वरण करने का आख्यान वर्णित है। आठवें अध्याय में भगवान् विष्णु के अदभुत नारायण-कवच का वर्णन किया गया है, जिसे विश्वरूप द्वारा प्रदान किए जाने पर देवासुर संग्राम में देवगण ने दैत्यों को पराजित किया था।

नवें से बारहवें अध्याय तक देवराज इन्द्र द्वारा विश्वरूप के वध, वृत्रासुर की उत्पत्ति तथा वृत्रासुर द्वारा देवगण की पराजय, देवगण द्वारा दधीचि मुनि की अस्थियों से वज्र-निर्माण तथा वृत्रासुर-वध की प्रसिद्ध कथा वर्णित है। तत्पश्चात् वृत्रासुर के पूर्वजन्म का वर्णन करते हुए देवी पार्वती द्वारा राजा चित्रकेतु को शाप देने का उल्लेख किया गया है। अठारहवें अध्याय में अदिति एवं दिति की संतानों तथा मरुदग्ण की उत्पत्ति का विस्तृत विवरण है।

इस स्कंध का उन्नीसवाँ अध्याय पुंसवन-व्रत की विधि का वर्णन होने के कारण अत्यंत महत्त्वपूर्ण तथा जनोपयोगी है। भक्तों की सभी कामनाओं को पूर्ण करने वाले इस व्रत का एक वर्ष तक विधिपूर्वक अनुष्ठान करने से श्रेष्ठ गुणों से सम्पन्न पुत्र की प्राप्ति होती है। महर्षि कश्यप की आज्ञा से दिति ने इन्द्र का वध करने की क्षमता रखने वाले एक पुत्र की कामना से सर्वप्रथम यह व्रत किया था।

मार्गशीर्ष के शुक्ल पक्ष में आरम्भ होने वाला यह पुण्यमय व्रत विशेषतया पति की आज्ञा से स्त्रियाँ करती हैं। इसमें प्रसाद-विशेष से लक्ष्मी-नारायण की पूजा होती है और 12 आहुतियाँ अग्नि को देते हैं। यह क्रम 12 मास तक चलता है और कार्त्तिक मास के अंतिम दिन स्त्री उपवास करती है। दूसरे दिन पाक यज्ञ के नियमानुसार अवशेष प्रसाद-विशेष पत्नी को दिया जाता है जिससे उसे अभीष्ट फल प्राप्त होता है।

भगवान् विष्णु को यह व्रत अत्यंत प्रिय है। जो भक्तजन इस पुंसवन-व्रत का विधिपूर्वक अनुष्ठान करते हैं, उन्हें अभीष्ट वस्तुएँ प्राप्त होती हैं। स्त्री द्वारा यह व्रत किए जाने पर उसे सौभाग्य, ऐश्वर्य, सम्पत्ति, संतान एवं यश आदि की प्राप्ति होती है। साथ ही उसका पति दीर्घायु होता है। जो मनुष्य श्राद्ध-कर्मों में इसका पाठ करते हैं, उनके पितृगण तथा देवगण तृप्त होकर उन्हें मनोवांछित फल प्रदान करते हैं।

7. सप्तम स्कंध

इस स्कंध के आरम्भ में राजा युधिष्ठिर के प्रश्न करने पर देवर्षि नारद द्वारा भगवान् विष्णु के जय-विजय नामक पार्षदों को शाप मिलने की कथा का संक्षिप्त वर्णन किया गया है। तत्पश्चात् दूसरे से सातवें अध्याय तक दैत्य हिरण्यकशिपु तथा उसके पुत्र विष्णु-भक्त प्रह्लाद के चरित्रों का वर्णन है। आठवें अध्याय में भगवान् नृसिंह के प्रादुर्भाव तथा उनके द्वारा दैत्य हिरण्यकशिपु के संहार का आख्यान है। दसवें अध्याय में भगवान् श्रीविष्णु की कृपा से महादेव द्वारा त्रिपुर-दहन की परम कल्याणमयी कथा वर्णित है।

इसके बाद के अध्यायों में मानवधर्म, वर्णधर्म, स्त्रीधर्म, आश्रमधर्म, यतिधर्म, गृहस्थ-संबंधी सदाचार तथा मोक्षधर्म का निरूपण किया गया है। इस स्कंध के तेरहवें अध्याय में अवधूत भगवान् दत्तात्रेयजी तथा प्रह्लाद के संवाद के माध्यम से भोगों की नि:सारता तथा कर्मों की प्रवृत्ति व निवृत्ति का प्रतिपादन किया गया है। इसलिए आध्यात्मिकता की दृष्टि से यह अध्याय अत्यंत महत्त्वपूर्ण तथा ज्ञानवर्द्धक कहा गया है।

इसमें दत्तात्रेयजी कहते हैं – *''भोगों में आसक्ति के कारण ही जीव को विभिन्न योनियों में भटकना पड़ता है। भोग-प्राप्ति के लिए मनुष्य जो कर्म करता है, वहीं कर्म उसे जीवन-मृत्यु के मायारूपी चक्र में बाँधे रखते हैं। इस प्रकार वे कर्म करते हैं सुख की प्राप्ति और दु:खों की निवृत्ति के लिए, किंतु उन्हें उसका विपरीत फल ही प्राप्त होता है। वे और भी दु:ख में पड़ जाते हैं।''*

8. अष्टम स्कंध

इस स्कंध के आरम्भ में स्वयंभू, स्वारोचिष, औत्तम एवं तामस – इन चार मन्वंतरों तथा भगवान् विष्णु द्वारा इन मन्वंतरों में लिए गए लीलावतारों का संक्षिप्त परिचय वर्णित है। दूसरे से चौथे अध्याय तक ग्राह (मगरमच्छ) द्वारा गज को पकड़ने तथा स्तुति किए जाने पर भगवान् विष्णु द्वारा उनके उद्धार की कथा वर्णित है। इसके बाद समुद्र-मंथन का उद्योग, भगवान् शिव द्वारा विषपान, अमृत के प्रकट होने तथा श्रीविष्णु द्वारा मोहिनी अवतार धारण कर देवताओं को अमृतपान करवाने की प्रसिद्ध पौराणिक कथा वर्णित है। तदंतर देवासुर संग्राम तथा भगवान् शिव के मोहिनी रूप पर मोहित होने का वर्णन किया गया है। इसके बाद मनु आदि के कर्मों का निरूपण किया गया है।

पन्द्रहवें से तेईसवें अध्याय तक दैत्यराज बलि की स्वर्ग-विजय, भगवान् विष्णु के वामन-अवतार धारण कर बलि से दान में तीन पग भूमि माँगने तथा बलि के पाताल जाने के प्रसंग वर्णित हैं। अंत में भगवान् विष्णु के मत्स्यावतार का वर्णन कर इस स्कंध का उपसंहार किया गया है।

9. नवम स्कंध

वंशानुचरित पुराणों का एक महत्त्वपूर्ण लक्षण है। पुराण पाँच लक्षणों से युक्त हों या दस लक्षणों से, उनमें वंशानुचरित का वर्णन अवश्य किया गया है। अन्य पुराणों की भाँति श्रीमद् भागवत के इस स्कंध में भी विभिन्न पौराणिक वंशावलियों का वर्णन किया गया है। इसमें सर्वप्रथम वैवस्वत मनु तथा उनके पाँच पुत्रों के वंशों का वर्णन है। तत्पश्चात् इक्ष्वाकु, निमि, चन्द्र, शर्याति, रजि, भरत, पांचाल, कौरव, पूरु, मगध, यदु, अनु, मगध, तुर्वसु तथा विदर्भ आदि के तेजस्वी राजवंशों का वर्णन किया गया है।

वंशानुचरित का परिचय देते हुए सुद्युम्न, महर्षि च्यवन, अम्बरीष, सौभरि मुनि, परशुराम, पुरुरवा, त्रिशंकु, हरिश्चन्द्र, रन्तिदेव, सगर, भगीरथ, सौदास, श्रीराम, ययाति, दुष्यंत तथा जरासंध.से संबंधित अनेक पौराणिक कथाओं का वर्णन किया गया है।

10. दशम स्कंध

दशम स्कंध श्रीमद् भागवत का अत्यंत महत्त्वपूर्ण खण्ड होने के साथ-साथ इस पुराण का मूल आधार भी है। 90 अध्यायों से युक्त यह स्कंध इस पुराण का सबसे विस्तृत स्कंध है। इसमें भगवान् विष्णु के 'श्रीकृष्णावतार' से सम्बद्ध लीलाओं का वर्णन किया गया है। भगवान् श्रीकृष्ण के जन्म से लेकर उनके गोलोक पधारने तक की सभी पौराणिक घटनाएँ इसमें संकलित हैं।

भगवान् श्रीकृष्ण के चरित्र को क्रमबद्ध प्रस्तुत करने के लिए पुराणकार ने इस स्कंध को पूर्वार्द्ध तथा उत्तरार्द्ध - दो खण्डों में विभाजित किया है।

पूर्वार्द्ध खण्ड में सर्वप्रथम यदुवंशी राजा वसुदेव एवं देवकी के विवाह, कंस द्वारा उन्हें बंदी बनाने तथा देवकी के छः पुत्रों के वध के प्रसंग हैं। इसके बाद शेषजी द्वारा सातवें पुत्र के रूप में देवकी के गर्भ में प्रवेश करने, भगवान् विष्णु की आज्ञा से योगमाया द्वारा उन्हें देवकी के गर्भ से निकालकर रोहिणी के गर्भ में स्थित करने तथा स्वयं गोकुल में नन्दबाबा की पत्नी यशोदा के गर्भ में स्थित होने के प्रसंग वर्णित हैं। तत्पश्चात् भगवान् विष्णु द्वारा अपने अंशरूप से देवकी के गर्भ में स्थित होने तथा शिव, ब्रह्मा एवं इन्द्रादि देवगण द्वारा उनकी स्तुति करने का प्रसंग है। इस स्तुति में वृक्षरूपी प्रकृति और पक्षीरूपी भगवान् के माध्यम से अध्यात्म का गूढ़ सार प्रस्तुत किया गया है।

तीसरे अध्याय में भाद्रपद महीने की कृष्ण पक्ष की अष्टमी को रोहिणी नक्षत्र में भगवान् श्रीकृष्ण के अवतार लेने की कथा है। जन्म के बाद भगवान् अपने वास्तविक स्वरूप में प्रकट होकर वसुदेव तथा देवकी को उनके पूर्वजन्मों का स्मरण करवाते हैं। पूर्वजन्म में वसुदेव सुतपा नामक प्रजापति तथा देवकी पृश्नि नाम से उनकी पत्नी थीं। इन्होंने तब कठोर तपस्या कर भगवान् विष्णु से वरदान में उनके समान पुत्र माँगा था। चूँकि संसार में भगवान् विष्णु के सदृश कोई नहीं है, इसलिए उन्होंने स्वयं उनके घर 'पृश्निगर्भ' नाम से अवतार लिया। तत्पश्चात् सुतपा एवं पृश्नि अगले जन्म में कश्यप तथा अदिति हुए। उस समय भगवान् विष्णु 'उपेन्द्र' नाम से अदिति के गर्भ से अवतरित हुए थे। इस अवतार में शरीर अत्यंत छोटा होने के कारण वे 'वामन' नाम से प्रसिद्ध हुए।

इसी अध्याय में वसुदेव द्वारा श्रीकृष्ण को यशोदा के पास छोड़ने और उसकी पुत्री को मथुरा लाने के प्रसंग हैं।

चौथे अध्याय में पापी कंस के हाथ से छूटकर योगमाया के आकाश में जाने तथा उनके द्वारा अष्टभुजाधारी देवी का स्वरूप धारण करके भविष्यवाणी करने का प्रसंग वर्णित है। पाँचवें अध्याय में गोकुल में भगवान् श्रीकृष्ण के जन्ममहोत्सव का अत्यंत मनोहारी वर्णन किया गया है।

छठे अध्याय से भगवान् श्रीकृष्ण की बाल-लीलाओं का वर्णन आरम्भ होता है। इस अध्याय में श्रीकृष्ण द्वारा राक्षसी पूतना के वध की कथा है। सातवें अध्याय में शकटभंजन तथा तृणावर्त्त-उद्धार की कथाएँ वर्णित हैं।

आठवें अध्याय में यदुवंश के कुलगुरु गर्गाचार्यजी द्वारा भगवान् श्रीकृष्ण और बलराम के नामकरण का प्रसंग है। नामकरण करते हुए गर्गाचार्यजी कहते हैं - "हे नन्द ! तुम्हारा यह साँवला पुत्र प्रत्येक युग में शरीर ग्रहण करता है। पिछले युगों में इसने क्रमशः श्वेत, रक्त और पीत - ये तीन रंग स्वीकार किए थे। इस जन्म में यह कृष्ण वर्ण हुआ है। इसलिए हे नन्द ! इसका नाम '**कृष्ण**' होगा। यह बालक पहले कभी वसुदेवजी के घर भी उत्पन्न हुआ था, इसलिए इस रहस्य को जानने वाले इसे '**श्रीमान् वासुदेव**' भी कहेंगे। इससे प्रेम करने वालों को शत्रु कभी जीत नहीं सकेंगे।"

तदंतर श्रीकृष्ण द्वारा माखन चुराने, मिट्टी खाने तथा यशोदा द्वारा उनके मुख में ब्रह्माण्ड देखने की लीलाओं का सुंदर वर्णन है।

नवें एवं दसवें अध्याय में यशोदा द्वारा श्रीकृष्ण को ऊखल से बाँधे जाने, देवर्षि नारद द्वारा नलकूबर एवं मणिग्रीव को शाप देने तथा ऊखल से बंधे श्रीकृष्ण द्वारा उनके उद्धार की कथाएँ वर्णित हैं।

ग्याहरवें अध्याय में भगवान् श्रीकृष्ण के वृंदावन-प्रस्थान तथा वत्सासुर एवं वकासुर के उद्धार के प्रसंग हैं। बारहवें अध्याय में दैत्य अघासुर के उद्धार की कथा वर्णित है। तेरहवें और चौदहवें अध्याय में मोहवश ब्रह्माजी द्वारा गायों सहित ग्वाल-बालों को अदृश्य करने तथा भगवान् श्रीकृष्ण द्वारा ग्वाल-बालों एवं गायों का रूप धारण कर एक वर्ष तक लीला करने की कथा है।

पन्द्रहवें एवं सोलहवें अध्याय में धेनुकासुर के उद्धार तथा भगवान् श्रीकृष्ण द्वारा कालिय नाग का मान-मर्दन करने की लीलाएँ वर्णित हैं। तदंतर बलरामजी द्वारा दैत्य प्रलम्बासुर के उद्धार तथा ब्रजवासियों की रक्षा के लिए श्रीकृष्ण द्वारा दावानल को पीने का प्रसंग है। बीसवें अध्याय में वर्षा तथा शरद ऋतु का वर्णन कर वृंदावन की शोभा का अद्‌भुत चित्रण किया गया है।

इक्कीसवें अध्याय में भगवान् श्रीकृष्ण की बाँसुरी की मधुर स्वर लहरियों का वर्णन करते हुए कहा गया है कि श्रीकृष्ण की वह वंशी-ध्वनि भगवान् के प्रति प्रेमभाव को, उनके मिलन की आकांक्षा को उत्पन्न करने वाली थी। उसे सुनकर गोपियों का हृदय प्रेम से परिपूर्ण हो गया और वे अपने प्रियतम श्रीकृष्ण को निहारते हुए बाँसुरी के माधुर्य स्वरों में लीन हो ज़ाती हैं।

बाईसवें अध्याय में भगवान् श्रीकृष्ण द्वारा गोपियों के चीरहरण की लीला वर्णित है। तेईसवें से सत्ताईसवें अध्याय तक श्रीकृष्ण द्वारा ब्राह्मण-पत्नियों पर कृपा करने, इन्द्र-यज्ञ के निवारण, ब्रजवासियों की रक्षा के लिए गोवर्धन-धारण करने, नन्द द्वारा गोपों को भगवान् श्रीकृष्ण का प्रभाव बताने तथा देवराज इन्द्र एवं कामधेनु द्वारा श्रीकृष्ण के अभिषेक का वर्णन है।

तत्पश्चात् वरुण द्वारा नन्द को बंदी बनाए जाने तथा श्रीकृष्ण द्वारा नन्द बाबा को वरुणलोक से सकुशल वापस लाने का वृत्तांत है।

उन्तीसवें अध्याय में भगवान् श्रीकृष्ण की परम आनन्द-प्रदायक रासलीला का वर्णन है। भगवान् श्रीकृष्ण द्वारा बाँसुरी पर मधुर तान छेड़ने तथा गोपियों के हृदयों में श्रीकृष्ण-मिलन की आतुरता को अत्यंत मार्मिकता के साथ प्रस्तुत किया गया है। गोपियों द्वारा सभी कार्य छोड़कर अपने प्रियतम (श्रीकृष्ण) से मिलने जाने का प्रसंग नि:स्वार्थ भक्तजन द्वारा भगवान् के लिए अपना सर्वस्व न्योछावर कर देने का भाव प्रकट करता है। इसके पश्चात् भगवान् श्रीकृष्ण द्वारा आध्यात्मिकता की दृष्टि से प्रेम के विभिन्न स्वरूपों का निरूपण किया गया है। तेंतीसवें अध्याय में यमुना के पावन तट पर श्रीकृष्ण द्वारा गोपियों के साथ किए गए महारास का वर्णन है। यह अध्याय भगवान् श्रीकृष्ण के प्रेममय स्वरूप को प्रस्तुत करता है।

इसके बाद सुदर्शन नामक विद्याधर तथा कुबेर-पार्षद शंखचूड़ के उद्धार का प्रसंग वर्णित है। पैंतीसवें अध्याय में गोपियों के युगल-गीत का वर्णन है। तत्पश्चात् दैत्य अरिष्टासुर का उद्धार, देवर्षि नारद द्वारा कंस को कृष्ण-जन्म के रहस्य बताने तथा कंस द्वारा अक्रूर को ब्रज भेजने की कथा है। सैंतीसवें अध्याय में श्रीकृष्ण द्वारा केशी एवं व्योमासुर के उद्धार तथा देवर्षि नारद द्वारा श्रीकृष्ण की स्तुति का वर्णन है।

इसके बाद अक्रूरजी सहित श्रीकृष्ण-बलराम का मथुरा-गमन, कुब्जा व सुदामा माली पर कृपा, शिवधनुष-भंग, कुवलयपीड़ नामक हाथी तथा चाणूर आदि योद्धाओं के साथ पापी कंस के उद्धार के प्रसंग हैं।

पैंतालीसवें अध्याय में भगवान् श्रीकृष्ण और बलराम के यज्ञोपवीत संस्कार, उज्जैन में सान्दीपनि मुनि के पास विद्या ग्रहण करने तथा दैत्य पंचजन के उद्धार के प्रसंग वर्णित हैं। इसके बाद श्रीकृष्ण की आज्ञा से उद्धव की ब्रजयात्रा तथा गोपियों द्वारा प्रस्तुत भ्रमर गीत का वर्णन है। तत्पश्चात् श्रीकृष्ण द्वारा कुब्जा एवं अक्रूरजी को अनुगृहीत करने तथा श्रीकृष्ण द्वारा अक्रूरजी को हस्तिनापुर भेजकर पाण्डवों का कुशलक्षेम जानने के प्रसंग के साथ दशम स्कंध का पूर्वार्द्ध समाप्त हो जाता है।

दशम स्कंध के उत्तरार्द्ध का आरम्भ मगध नरेश जरासंध द्वारा मथुरा पर आक्रमण करने, श्रीकृष्ण द्वारा उसे पराजित कर जीवित छोड़ने तथा द्वारिका के निर्माण की कथा से होता है। इसके बाद कालयवन के भस्म होने तथा इक्ष्वाकुवंशी राजा मुचुकुंद की कथा आती है।

बावनवें अध्याय में बलराम-रेवती विवाह तथा रुक्मिणी द्वारा श्रीकृष्ण को विवाह-संदेश भेजने के प्रसंग वर्णित हैं। इसके बाद श्रीकृष्ण द्वारा रुक्मिणी के हरण, शिशुपाल आदि दुष्ट राजाओं को पराजित कर रुक्मी को जीवित छोड़ने तथा द्वारिका में रुक्मिणी से विवाह करने के प्रसंग हैं।

पचपनवें अध्याय में रुक्मिणी के गर्भ से वीर प्रद्युम्न के जन्म, शम्बरासुर द्वारा प्रद्युम्न के हरण तथा शम्बरासुर के वध का वर्णन है। तत्पश्चात् स्यमंतक मणि की कथा तथा उसके अंतर्गत जाम्बवंत-पुत्री जाम्बवती एवं सत्राजित की पुत्री सत्यभामा के साथ श्रीकृष्ण के विवाह के प्रसंग हैं। इसके बाद स्यमंतक-हरण तथा श्रीकृष्ण द्वारा शतधन्वा के उद्धार की कथा है।

अट्ठावनवें अध्याय में श्रीकृष्ण के विवाहों का संक्षिप्त परिचय दिया गया है। इसके बाद पृथ्वी-पुत्र भौमासुर के वध तथा सोलह हज़ार राजकुमारियों के साथ श्रीकृष्ण के विवाह का वर्णन है। इसी संदर्भ में सत्यभामा की इच्छानुसार श्रीकृष्ण द्वारा स्वर्ग से कल्पवृक्ष लाने का वर्णन है। तत्पश्चात् भगवान् श्रीकृष्ण की संतति, उषा-अनिरुद्ध के मिलन, श्रीकृष्ण एवं दैत्य बाणासुर के युद्ध तथा राजा नृग के उद्धार का वर्णन है। इसके बाद पौण्ड्रक, काशिनरेश एवं द्विविद वानर के उद्धार तथा साम्ब-लक्ष्मणा के विवाह के प्रसंग हैं।

71वें से 75वें अध्याय तक पाण्डवों द्वारा अश्वमेध-यज्ञ का आयोजन करने, जरासंध एवं चेदि नरेश शिशुपाल के उद्धार तथा भगवान् श्रीकृष्ण की अग्रपूजा का वर्णन है। 76वें से 79वें अध्याय तक शाल्व, दंतवक्त्र, विदूरथ तथा बल्वल के संहार के प्रसंग हैं।

80वें और 81वें अध्याय में भगवान् श्रीकृष्ण के मित्र सुदामा की कथा वर्णित है। यह कथा जहाँ भक्तजन के निर्मल भावों एवं भगवान् के प्रति उनकी अगाध श्रद्धा को प्रदर्शित करती है, वहीं भक्तों के प्रति भगवान् श्रीकृष्ण के स्नेह को दर्शाती है। इसके बाद भगवान् श्रीकृष्ण द्वारा पिता वसुदेव को ब्रह्मज्ञान का उपदेश देने तथा माता देवकी को उनके छः मृत पुत्रों के दर्शन करवाने की कथाएँ हैं।

86वें अध्याय में सुभद्राहरण तथा श्रीकृष्ण द्वारा मिथिला के राजा जनक एवं ब्राह्मण श्रुतदेव के घर एक ही साथ जाने के प्रसंग हैं। 87वें अध्याय में देवर्षि नारद तथा भगवान् नारायण के संवाद के माध्यम से श्रुतियों द्वारा भगवान् के सगुण स्वरूप का निरूपण किया गया है।

88वें अध्याय में भगवान् विष्णु द्वारा वृकासुर का वध कर भगवान् शिव की प्राण-रक्षा करने का वर्णन है। इसके बाद महर्षि भृगु द्वारा त्रिदेवों की परीक्षा तथा भगवान् श्रीकृष्ण द्वारा ब्राह्मण के मृत पुत्र को पुनर्जीवित करने के प्रसंग हैं। अंतिम अध्याय में भगवान् श्रीकृष्ण के लीला-विहार के वर्णन के साथ यह स्कंध समाप्त होता है।

11. एकादश स्कंध

इस स्कंध के प्रथम अध्याय में महाभारत युद्ध का अत्यंत संक्षिप्त परिचय दिया गया है। तत्पश्चात् यदुवंशी राजकुमारों की धृष्टता से क्रुद्ध ऋषि-मुनियों द्वारा यदुवंश के नष्ट होने का शाप देने का वर्णन है। दूसरे और तीसरे अध्याय में नारदजी द्वारा वसुदेव को राजा निमि तथा नौ योगीश्वरों के संवाद सुनाकर माया, माया से निवृत्ति के उपाय तथा ब्रह्म एवं कर्मयोग का निरूपण किया गया है। चौथे अध्याय में भगवान् के लीलावतारों का संक्षिप्त वर्णन है। इसके बाद भक्तिहीन पुरुषों की गति तथा भगवान् की पूजा-विधि का वर्णन है।

7वें से 9वें अध्याय तक भगवान् श्रीकृष्ण द्वारा अवधूतोपाख्यान द्वारा विभिन्न गुरुजन तथा उनसे प्राप्त शिक्षाओं का वर्णन है। कुछ प्रमुख गुरु और उनसे सम्बद्ध शिक्षाएँ इस प्रकार हैं :

गुरु		प्राप्त शिक्षा और ज्ञान
पृथ्वी	:	मनुष्य पृथ्वी पर अनेक उत्पात करते हैं, किंतु वह न तो किसी से प्रतिशोध लेती है और न ही शोकातुर होकर विलाप करती है। अतः पृथ्वी से धैर्य और क्षमा की शिक्षा लेनी चाहिए। प्राणी को चाहिए कि वह कदापि अपना धैर्य न खोए और न ही क्रोध करे।
प्राणवायु	:	प्राणवायु से शिक्षा मिलती है कि जिस प्रकार वह आहार-मात्र की इच्छा रखता है और उसकी प्राप्ति से संतुष्ट हो जाता है, वैसे ही साधक को भी केवल उतने ही विषय-भोगों का उपभोग करना चाहिए, जिनसे बुद्धि विकृति से बची रहे और मन चंचल न हो।
आकाश	:	जैसे आग लगने, पानी बरसने, अन्नादि उत्पन्न होने अथवा नष्ट होने से आकाश पूर्णतया अछूता और अखण्ड रहता है, उसी प्रकार मनुष्य द्वारा आत्मा को भी अखण्ड और पृथक मानना चाहिए।
जल	:	जल स्वभाव से ही स्वच्छ, मधुर और पवित्र करने वाला होता है तथा गंगा आदि तीर्थों के दर्शन, स्पर्श और नामोच्चारण मात्र से ही लोग पवित्र हो जाते हैं। इसलिए साधक को जल से शुद्ध, स्निग्ध, मधुरभाषी और लोक-पावन होने की शिक्षा प्राप्त करनी चाहिए, जिससे कि उसका दर्शन, स्पर्श अथवा नामोच्चारण करने वाला भी पवित्र हो जाए।
अग्नि	:	जैसे अग्नि सभी पदार्थ खा लेने के बाद भी उसके दोषों से प्रभावित नहीं होती, वैसे ही साधक को समस्त विषयों का उपभोग करते हुए भी अपने मन और इन्द्रियों को वश में रखना चाहिए। दोषों को ग्रहण नहीं करना चाहिए।

समुद्र : समुद्र से यह शिक्षा मिलती है कि साधक को सदा प्रसन्न तथा गम्भीर रहना चाहिए। साधक को ज्वार-भाटे और तरंगों रहित समुद्र के समान शांत रहना चाहिए।

चन्द्रमा : काल के प्रभाव से चन्द्रमा की कलाएँ घटती-बढ़ती रहती हैं, किंतु वह सदा स्थिर रहता है। इसी प्रकार जन्म से लेकर मृत्यु तक सभी अवस्थाएँ शरीर की हैं, आत्मा से उनका कोई संबंध नहीं है। सिर्फ शरीर का नाश होता है, आत्मा तो सदा स्थिर रहती है।

सूर्य : जैसे सूर्य अपनी किरणों से जल अवशोषित कर समय पर उसे पुनः बरसा देता है, वैसे ही साधक को भी विषयों का भोग कर, समय पर उनका त्याग कर देना चाहिए।

कपोत : किसी वन में एक कपोत (कबूतर) अपने परिवार के साथ रहता था। एक बार जब वह अन्न लाने के लिए गया हुआ था, तब एक शिकारी ने जाल बिछाकर उसके परिवार को पकड़ लिया। यह देखकर वह मूर्ख बड़ा दुखी हुआ और परिवार के मोह में पड़कर स्वयं भी उस जाल में कूद गया। इससे यह शिक्षा मिलती है कि जो गृहस्थ परिवार और विषयों में आसक्त हो जाता है, उसे कभी शांति प्राप्त नहीं होती। वह उसी कपोत के समान अपने परिवार के साथ कष्ट भोगता है।

अजगर : जिस प्रकार अजगर भोजन न मिलने पर भी कोई चेष्टा नहीं करता और अनेक दिनों तक भूखा ही पड़ा रहता है, उसी प्रकार साधक को भी भोजन के लिए कोई चेष्टा नहीं करनी चाहिए। जो भी बिना माँग मिल जाए, उसे ही खाकर जीवन-निर्वाह करना चाहिए।

पतंगा : जैसे पतंगा रूप से मोहित होकर आग में कूद पड़ता है और जल कर मर जाता है। वैसे ही इन्द्रियों पर नियंत्रण न रखने वाला पुरुष स्त्री पर आसक्त होकर अज्ञानरूपी अंधकार में गिर जाता है और पतंगे के समान नष्ट हो जाता है।

मधुमक्खी : मधुमक्खी से शिक्षा मिलती है कि साधक को सायंकाल या दूसरे दिन के लिए भिक्षा का संग्रह नहीं करना चाहिए।

गज : गज (हाथी) को पकड़ने के लिए शिकारी काठ की हथिनी का प्रयोग करते हैं। उसे स्पर्श करते के प्रयास में गज शिकारियों द्वारा पकड़ा जाता है। इसी प्रकार संन्यासी को काठ से बनी स्त्री का भी स्पर्श नहीं करना चाहिए। अन्यथा उसे भी दुःख भोगने पड़ते हैं।

सर्प : साधक को सर्प से शिक्षा ग्रहण करके उसकी भाँति अकेले ही विचरना चाहिए। मण्डली अथवा कुटुम्ब नहीं बनाना चाहिए।

मधु–हर्ता : मधु निकालने वाले पुरुष से शिक्षा मिलती है कि जिस प्रकार वह मधुमक्खियों द्वारा संचित मधु (शहद) निकाल लेता है, उसी प्रकार जो लोग संचित धन का न दान करते हैं और न ही उपभोग, उनका संचित धन कोई दूसरा मनुष्य ही भोगता है।

मृग : मृग से शिक्षा मिलती है कि संन्यासी को कभी विषय–संबंधी संगीत नहीं सुनना चाहिए। अन्यथा जिस प्रकार मृग व्याध के गीत से मोहित होकर बँध जाता है, वैसे ही साधक भी विषय–संबंधी संगीत सुनकर विषयों में बँध जाता है।

बालक : बालक से यह शिक्षा मिलती है कि साधक को स्वयं के मान–अपमान का कोई ध्यान नहीं रखना चाहिए। बालक के समान उसे अपनी आत्मा में मग्न रहना चाहिए।

मीन : जिस प्रकार मीन (मछली) काँटे में लगे हुए मांस के टुकड़े के लोभ में अपने प्राण गँवा बैठती है, उसी प्रकार स्वाद का लोभी मनुष्य भी अनेक दु:ख भोगता है। अत: साधक को अपनी रसनेन्द्रिय को वश में रखना चाहिए।

पिंगला वेश्या : मिथिला में पिंगला नामक एक वेश्या रहती थी। वह अत्यंत रूपवती थी। एक दिन वह घर के द्वार पर खड़ी किसी धनी पुरुष के आने की प्रतीक्षा कर रही थी। इस प्रकार आधी रात बीत गई। अंत में वह आशा छोड़कर निश्‍चिंत होकर सो गई। इस से शिक्षा मिलती है कि आशा सबसे बड़ा दु:ख और निराशा सबसे बड़ा सुख है।

कुररी पक्षी : एक बार एक कुररी पक्षी मांस का एक टुकड़ा लिए हुए था। तभी एक अन्य पक्षी उससे वह टुकड़ा छीनने के लिए उसे चोंचें मारने लगा। अंत में जब उसने वह टुकड़ा नीचे फेंक दिया, तभी उसे सुख मिला। इससे शिक्षा मिलती है कि भक्त को कभी अनावश्यक संग्रह नहीं करना चाहिए, अन्यथा उसे कुररी पक्षी के समान दु:ख झेलने पड़ते हैं।

कुँवारी कन्या : एक बार एक कन्या के घर कुछ अतिथि आए। उसके परिजन उस दिन कहीं गए हुए थे। इसलिए भोजन के लिए वह एकांत में धान कूटने लगी। इससे उसके हाथों की चूड़ियाँ तीव्र स्वर में बजने लगीं। यह सोचकर कि स्वर सुनकर अतिथि समझ जाएँगे कि वह स्वयं धान कूट रही है, उसने हाथों में दो–दो चूड़ियाँ छोड़कर शेष तोड़ दीं। किंतु वे भी बजने लगीं। तब उसने एक–एक और तोड़ दी। जब हाथों में केवल एक–एक चूड़ी रह गई, तब किसी प्रकार की आवाज़ नहीं हुई। इसी प्रकार यदि दो मनुष्य साथ रहते हैं तो

उनमें कलह अवश्य होती है, इसलिए साधक को सदैव अकेले विचरना चाहिए।

बाण-निर्माता : एक बार बाण बनाने वाला एक कारीगर बाण बनाने में इतना मग्न था कि उसे अपने पास से ढोल-बाजे बजाते हुए निकलने वाली राजा की सवारी का भी पता नहीं चला। इसी प्रकार साधक को भी वैराग्य एवं अभ्यास द्वारा अपने मन को एकाग्र कर वश में कर लेना चाहिए।

मकड़ी : मकड़ी इच्छानुसार जाला बुनकर उसमें विहार करती है, किंतु उसमें उलझती नहीं है। इसी प्रकार मनुष्य को भी मायारूपी संसार में रहकर भी उसमें उलझना नहीं चाहिए।

ततैया : जिस प्रकार ततैया - इल्ली को अपने बिल में ले जाकर कै़द कर लेता है और उसी के शरीर पर अपने अंडे देता है। उसकी कै़द में इल्ली केवल उसके स्वरूप का चिंतन करते हुए अंततः उसी का रूप ग्रहण कर लेती है। इसी प्रकार प्राणी भय, प्रेम, द्वेष या ईर्ष्या; किसी भी भाव से जिस किसी का चिंतन करता रहता है तो अंततः उसमें लीन हो जाता है। अतः परमात्मा-मिलन के लिए साधक को उन्हीं का चिंतन करना चाहिए।

10वें अध्याय में भगवान् श्रीकृष्ण द्वारा लौकिक तथा पारलौकिक भोगों की निस्सारता का निरूपण किया गया है। इसमें आत्मा व परमात्मा की एकरूपता को स्पष्ट करते हुए श्रीकृष्ण कहते हैं - *"जब तक जीव में मैं और मेरेपन का अभिमान है, तब तक आत्मा के एकत्त्व की अनुभूति नहीं होती। इसी अनुभूति के अभाव के कारण जीव को काल अथवा कर्म के अधीन रहना पड़ता है। अज्ञानवश देह आदि में अभिमान होने के कारण आत्मा का काल, जीव, स्वभाव और धर्म आदि अनेक नामों से निरूपण होने लगता है। इसलिए आत्मा के एकत्व का अनुभव करना चाहिए। सत्य यही है कि मेरे अतिरिक्त और कोई वस्तु नहीं है।"*

11वें से 15वें अध्याय तक बद्ध, मुक्त एवं भक्तजन के लक्षणों, सत्संग की महिमा, कर्म-त्याग की विधि, हंसरूपी भगवान् द्वारा सनकादि मुनिगण को दिए गए उपदेश, भक्तियोग की महिमा, ध्यानविधि तथा विभिन्न सिद्धियों के नाम और लक्षणों का वर्णन किया गया है।

16वें से 28वें अध्याय तक भगवान् की विभूतियों, वर्णाश्रम-धर्म, भक्ति, ज्ञान व यम-नियमादि साधनों, ज्ञानयोग, कर्मयोग, भक्तियोग, गुण-दोष व्यवस्था के स्वरूप एवं रहस्य, सांख्ययोग, क्रियायोग तथा तत्त्वों तथा तीनों गुणों की वृत्तियों का निरूपण किया गया है।

29वें अध्याय में भगवान् श्रीकृष्ण भागवत् धर्म का निरूपण करते हुए कहते हैं – *"भक्तों को चाहिए कि वे सभी कर्म मेरे लिए करें और धीरे-धीरे मेरे स्मरण का अभ्यास बढ़ाएँ। इससे कुछ ही दिनों में उनका मन और आत्मा स्वयं मुझमें समर्पित हो जाएँगे। साधुजन जिन पवित्र स्थानों पर निवास करते हों, वे वहीं रहें और देवता, दैत्य अथवा मनुष्यों में जो मेरे अनन्य भक्त हैं, उनके आचरणों का अनुसरण करें। भक्त को चाहिए कि वह सृष्टि के सभी प्राणियों और पदार्थों में मेरा दर्शन करता रहे, क्योंकि मैं आत्मा हूँ और सभी में एक समान रूप में स्थित हूँ। ऐसा करने वाला और समस्त प्राणियों के प्रति समान-भाव रखने वाला भक्त ही सच्चा परम ज्ञानी कहलाता है। इससे साधक के चित्त से ईर्ष्या, द्वेष, तिरस्कार, अहंकार, क्रोध और स्पर्धा आदि दोष दूर हो जाते हैं। 'मैं श्रेष्ठ हूँ और वह बुरा है', साधक ऐसी भावना और लोक-लज्जा का त्याग कर दे। जब तक उसे सभी प्राणियों में भगवद्-भावना न होने लगे; तब तक मन, वाणी और शरीर के संकल्पों और कर्मों द्वारा मेरी उपासना करता रहे। जब इस प्रकार से ब्रह्म-बुद्धि का अभ्यास किया जाता है तो कुछ ही दिनों में उसे ज्ञान प्राप्त होकर सबकुछ ब्रह्मस्वरूप दिखने लगता है। उसके सभी संदेह समाप्त हो जाते हैं और वह मेरा साक्षात्कार कर मुझे प्राप्त कर लेता है। मेरा यह संवाद परम पवित्र है। जो भक्त प्रतिदिन इसका पठन कर दूसरों को सुनाएगा, उसके समस्त पाप नष्ट हो जाएँगे। इसका नित्य श्रवण करने वाला भक्त कर्म-बंधन से मुक्त होकर मुझे प्राप्त कर लेगा।"* इसके बाद उद्धवजी के बदरिकाश्रम-प्रस्थान का वर्णन है।

तत्पश्चात् 30वें अध्याय में प्रभास क्षेत्र में यदुवंश के विनाश, बलरामजी द्वारा अपने लोक पधारने, जरा नामक व्याध (शिकारी) द्वारा श्रीकृष्ण को हिरण समझकर उनके पैर में बाण मारने तथा भगवान् श्रीकृष्ण की कृपा से जरा के स्वर्ग जाने के प्रसंग वर्णित हैं।

31वें अध्याय में भगवान् श्रीकृष्ण के स्वधाम-गमन का बड़ा सुंदर तथा भव्य चित्रण किया गया है। तदंतर शेष द्वारिकावासियों का अर्जुन के साथ इन्द्रप्रस्थ जाने तथा समुद्र द्वारा द्वारिका को जल में डुबोने के संक्षिप्त वर्णन के साथ यह स्कंध समाप्त हो जाता है।

12. द्वादश स्कंध

कलियुग के राजावंशों के वर्णन के साथ यह स्कंध आरम्भ होता है। इसमें कलियुग के धर्म का वर्णन करते हुए शुकदेव जी कहते हैं – "जैसे-जैसे पृथ्वी पर कलियुग का आगमन होगा, वैसे-वैसे यहाँ से धर्म, सत्य, पवित्रता, क्षमा, दया, आयु, बल एवं स्मरण-शक्ति का लोप होता जाएगा। इस युग में जिसके पास धन होगा, उसी को कुलीन, सदाचारी और सात्विक माना जाएगा। जिसके हाथ में शक्ति होगी, केवल वही धर्म और न्याय को अपने अनुकूल करा सकेगा। कुल, शील और योग्यता

अदि का कोई महत्त्व नहीं होगा। ब्राह्मण की पहचान उसके गुण-स्वभाव से नहीं, बल्कि यज्ञोपवीत से होगी। दण्ड, कमण्डलु, वस्त्र आदि ब्रह्मचारी और संन्यासी की पहचान होंगे। लोग धर्म का सेवन केवल यश-प्राप्ति के लिए ही करेंगे। सम्पूर्ण पृथ्वी पर दुष्टों का बोलबाला होगा। राजा अत्यंत क्रूर और लोभी होंगे। उनमें और लुटेरों में कोई भेद नहीं रहेगा। मनुष्यों में चोरी, झूठ, हिंसा आदि कुकर्मों की वृद्धि होगी। कलियुग के दोषों से बचने का एकमात्र उपाय भगवान् श्रीकृष्ण के रूप, गुण, नाम और लीलाओं का श्रवण, कीर्तन, ध्यान और पूजन हैं। इससे वे मनुष्यों के सभी पापों का नाश कर उन्हें परम पवित्र कर देते हैं।''

तीसरे अध्याय में राज्य, युगधर्म और कलियुग के दोषों से बचने के लिए नाम-संकीर्तन की महिमा का उल्लेख किया गया है। चौथे अध्याय में प्रलय के चार प्रकारों का वर्णन है। इसके बाद परीक्षित की परमगति, जनमेजय का सर्प-यज्ञ और वेदों के शाखा-भेद के प्रसंग हैं।

सातवें अध्याय में अथर्ववेद की शाखाओं तथा पुराणों के लक्षणों को स्पष्ट किया गया है। आठवें से नौवें अध्याय तक महर्षि मार्कण्डेय की तपस्या, नर-नारायण द्वारा उन्हें माया-दर्शन तथा भगवान् शिव द्वारा मार्कण्डेय मुनि को वर देने की कथाएँ वर्णित हैं।

11वें अध्याय में भगवान् के आयुधों का रहस्य तथा द्वादश सूर्यगण का वर्णन है। पुराणों की श्लोक-संख्या तथा श्रीमद् भागवत के माहात्म्य के वर्णन के साथ इस स्कंध का उपसंहार किया गया है।

श्रीमद् भागवत-माहात्म्य

श्रीमद्भागवत के माहात्म्य को स्पष्ट करने के लिए द्वादश स्कंध के बाद इस खण्ड का वर्णन किया गया है। इसमें शाण्डिल्य मुनि द्वारा भगवान् श्रीकृष्ण की लीलाओं का रहस्य तथा ब्रजभूमि के महत्त्व का वर्णन है। तत्पश्चात् यमुना एवं श्रीकृष्ण-पत्नियों के संवाद, कीर्तनोत्सव में उद्धवजी के प्रकट होने, श्रीमद् भागवत की परम्परा एवं माहात्म्य तथा भागवत-श्रवण से श्रोताओं के भगवद्-धाम की प्राप्ति का वर्णन है।

श्रीमद् भागवत के स्वरूप, प्रमाण, श्रोता-वक्ता के लक्षण, पठन-श्रवण-विधि तथा उसके माहात्म्य के निरूपण के साथ यह पुराण समाप्त होता है।

श्रीमद् भागवत पुराण की कथा : प्रेतयोनि से मुक्ति

प्राचीन समय की बात है - तुंगभद्रा नदी के तट पर एक सुंदर नगर बसा था। वहाँ के निवासी धर्मपरायण और सत्कर्मों में तत्पर रहने वाले थे। उस नगर में आत्मदेव नाम का एक ब्राह्मण रहता था। वह बड़ा धर्मात्मा, सदाचारी और दयालु स्वभाव का था। धर्म का नियमित पालन करने के कारण वह सभी के लिए सम्माननीय था।

उसका विवाह धुंधुली नामक एक उच्च कुल की सुंदर युवती से हुआ। किंतु धुंधुली जितनी सुंदर थी, उतनी ही हठीली, क्रूर, ईर्ष्यालु, लोभी और दुष्ट स्वभाव की थी। उसका व्यवहार रूखा और कलहकारी था। तथापि आत्मदेव और धुंधुली का जीवन आनन्दपूर्वक बीत रहा था। इस प्रकार अनेक वर्ष बीत गए। किंतु उन्हें संतान-सुख प्राप्त न हुआ। संतान-प्राप्ति के लिए उन्होंने विभिन्न पुण्यकर्म किए लेकिन उनकी अभिलाषा पूरी नहीं हुई। अत: आत्मदेव दुखी रहने लगा।

एक दिन दुखी आत्मदेव प्राण त्यागने का निश्चय कर घर से निकला। मार्ग में एक सरोवर देख वह कुछ क्षणों के लिए वहीं किनारे पर बैठ गया। तभी वहाँ एक संन्यासी आए। उनका मुख सूर्य के समान तेजमय था।

आत्मदेव को दुखी देखकर वे उसके पास गए और बोले - ''वत्स ! तुम इस वन में क्या कर रहे हो? तुम्हें क्या दु:ख है, जो तुम्हारा शरीर इतना दुर्बल हो गया है? निस्संकोच मुझे बताओ, वत्स।''

संन्यासी की करुणामय वाणी सुनकर आत्मदेव को परम शांति और सुख का अनुभव हुआ। उसने उन तेजस्वी संन्यासी के चरण पकड़ लिए और व्यथित स्वर में अपने नि:संतान होने की बात बताई।

संन्यासी परम दयालु और योगनिष्ठ थे। आत्मदेव की बात सुनकर उनके मन में दया का सागर उमड़ आया। कुछ क्षण उसके मस्तक की रेखाएँ देखने के बाद वे बोले - ''वत्स ! तुम संतान-प्राप्ति का विचार छोड़ दो। पूर्वकर्मों के अनुसार तुम्हें कोई संतान नहीं हो सकती। इसलिए सांसारिक मोह-माया को त्याग कर प्रभु-भक्ति में अपना चित्त लगाओ। इससे तुम्हें लोक और परलोक में सुख प्राप्त होगा।''

किंतु आत्मदेव अपने निश्चय पर दृढ़ रहा। अंतत: उसके हठ् के आगे संन्यासी बाध्य हो गए। उन्होंने उसे एक दिव्य फल दिया और उसे अपनी पत्नी को खिलाने के लिए कहा। तत्पश्चात् वे वहाँ से चले गए। आत्मदेव ने वह दिव्य फल अपनी पत्नी धुंधुली को खाने के लिए दे दिया।

'यह फल खाने से मैं गर्भवती हो जाऊँगी और मेरी शक्ति क्षीण हो जाएगी। फिर बालक के जन्म के समय तक नियमों का पालन करना मेरे वश की बात नहीं है। जिस स्त्री के संतान होती है, उसके सिर पर सदा बालक के लालन-पालन की चिंता सवार रहती है। इससे तो स्त्री का बाँझ रहना अधिक सुखकर है। मैं यह फल नहीं खाऊँगी।' यह सोचकर धुंधुली ने वह फल छिपाकर रख दिया और आत्मदेव से कह दिया कि फल उसने खा लिया है।

एक दिन धुंधुली की बहन मृदुली उससे मिलने आई। धुंधुली ने उसे सारा वृत्तांत सुनाया। मृदुली उसे समझाते हुए बोली - ''चिंता मत करो बहन ! इस समय मैं गर्भवती हूँ। मेरी संतान मैं तुम्हें सौंप दूँगी। तब तक तुम गर्भवती होने का ढोंग करती रहो। हम कोई ऐसी युक्ति करेंगे, जिससे कि सब लोग यही समझें कि मेरा पुत्र

जन्म लेते ही मर गया है। इसके पश्चात् मैं प्रतिदिन आकर उस बालक का लालन-पालन करती रहूँगी। अब तुम बिना देर किए इस फल को किसी गाय को खिला दो, जिससे कि तुम्हारे पति को इसकी भनक तक न लग सके।''

मृदुली की बात मानकर धुंधुली ने वह फल अपनी एक गाय को खिला दिया और स्वयं गर्भवती होने का ढोंग करने लगी।

कुछ समय के बाद मृदुली ने एक बालक को जन्म दिया। मृदुली ने उसी समय अपने पति द्वारा वह बालक धुंधुली के घर पहुँचा दिया और आस-पास यह बात फैला दी कि उसका पुत्र जन्म लेते ही मर गया है।

इधर बालक प्राप्त कर धुंधुली ने अपने पति आत्मदेव को पुत्र उत्पन्न होने की सूचना दी। पुत्र के बारे में सुनकर आत्मदेव प्रसन्नता से भर गया और याचकों को अन्न-धन का दान देने लगा।

एक दिन पति को अति प्रसन्न देख धुंधुली प्रेमपूर्वक बोली - ''नाथ! अत्यंत दुर्बल होने के कारण मैं इसका पालन किस प्रकार करूँ? अभी कुछ दिन पहले मेरी बहन को भी पुत्र हुआ था, किंतु वह जन्म लेते ही मर गया है। अत: आप उचित समझें तो उसे बुलवाकर यहाँ रख लें। वह हमारे पुत्र का उचित पालन-पोषण कर सकती है। इससे उसका दु:ख भी कम हो जाएगा।'' पुत्र के पालन-पोषण के लिए आत्मदेव स्वयं जाकर मृदुली को अपने घर ले आया। बालक का नाम धुंधुली के नाम पर धुंधुकारी रखा गया।

उधर धुंधुली ने जिस गाय को वह फल खिलाया था, तीन महीने बाद उसने भी दैववश एक मनुष्याकार बालक को जन्म दिया। वह बालक अत्यंत सुंदर, दिव्य कांतियुक्त एवं श्वेत वर्ण का था। उसे देखकर आत्मदेव अत्यंत प्रसन्न हुआ। उस बालक के कान गाय के समान थे, अत: आत्मदेव ने उसका नाम 'गोकर्ण' रख दिया।

दोनों बालकों के युवा होने पर आत्मदेव ने उन्हें शिक्षा ग्रहण करने के लिए गुरुकुल में भेजा। शीघ्र ही गोकर्ण वेदों और शास्त्रों का ज्ञाता होकर परम ज्ञानी हो गया, किंतु शिक्षा की ओर ध्यान न देने के कारण धुंधुकारी अज्ञानी ही रह गया। ब्राह्मणोचित गुणों का उसमें पूर्णत: अभाव था। उसके सिर पर सदा क्रोध सवार रहता था। बुरी-से-बुरी वस्तुएँ एकत्रित करना, चोरी करना, लोगों के बीच में द्वेष बढ़ाना और दीन-दुखियों को हानि पहुँचाना उसके प्रिय कार्य थे। वह अस्त्र-शस्त्र धारण कर शिकार की तलाश में घूमा करता था। पूजा-आराधना की ओर उसका ध्यान बिल्कुल नहीं था। इसे वह तुच्छ और हीन कर्म समझता था। धीरे-धीरे वह वेश्याओं के जाल में फँसता चला गया। उसके इस व्यसन ने आत्मदेव की सारी प्रतिष्ठा और सम्पत्ति बर्बाद कर दी। यह देखकर वह अत्यंत दुखी हो गया।

तब गोकर्ण उसे वैराग्य का उपदेश देते हुए बोला - ''पिताश्री! यह सारा जगत् प्राणियों को दु:खरूपी सागर तथा मोहरूपी भँवर में डालने वाला है। पुत्र, स्त्री,

धन – ये मोह–माया के बंधन हैं और जो भी इन बंधनों में फँसता है, उसे अनेक दुःख भोगने पड़ते हैं। इनके अधीन रहने वाला मनुष्य सदा दुःख की भीषण अग्नि में जलता है। सुख की प्राप्ति तो केवल मुनियों को ही होती है। इसलिए आप भी मोहरूपी अज्ञान को त्याग दें। ऐसे मोह में फँसकर मनुष्य को भयंकर नरक में जाना पड़ता है। मृत्यु के बाद शरीर पंचतत्त्व में लीन हो जाता है और केवल आत्मा शेष रह जाती है। अतः आप मोह–माया छोड़कर वन में चले जाएँ और प्रभु–भक्ति कर जीवन–मृत्यु के इस चक्र से मुक्त हो जाएँ।''

गोकर्ण की बात सुनकर आत्मदेव के ज्ञान–चक्षु खुल गए। उसके अंतःकरण में एक दिव्य प्रकाश फैल गया। वह हर्षित होकर बोला – ''वत्स ! मैं कितना मूर्ख और अज्ञानी था, जो आज तक मोह–माया के बंधनों में फँसा रहा। मनुष्य–शरीर तो एक भ्रममात्र है। तुमने आज मेरे अज्ञानरूपी अंधकार को समाप्त कर मेरा उद्धार कर दिया। मैं इसी समय वन में जाने के लिए तैयार हूँ। किंतु मुझे वहाँ क्या करना होगा, इस विषय में विस्तार से बताओ।''

गोकर्ण बोला – ''पिताश्री ! यह शरीर पंचतत्त्वों से निर्मित है, इसे 'मैं' मानना छोड़ दें। संसार को स्थायी न मानकर क्षणभंगुर समझें। समस्त प्रकार के विषय–भोगों से विमुख होकर परब्रह्म भगवान् श्रीकृष्ण की भक्ति में लीन हो जाएँ।''

इस प्रकार गोकर्ण ने आत्मेदव को वैराग्य–ज्ञान प्रदान किया। आत्मदेव वन में जाकर भगवान् श्रीकृष्ण की कृपा प्राप्त करने के लिए उनकी पूजा–उपासना करने लगा। नियमपूर्वक श्रीमद् भागवत का पाठ करने से अंत में उसने भगवान् श्रीकृष्ण के परमधाम को प्राप्त किया।

पिता आत्मदेव के वन गमन के बाद धुंधुकारी पूर्णतः स्वतंत्र हो गया और उसके उपद्रव बढ़ते गए। धन के लिए वह धुंधुली को डराने–धमकाने लगा। अंत में उसके उपद्रवों से दुखी होकर धुंधुली ने कुएँ में कूद कर प्राण त्याग दिए। माता–पिता की मृत्यु के बाद गोकर्ण तीर्थ–यात्रा पर निकल गया। अब धुंधुकारी वेश्याओं के साथ ही रहने लगा। उनके लिए भोग–सामग्री जुटाने की चिंता ने उसकी बुद्धि नष्ट कर दी। वह दुष्कर्म करने लगा।

एक बार उसने राजमहल में चोरी की। तब उन वेश्याओं ने सोचा – 'यह नित्य चोरी करता है। आज इसने राजमहल में चोरी की है। यदि यह पकड़ा गया तो इसके साथ हमें भी दण्ड भुगतना पड़ेगा। अतः क्यों न हम इसे मारकर सारा धन लेकर यहाँ से चली जाएँ। किसी को इस बात का पता भी नहीं चलेगा।'

यह सोचकर उन्होंने सोते हुए धुंधुकारी को रस्सियों से बाँधा और उसका गला दबाने लगीं। जब वह इससे नहीं मरा तो उन्होंने उसके मुख पर दहकते अंगारे डाल दिए। अग्नि की लपटों से धुंधुकारी छटपटाकर मर गया। उन्होंने उसे एक गड्ढे में दबा दिया। अपने कुकर्मों के कारण धुंधुकारी प्रेत बनकर वहीं भटकने लगा।

एक दिन गोकर्ण भ्रमण करते हुए अपने नगर में आया और रात्रि होने पर अपने घर में आकर सो गया। उसे वहाँ देखकर धुंधुकारी भयंकर रूप धारण करके उसे भयभीत करने लगा। गोकर्ण समझ गया कि वह अवश्य कोई दुर्गति प्राप्त जीव है। यह सोचकर उसने उस प्रेत से उसका परिचय पूछा।

गोकर्ण के प्रेमपूर्वक पूछने पर वह प्रेत विलाप करते हुए बोला – ''मैं तुम्हारा भाई धुंधुकारी हूँ। दुष्कर्मों द्वारा मैंने अपना ब्राह्मणत्त्व नष्ट कर दिया। जिनसे मैं प्रेम करता था, उन्हीं स्त्रियों ने मुझे तड़पा-तड़पाकर मार डाला। तब से मैं प्रेत-योनि में भटककर पापों का प्रायश्चित्त कर रहा हूँ। भाई ! तुम परम दयालु, तपस्वी, योगी और ज्ञानी पुरुष हो। केवल तुम ही तपोबल द्वारा मुझे इस योनिं से मुक्ति दिलवा सकते हो। मुझ पर कृपा करो। मुझे मुक्ति दिलवाओ।''

तब गोकर्ण ने धुंधुकारी को प्रेत-योनि से मुक्त करवाने का आश्वासन दिया। धुंधुकारी प्रसन्न होकर वहाँ से लौट गया। इधर गोकर्ण रातभर इस विषय पर विचार करता रहा। किंतु उसे कोई उपाय नहीं सूझा। प्रातःकाल उसके आगमन का समाचार सुनकर अनेक विद्वान और ज्ञानीजन उसके दर्शनों के लिए वहाँ आए। गोकर्ण ने उन्हें रात में घटी घटना विस्तार से बताई और उनसे इसका उपाय पूछा। उन्होंने वेदों और शास्त्रों को छान लिया तो भी उसकी मुक्ति का कोई उपाय नहीं मिला। अंत में गोकर्ण ने भगवान् सूर्यदेव से इस बारे में पूछने का निश्चय किया।

गोकर्ण भगवान् सूर्यदेव से विनती करते हुए बोला – ''आपके चरणों में इस तुच्छ का प्रणाम, भगवन् ! आप संसार के अंधकार को दूर कर उसे अपनी किरणों से प्रकाशमान करते हैं। दयानिधान ! अब आप ही धुंधुकारी की मुक्ति का उपाय बताकर, उसे अंधकार से उबारें प्रभु।''

तब सूर्यदेव बोले – ''वत्स ! तुम्हारे भाई की मुक्ति केवल श्रीमद् भागवत पुराण के श्रवण से ही हो सकती है, इसलिए तुम उसका सप्ताह-श्रवण करो। इससे धुंधुकारी के साथ-साथ सभी जीवों का कल्याण होगा।''

धुंधुकारी के उद्धार और अन्य जीवों के कल्याण के लिए गोकर्ण श्रीमद् भागवत की कथा सुनाने के लिए तैयार हो गया। भागवत-कथा के वाचन का समाचार सुनकर आस-पास के गाँवों, नगरों और राज्यों से अनेक लोग एकत्रित होकर आने लगे। पापों के उद्धार का ऐसा शुभ अवसर उन्हें भला और कहाँ प्राप्त हो सकता था। शीघ्र ही वहाँ एक विशाल जनसमूह एकत्रित हो गया। जब गोकर्ण कथा सुनाने के लिए गुरुगद्दी पर बैठा तो धुंधुकारी भी वहाँ आ पहुँचा और बैठने के लिए स्थान ढूँढने लगा। तभी उसे भूमि में गड़े सात बाँस दिखाई दिए। वह उनमें से एक बाँस के भीतर बैठ कर कथा सुनने लगा।

गोकर्ण ने श्रीमद् भागवत का पाठ आरम्भ किया। संध्या के समय जब कथा रोकी गई, तब एक बाँस भीषण ध्वनि करते हुए फट गया। दूसरे दिन भी संध्या के

समय दूसरा बाँस फट गया। इस प्रकार कथा समाप्त होने तक सातों बाँस फट गए। श्रीमद् भागवत की पवित्र कथा सुनने से धुंधुकारी प्रेत-योनि से मुक्त होकर दिव्यरूप धारण कर सबके सामने प्रकट हो गया। उसके शरीर पर दिव्य तेज, वस्त्र, आभूषण और मुकुट सुशोभित थे। तभी वहाँ भगवान् श्रीकृष्ण के पार्षदों के साथ एक दिव्य विमान उतरा।

पार्षदों ने धुंधुकारी को विमान पर चढ़ाया। यह देख गोकर्ण विस्मित होकर बोला - "मान्यवरो ! यहाँ अनेक श्रोता उपस्थित हैं। उनके लिए भी आप विमान क्यों नहीं लाए? यहाँ सभी श्रोताओं ने समान रूप से कथा सुनी है, फिर फल में इस प्रकार का भेद किसलिए?"

पार्षद बोले - "हे मुनिवर ! इस फल-भेद का कारण इनका श्रवण-भेद है। यह ठीक है कि सबने भागवत्-कथा का श्रवण समान रूप से किया, किंतु इस प्रेत के समान मनन नहीं किया। इस कारण एक साथ कथा सुनने के बाद भी इनके फल में भेद रहा। इस प्रेत ने सात दिनों तक निराहार रहकर अपनी इन्द्रियों पर नियंत्रण रखकर इस कथा का श्रवण किया। साथ ही यह उसका मनन भी करता रहा। इसलिए यह भगवान् श्रीकृष्ण के परम पद का अधिकारी बना।" यह कहकर वे धुंधुकारी सहित गोलोक चले गए।

तब गोकर्ण ने पुनः कथा सुनानी आरम्भ की और श्रोताओं ने उसे फिर सुना। कथा-समाप्ति पर भगवान् श्रीकृष्ण स्वयं वहाँ पधारे। देवगण गोकर्ण पर पुष्प-वर्षा करने लगे। तत्पश्चात् भगवान् श्रीकृष्ण गोकर्ण सहित समस्त श्रोतागण को लेकर गोलोक चले गए।

इस प्रकार भागवत कथा के श्रवण से सभी भक्तजन भगवान् श्रीकृष्ण के परम-पद को प्राप्त हुए।

अध्याय 6

नारद पुराण

परिचय

श्रीमद् भागवत तथा विष्णु पुराण की भाँति 'नारद पुराण' का प्रतिपाद्य भी 'विष्णु भक्ति' होने के कारण इसे वैष्णव पुराण कहा गया है। इस पुराण में समस्त अठारह पुराणों का सार वर्णित है। इसके अतिरिक्त इसमें पौराणिक एवं शिक्षाप्रद आख्यान, बारह महीनों के महत्त्वपूर्ण व्रतों से सम्बद्ध कथाएँ, उनकी पूजन-विधियाँ, एकादशी व्रत का माहात्म्य, मंत्र-ज्योतिष विज्ञान, पावन गंगा तथा उसके तट पर स्थित तीर्थों के माहात्म्य, वर्णाश्रमों के धर्म एवं सदाचार, भक्तिप्रदायक कथाएँ तथा आध्यात्मिक दर्शन आदि का विस्तृत विवेचन किया गया है।

यह पुराण ऋषि-मुनिगण द्वारा सूतजी से पूछे गए पाँच प्रश्नों से आरम्भ होता है। ये पाँच प्रश्न हैं :

1. *प्राणी द्वारा भगवान् विष्णु को प्रसन्न करने का सबसे सरल उपाय कौन-सा है?*
2. *भक्ति से क्या लाभ है तथा भगवान् के भक्तों का स्वरूप कैसा होना चाहिए?*
3. *मनुष्यों को मोक्ष किस प्रकार प्राप्त हो सकता है?*
4. *वर्णाश्रमों का वास्तविक स्वरूप क्या है?*
5. *अतिथियों का स्वागत-सत्कार किस प्रकार करना चाहिए?*

महर्षि लोमहर्षण सूतजी द्वारा इन प्रश्नों के दिए गए उत्तर का सार इस प्रकार है:

1. *श्रद्धा, भक्ति तथा सदाचार का पालन करना ही भगवान् विष्णु को प्राप्त करने का सरल उपाय है।*
2. *भक्ति से भगवान् विष्णु की कृपा प्राप्त होती है। यही जीवन का सबसे बड़ा लाभ है। भगवान् विष्णु की निःस्वार्थ भक्ति करने वाले ही सच्चे भक्त कहे गए हैं।*
3. *इन्द्रियों को नियंत्रित कर निःस्वार्थ भक्ति द्वारा अपने मन को श्रीविष्णु के चरणों में लगा लेने पर मनुष्य भगवान् का सान्निध्य अर्थात् मोक्ष प्राप्त कर सकता है।*

4. *ब्राह्मण, क्षत्रिय, वैश्य एवं शूद्र - ये चार वर्ण तथा ब्रह्मचर्य, गृहस्थ, वानप्रस्थ एवं संन्याय - ये चार आश्रम कहे गए हैं। ब्राह्मण का कर्त्तव्य यज्ञ-अनुष्ठान करना, क्षत्रिय का प्रजा की रक्षा करना, वैश्य का व्यापार आदि कर्म करना तथा शूद्रों का कर्त्तव्य उपर्युक्त तीनों वर्णों के लोगों की सेवा करना है। आश्रमों में विशेषत: ब्रह्मचर्य का कठोरता से पालन करना चाहिए तथा गृहस्थ को अन्य तीनों आश्रमों के मनुष्यों का ध्यान रखना चाहिए।*
5. *अतिथि को साक्षात् भगवान् का स्वरूप समझकर उसका आदर-सत्कार करना चाहिए।*

उपर्युक्त कथनों से यह प्रकट होता है कि नारद पुराण में मानव-जीवन के मूल्यों, उससे सम्बद्ध नियमों, कर्मों तथा धर्म का विस्तृत विवेचन किया गया है। इस पुराण में विष्णु-पूजा के अतिरिक्त श्रीराम-पूजा, हनुमान एवं कृष्णोपासना, काली तथा शिव-पूजन की मंत्र-विधियों का भी वर्णन है।

श्लोक संख्या तथा खण्ड

नारद पुराण में श्लोकों की संख्या पच्चीस हज़ार (25,000) है। सम्पूर्ण पुराण दो खण्डों - पूर्व भाग तथा उत्तर भाग में विभाजित है। पूर्व भाग में एक सौ पच्चीस (125) अध्याय तथा उत्तर भाग में बयासी (82) अध्याय हैं। इस प्रकार सम्पूर्ण नारद पुराण दो सौ सात (207) अध्यायों में वर्णित हैं।

नारद पुराण का सार

1. पूर्व भाग

पूर्व भाग में सर्वप्रथम नारद पुराण के माहात्म्य तथा भगवान् विष्णु की भक्ति की महिमा का निरूपण किया गया है। इसके बाद भारतवर्ष की पौराणिक भौगोलिक स्थिति तथा प्रयाग, काशी, गंगा एवं गायत्री की महिमा का विस्तृत वर्णन है। 16वें अध्याय में मार्गशीर्ष मास से लेकर कार्तिक मास तक के कृष्ण पक्ष की द्वादशी के व्रतों का विष्णु-मंत्रों, पूजन तथा उद्यापन-विधियों सहित वर्णन किया गया है।

19वें अध्याय में समस्त कष्टों का अंत कर भोग, ऐश्वर्य तथा मोक्ष प्रदान करने वाले परम कल्याणकारी एवं दुर्लभ हरिपंचक व्रत का वर्णन है। भगवान् विष्णु को यह व्रत अत्यंत प्रिय है। जो भक्त श्रद्धा-भाव से विधिपूर्वक यह व्रत करते हैं, भगवान् विष्णु प्रसन्न होकर उनकी सभी मनोकामनाएँ पूर्ण करते हैं। इसके बाद श्राद्धादि विधियों सहित विभिन्न नरकों का वर्णन तथा जडभरत एवं सौवीर नरेश के संवाद द्वारा अध्यात्म तथा दर्शन के दृष्टिकोण से परमार्थ का निरूपण किया गया है। तदंतर अठारह पुराणों और उनकी श्लोक-संख्या का भी वर्णन है।

2. उत्तर भाग

इस भाग में महर्षि वसिष्ठ और मान्धाता ऋषि का आख्यान वर्णित है। उत्तर भाग के 46वें अध्याय से 53वें अध्याय तक वेदांगों का वर्णन है। वेदांगों से अभिप्राय वेदों के अंगों (विषयों) से है। शिक्षा, कल्प, व्याकरण, निरुक्त, ज्योतिष, छंद - इन्हें ही वेदों के छः अंग कहा गया है। वेदों में वर्णित ज्ञान के गूढ़ अध्ययन के लिए मनुष्य द्वारा इन वेदांगों को जानना अत्यंत आवश्यक है। उत्तर भाग में वेदों के इन्हीं छः अंगों का सरल एवं सहज भाषा में विस्तृत वर्णन किया गया है।

वेदों के प्रथम अंग 'शिक्षा' के अंतर्गत स्वर को समस्त वेदांगों में प्रधान कहा गया है। इसमें सात प्रकार के स्वरों का वर्णन करते हुए इसके उच्चारण स्थलों तथा विधियों का प्रतिपादन किया गया है। सात स्वर, तीन ग्राम, उनचास तान एवं इक्कीस मूर्च्छन - इनके समूह को स्वरमंडल कहते हैं। इसमें स्वरमंडल के लक्षणों के साथ-साथ देवताओं, गंधर्वों तथा विभिन्न प्राणियों आदि के मुख से निकलने वाले स्वरों का भी वर्णन किया गया है।

वेदों के दूसरे अंग 'कल्प' के अंतर्गत हवन तथा यज्ञादि अनुष्ठानों का वर्णन किया गया है। इसके अतिरिक्त नक्षत्रों की स्थिति-गति, देवताओं, पितृों एवं ऋषिगण के पूजन, श्राद्ध, तर्पण आदि विधियों का वर्णन तथा कालगणना का भी उल्लेख है।

52वें अध्याय में तीसरे वेदांग 'व्याकरण' का वर्णन किया गया है। इसमें व्याकरण के शब्दों के रूप, उनकी सिद्धि आदि का निरूपण किया है। इसके बाद वेद के चौथे अंग 'निरुक्त' का विस्तृत वर्णन है। इसमें शब्दों के चयन पर गूढ़ विचार करके शब्दों के रूढ़, यौगिक तथा योगरूढ़ स्वरूप को समझाया गया है।

'ज्योतिष' के अंतर्गत गणित अर्थात् सिद्धांत मात्र, ग्रह-नक्षत्रों का फल, ग्रहों की गति, ग्रहण, जातक सम्बंध में होरा, ग्रहराशियों के स्वभाव, राजयोग, ग्रहगोचर फल, समय, दशा-अंतर्दशा, द्वादश भावगत ग्रहों के फल, भौमचार आदि का विस्तृत विवेचन किया गया है।

इसके बाद छठे और अंतिम वेदांग 'छंद' का वर्णन है। इसके अंतर्गत वैदिक तथा लौकिक छंदों के लक्षणों आदि का वर्णन है। छंदों के बिना वेदों की गति नहीं है, इसलिए इन्हें वेदों के चरण कहा गया है। वेदों को 'छान्दस' भी कहा जाता है क्योंकि छंदों के बिना वेदों की ऋचाओं का सस्वर पाठ नहीं हो सकता। गायत्री, शक्वरी एवं अतिशक्वरी वैदिक छंदों के; तथा मात्रिक एवं वर्णिक लौकिक छंदों के भेद कहे गए हैं। इस पुराण में इन छंदों का सरल भाषा में वर्णन किया गया है।

तत्पश्चात् मंत्रों से संबंधित गूढ़ रहस्य, उनके दोष, दोष-शोधन, मंत्र-दीक्षा की विधि, पंचदेव पूजा, श्रीकण्ठमातृका, गणेशमातृका, मातृकान्यास एवं कलामातृका आदि के न्यासों का वर्णन है।

68वें अध्याय में भगवान् विष्णु से संबंधित अष्टाक्षर, द्वादशाक्षर आदि मंत्रों का अनुष्ठान-विधि सहित वर्णन किया गया है। इसके बाद भगवान् राम तथा देवी सीता के कल्याणमयी मंत्रों का विस्तृत वर्णन है। 74वें अध्याय में रुद्रावतार हनुमानजी की उपासना से संबंधित मंत्रों तथा भूत-प्रेत विनाशक मंत्रों का उल्लेख है। इसमें इन मंत्रों के विधिपूर्वक अनुष्ठान का भी वर्णन है। इसके बाद श्रीकृष्ण के विविध मंत्रों का अनुष्ठान-विधि सहित तथा राधा-कृष्ण युगल सहस्रनामस्तोत्र का वर्णन है।

इसके बाद मोहिनी-वसु संवाद द्वारा पावन गंगा के माहात्म्य को बताया गया है। अंत में प्रयाग, काशी, बदरिकाश्रम, अवंती एवं मथुरा आदि के विभिन्न पुण्यस्थलों के वर्णन तथा नारद पुराण के पठन, श्रवण एवं चिंतन की महिमा के साथ इस पुराण का उपसंहार किया गया है।

नारद पुराण की कथा : गंगा का पृथ्वी पर अवतरण

प्राचीन समय की बात है – इक्ष्वाकु वंश में सगर नाम एक अत्यंत प्रसिद्ध राजा हुए। वे परम ज्ञानी, विद्वान, तपस्वी, वीर, बुद्धिमान तथा सत्यप्रिय राजा थे। उनकी केशिनी व महती नामक दो सुंदर रानियाँ थीं।

एक दिन महर्षि और्व ने उन्हें वर देते हुए कहा – ''तुम्हारी एक रानी को साठ हज़ार पुत्र प्राप्त होंगे, जबकि दूसरी को मात्र एक पुत्र। किंतु वंश चलाने वाला दूसरी रानी का एकमात्र पुत्र ही होगा। इसलिए इन दो वरों में जिसकी जो इच्छा हो, वह वही ले ले।'' तब रानी केशिनी ने एक पुत्र वाला और महती ने साठ हज़ार पुत्रों वाला वर स्वीकार कर लिया।

कुछ समय बाद रानी केशिनी ने एक बालक को जन्म दिया, जिसका नाम असमंजस रखा गया। दूसरी रानी महती के गर्भ से बीजों से भरी एक थैली उत्पन्न हुई। उसमें बीज के आकार के साठ हज़ार अण्ड थे। राजा सगर ने उन्हें घी से भरे हुए घड़ों में रखवा दिया और उनका पोषण करने के लिए साठ हज़ार सेविकाएँ नियुक्त कर दीं। उचित समय आने पर उनमें से साठ हज़ार बालक उत्पन्न हुए। वे सभी बालक अति वीर, बलशाली और उग्र-पराक्रमी थे।

एक बार राजा सगर के मन में अश्वमेध यज्ञ करने का विचार उत्पन्न हुआ। उन्होंने अपने मंत्रियों को यज्ञ की तैयारी करने का आदेश दे दिया। शुभ मुहूर्त पर यज्ञ आरम्भ हुआ। यज्ञ-अश्व को छोड़ा गया। किंतु देवराज इन्द्र ने दैत्यरूप धारण किया और छलपूर्वक यज्ञ-अश्व को चुराकर भगवान् विष्णु के अंशावतार महर्षि कपिल के आश्रम में छुपा दिया।

अश्व का हरण होने पर ऋषि-मुनियों ने सगर से कहा – ''राजन ! यज्ञ-अश्व का अपहरण होने से यज्ञ में विघ्न उत्पन्न हो गया है। इसलिए आप शीघ्र ही अश्व की खोज करवाएँ, अन्यथा घोर अमंगल हो जाएगा।''

सगर ने अपने साठ हज़ार पुत्रों को यज्ञ का अश्व खोजने के लिए भेजा। उन्होंने सारी पृथ्वी छान डाली, किंतु उन्हें यज्ञ-अश्व कहीं भी दिखाई नहीं दिया। तब उन्होंने अपनी बलिष्ठ भुजाओं से पृथ्वी को खोदना आरम्भ कर दिया। उनके भीषण प्रहारों से पृथ्वी सहित वहाँ रहने वाले नागों, दैत्यों और अन्य प्राणियों की करुण चीत्कारें गूँजने लगीं।

सगर-पुत्र भूमि खोदते हुए महर्षि कपिल के आश्रम के निकट पहुँच गए। वहाँ उन्हें यज्ञ का अश्व बँधा हुआ दिखाई दिया। उन्होंने सोचा कि यज्ञ में विघ्न डालने के लिए कपिल मुनि ने ही यज्ञ-अश्व का हरण किया है, इसलिए उन्होंने भगवान् विष्णु के अंशावतार महर्षि कपिल को अपशब्द कह दिए। तब कपिल मुनि ने क्रुद्ध होकर उन्हें भस्म कर डाला।

अपने पुत्रों के भस्म होने का समाचार सुनकर सगर शोक में डूब गए। तब उनके पौत्र अंशुमान ने महर्षि कपिल की स्तुति कर उनका क्रोध शांत किया। महर्षि कपिल ने प्रसन्न होकर यज्ञ-अश्व लौटा दिया। महर्षि को प्रसन्न देखकर अंशुमान ने उनसे मृत सगर-पुत्रों के उद्धार के विषय में पूछा। उन्होंने कहा कि गंगा की पवित्र जलधारा ही सगर-पुत्रों का उद्धार कर सकती है।

महर्षि कपिल के परामर्श के अनुसार राजा सगर गंगा को पृथ्वी पर लाने के लिए कठोर तप करने लगे। उनकी मृत्यु के बाद अंशुमान ने और इसके बाद उनके पुत्र दिलीप ने अनेक वर्षों तक कठोर तप किया। किंतु वे गंगा को पृथ्वी पर लाने में सफल नहीं हुए। अंत में अंशुमान के पौत्र भगीरथ ने गंगा को पृथ्वी पर लाने के लिए भगवान् विष्णु की कठोर तपस्या की। उनकी तपस्या से प्रसन्न होकर भगवान् विष्णु ने उन्हें साक्षात् दर्शन दिए।

भगवान् के दर्शन पाकर भगीरथ श्रद्धापूर्वक उनकी स्तुति करने लगे। तब भगवान् विष्णु ने प्रसन्न होकर भगीरथ से कहा - ''वत्स ! तुम्हारे कठोर तप से मैं अति प्रसन्न हूँ। तुम्हें अभीष्ट वर प्रदान करने के लिए ही मैं यहाँ प्रकट हुआ हूँ। तुम निःसंकोच इच्छित वर माँग लो।''

भगीरथ बोले - ''भगवन् ! अनेक वर्षों पूर्व कपिल मुनि ने अपने शाप से मेरे पूर्वजों को भस्म कर दिया था। तभी से मेरे पूर्वज प्रेत-योनि में भटक रहे हैं। महर्षि कपिल ने कहा था कि यदि गंगा देवी पृथ्वी-लोक में आकर अपने पवित्र जल से उनकी शुद्धि कर दें तो प्रेत-योनि से उनका उद्धार हो जाएगा और वे आपके परम ध ाम के अधिकारी हो जाएँगे। हे प्रभु ! गंगा माता को पृथ्वी पर लाने के लिए मेरे परदादा राजा सगर, दादा अंशुमान और पिता दिलीप ने अनेक वर्षों तक घोर तप किया। किंतु वे इसमें सफल नहीं हुए और तपस्या करते हुए उन्होंने प्राण त्याग दिए। तब मैंने उनके कार्य को सम्पन्न करने के लिए कठोर तपस्या की। दयानिधान ! यदि आप मेरी तपस्या से प्रसन्न हैं तो गंगा देवी को पृथ्वी पर भेजने की कृपा करें।''

उसकी बात सुनकर भगवान् विष्णु ने देवी गंगा से कहा – ''गंगे ! तुम अभी नदी के रूप में पृथ्वी पर जाओ और सगर के सभी पुत्रों का उद्धार करो। तुम्हारे स्पर्श से वे समस्त राजकुमार मेरे परम धाम को प्राप्त होंगे। पृथ्वी पर जो भी पापी तुम्हारे जल में स्नान करेगा, उसके सभी पापों का नाश हो जाएगा। पर्वों और विशेष पुण्यतिथियों पर तुम्हारे जल में स्नान करने वाले प्राणियों को सुख-सम्पत्ति, भोग और ऐश्वर्य के अतिरिक्त मृत्यु के बाद मोक्ष प्राप्त होगा। सूर्य-ग्रहण के समय तुम्हारे पवित्र जल में स्नान करने वालों को पुण्य और सुखों की प्राप्ति होगी। तुम्हारे स्मरण-मात्र से ही प्राणियों के समस्त दुखों और कष्टों का अंत हो जाएगा।''

यह सुनकर गंगा हाथ जोड़कर बोलीं – ''भगवन् ! आपकी आज्ञा मुझे स्वीकार है। किंतु मुझे पृथ्वीलोक पर कितने वर्षों तक रहना होगा? स्नान करके पापीजन अपने पाप मुझे दे देंगे। ऐसी स्थिति में मेरे उन पापों का नाश किस प्रकार होगा? दयानिधान ! आप सर्वज्ञ हैं। भूत, वर्तमान और भविष्य के ज्ञाता हैं। संसार की कोई बात आप से छिपी नहीं है। इसलिए आप मेरी इन शंकाओं का समाधान करें?''

भगवान् विष्णु बोले – ''हे गंगे ! तुम नदी-रूप में पृथ्वीलोक पर रहोगी। मेरे अंशस्वरूप समुद्र तुम्हारे पति होंगे। सभी नदियों में तुम सबसे श्रेष्ठ, सौभाग्यवती और पुण्यदायी होगी। हे देवी ! कलियुग के पाँच हज़ार वर्षों तक तुम्हें भू-लोक में रहना पड़ेगा। सभी प्राणी देवी के रूप में तुम्हारी पूजा-अर्चना और स्तुति करेंगे। जो भी मनुष्य भक्तिपूर्वक तुम्हारी स्तुति-वंदना करेगा, उसे अश्वमेध यज्ञ के समान फल प्राप्त होगा। गंगा शब्द का निरंतर जप करने वाले भक्तों के पूर्वजन्मों के भी समस्त पाप नष्ट हो जाएँगे और मृत्यु के बाद वे मेरे परमधाम वैकुण्ठ को प्राप्त करेंगे।''

जब भगवान् विष्णु ने गंगा की सभी शंकाओं को समाप्त कर दिया, तब वे भगीरथ से बोलीं – ''राजन ! भगवान् विष्णु की आज्ञा और आपकी कठोर तप के फलस्वरूप मैं आपके साथ पृथ्वी पर चलने को तैयार हूँ। किंतु राजन ! जब मैं स्वर्ग से धरातल पर आऊँगी, तो मेरा वेग बहुत तेज़ होगा। मेरे तीव्र वेग से पृथ्वी पाताल में पहुँच जाएगी। इसलिए राजन ! यदि आप अपनी मनोकामना पूर्ण करना चाहते हैं तो पहले इस समस्या का समाधान करें।''

गंगा की बात सुनकर भगीरथ ने भगवान् विष्णु से इसका समाधान करने की प्रार्थना की। तब भगवान् विष्णु शिवजी से बोले – ''महादेव ! भगीरथ की इस समस्या का उपाय केवल आप ही कर सकते हैं। तीव्र वेग से धरातल पर उतरती गंगा को आप अपनी विशाल जटाओं में बाँध लें। इससे गंगा का वेग कम हो जाएगा और पृथ्वी पाताल में धँसने से बच जाएगी।''

शिवजी इसके लिए सहर्ष तैयार हो गए। तब गंगा देवी ने भगवान् विष्णु को प्रणाम किया और नदी के रूप में धरातल की ओर चल पड़ीं। धरातल की ओर जाते समय उनकी गति अत्यंत तेज़ हो गई। ऐसा प्रतीत होने लगा, मानो प्रलयकाल आ

गया हो। मेघ भीषण गर्जन करने लगे। गंगा के वेग को देखकर पृथ्वी काँप उठी।

तभी भगवान् विष्णु की प्रेरणा से शिवजी गंगा के मार्ग में आ गए और वे पूर्ण वेग से शिवजी की जटाओं में समा गईं। तब भगवान् शिव ने अपनी जटा की एक लट को खोलकर उनकी एक जलधारा पृथ्वी की ओर छोड़ दी। गंगा बड़ी धीमी गति से धरातल पर गिरने लगीं। इस प्रकार गंगा का आवेग कम हो जाने के कारण पृथ्वी पाताल लोक में धँसने से बच गई।

गंगा के धरातल पर पहुँचते ही राजा भगीरथ उनकी स्तुति करते हुए बोले - "हे परम कल्याणी देवी गंगा ! पापियों के पाप धोने वाली पुण्यमयी देवी ! आपको मेरा कोटि-कोटि नमन। माते ! आपकी कृपा से संतानहीन को संतान की प्राप्ति हो। बंधन में पड़े हुए व्यक्ति के सभी बंधन कट जाएँ। पापियों के पाप, पुण्यों में बदल जाएँ। ये वर दें।"

इस प्रकार स्तुति-वंदना करते हुए भगीरथ गंगा को लेकर उस स्थान पर पहुँचे, जहाँ उनके पूर्वज कपिल मुनि की क्रोधाग्नि से जलकर भस्म हो गए थे। पवित्र गंगा का स्पर्श पाते ही वे सभी मुक्त होकर वैकुण्ठ-लोक चले गए।

इस प्रकार परम पावन गंगा का पृथ्वी पर आगमन हुआ। राजा भगीरथ के प्रयत्न से ही पुण्यमय गंगा पृथ्वी पर आ सकी थीं, इसलिए उन्हें 'भगीरथी' भी कहा जाने लगा।

अध्याय 7
मार्कण्डेय पुराण

परिचय

मार्कण्डेय पुराण में महर्षि मार्कण्डेय का व्यासजी के शिष्य जैमिनि के साथ संवाद है, इसलिए इस पुराण को 'मार्कण्डेय पुराण' कहा गया है।

इस पुराण को सर्वप्रथम ब्रह्माजी ने महर्षि भृगु को, भृगु ने च्यवन मुनि को, महर्षि च्यवन ने ब्रह्मर्षियों को तथा ब्रह्मर्षियों ने दक्ष प्रजापति को सुनाया था। तत्पश्चात् दक्ष प्रजापति ने इसे महर्षि मार्कण्डेय को सुनाया। बाद में महर्षि मार्कण्डेय ने ही यह पुराण जैमिनी आदि ऋषि-मुनियों को सुनाकर इस पुराण को जनसाधारण तक पहुँचाया था। इस प्रकार इस पुराण का नाम महर्षि मार्कण्डेय के साथ सम्बद्ध हो गया।

मार्कण्डेय पुराण को 'शाक्त सम्प्रदाय' का पुराण कहा गया है। इसका प्रमुख कारण है - इसमें भगवती दुर्गा के चरित्र तथा दुर्गा सप्तशती का विस्तृत वर्णन। दुर्गा सप्तशती के तीनों पौराणिक आख्यानों का वर्णन होने के कारण यह पुराण साधारण जन में अत्यंत लोकप्रिय है।

इस पुराण में अनेक छोटे-छोटे कथानकों द्वारा व्यक्तियों को धर्म और कर्म के प्रति सावधान किया गया है। चौदह मनुओं व मन्वंतरों का रोचक और विस्तृत वर्णन मार्कण्डेय पुराण के अतिरिक्त और कहीं पढ़ने को नहीं मिलता। जहाँ पतिव्रता मदालसा के माध्यम से शासक-वर्ग को न्यायपूर्वक शासन करने का पाठ पढ़ाया गया है, वहीं सुबुद्धि और सुमति के माध्यम से मृत्यु के बाद जीव की गति, नरक-यातना, पुनर्जन्म आदि का सूक्ष्म वर्णन किया गया है।

इसके पूर्व इस पुराण में महर्षि व्यासजी के प्रिय शिष्य और प्रसिद्ध दार्शनिक जैमिनि मुनि के चार पक्षियों के साथ 'महाभारत' के कुछ प्रधान विषयों पर प्रश्नोत्तर हैं। वे चारों दिव्य पक्षी तत्त्वज्ञानी ही नहीं; शास्त्रों के मर्मज्ञ भी थे। वे पूर्व जन्म के ऋषि थे और शापवश पक्षी-योनि में जन्मे थे। वस्तुत: यह पूरी पुराण कथोपकथन शैली में है, जिसमें जैमिनि मुनि प्रश्न पूछते हैं और चारों पक्षी उन प्रश्नों के उत्तर देते हैं। इस प्रकार श्रृंखलाबद्ध कहानियाँ एक-दूसरे में गुँथती चली जाती हैं।

मार्कण्डेय पुराण में सूर्यवंश के अनेक शूरवीर, विद्वान, धर्मज्ञ और पराक्रमी राजाओं का वर्णन किया गया है। उन राजाओं के चरित्र सुनकर मनुष्य का मन पवित्र हो जाता है।

श्लोक संख्या तथा खण्ड

अन्य पुराणों की अपेक्षा मार्कण्डेय पुराण अत्यंत संक्षिप्त है। इस पुराण में लगभग नौ हज़ार (9,000) श्लोक वर्णित हैं। सम्पूर्ण पुराण में अध्यायों की संख्या एक सौ सैंतीस (137) है।

मार्कण्डेय पुराण का सार

इस पुराण का आरम्भ जैमिनि ऋषि द्वारा महाभारत से संबंधित शंकाओं को प्रश्न रूप में पूछने से है। ये पाँच प्रश्न हैं :

1. *सृष्टि के पालनकर्ता, सर्वव्यापी, निर्गुण, परब्रह्म भगवान् श्रीकृष्ण ने मनुष्य रूप में अवतार ग्रहण क्यों किया?*
2. *द्रौपदी ने पाँच पाण्डवों की पत्नी होते हुए भी पंचकन्याओं (सीता, मंदोदरी, द्रौपदी, कुंती तथा तारा) में पवित्र स्थान कैसे प्राप्त किया?*
3. *भगवान् श्रीकृष्ण के ज्येष्ठ भ्राता बलरामजी तीर्थ-यात्रा के प्रसंग में ब्रह्म-हत्या जैसे पाप के प्रभाव से कैसे मुक्त हो गए थे?*
4. *द्रौपदी के पाँच पराक्रमी पुत्र, जिनके पिता परमवीर पाण्डव थे और जिन पर भगवान् श्रीकृष्ण का वरद हस्त था, वे अश्वत्थामा के हाथों अनाथों की भाँति कैसे मारे गए?*

तत्पश्चात् महर्षि मार्कण्डेय के परामर्श से जैमिनि ऋषि के विन्ध्याचल पर्वत पर निवास करने वाले धर्म पक्षियों के पास जाने का प्रसंग है। इसी संदर्भ में दुर्वासा मुनि द्वारा अप्सरा वपु को शाप देने, वपु के पक्षी-योनि में तार्क्षी नाम से उत्पन्न होने, महाभारत युद्ध में अर्जुन के बाण से तार्क्षी की शाप-मुक्ति, महर्षि शमीक द्वारा तार्क्षी के चार अण्डों का पालन-पोषण करने तथा अण्डों से निकले पक्षियों द्वारा विपुल स्वान नामक ऋषि और उनके चार पुत्रों की कथा द्वारा अपने पूर्वजन्म के वृत्तांत का वर्णन है।

पिंगाक्ष, विबोध, सुपुत्र एवं सुमुख - ये चारों धर्म पक्षी जैमिनि ऋषि के प्रथम प्रश्न का उत्तर देते हुए कहते हैं कि भगवान् श्रीकृष्ण अपने गुणों के अनुसार चार मूर्तियों में अवस्थित होते हैं। भगवान् श्रीकृष्ण की प्रथम मूर्ति वासुदेव की है, जो अनन्य, अज्ञेय और राग-द्वेष से रहित है। उनकी दूसरी मूर्ति संकर्षण की है। भगवान् का यह स्वरूप तमोगुण से युक्त होकर पाताल में संकर्षण नाम से निवास करता है। भगवान् श्रीकृष्ण की तीसरी मूर्ति प्रद्युम्न की है, जो सतोगुण से युक्त है। भगवान् की चौथी मूर्ति अनिरुद्ध की है, जो रजोगुण से सम्पन्न होकर सृष्टि उत्पन्न करती है। भगवान् श्रीकृष्ण जगत् के कण-कण में विद्यमान हैं तथा अधर्म व अन्याय का अंत करने के लिए ही वे सगुण रूप में अवतार लेते हैं।

जैमिनि ऋषि के द्रौपदी और उसके पाँच पतियों से संबंधित दूसरे प्रश्न का उत्तर देते हुए धर्म पक्षी कहते हैं कि पूर्वकाल में एक बार त्वष्टा नामक प्रजापति के पुत्र विश्वरूप की कठोर तपस्या से भयभीत होकर देवराज इन्द्र ने उसका वध कर दिया था। इससे इन्द्र ब्रह्महत्या के भागी बन गए और उनके तेज का एक अंश धर्मराज में समा गया। दूसरी बार प्रजापति त्वष्टा के ही वृत्रासुर नामक पुत्र का वध करने से देवराज इन्द्र पुनः ब्रह्महत्या के भागी बने और उनका तेज खण्डित होकर वायुदेव में समा गया। इसके पश्चात् देवराज इन्द्र ने गौतम ऋषि का रूप धारण कर उनकी पत्नी अहल्या से समागम किया। इस पाप के फलस्वरूप उनका रूप व तेज क्षीण होकर अश्विनीकुमारों में समा गया। जब दैत्यों तथा राक्षसों ने विभिन्न राजाओं के रूप में जन्म लिए और उनके पापों को वहन करना पृथ्वी के लिए असहनीय हो गया, तब अधर्म और अन्याय के नाश के लिए भगवान् श्रीकृष्ण की आज्ञानुसार देवताओं ने नर-रूप में जन्म लिया। इसी प्रक्रिया में इन्द्र के धर्मगत तेज से युधिष्ठिर, वायुगत तेज से भीम, स्वयं इन्द्र के तेज से अर्जुन तथा अश्विनी कुमारों में विद्यमान इन्द्र के तेज से नकुल और सहदेव का जन्म हुआ। स्वयं देवराज इन्द्र की पत्नी शची यज्ञाग्नि से द्रौपदी के रूप में अवतरित होकर पाण्डवों की पत्नी बनी। इस प्रकार वह पाँच पाण्डवों की पत्नी होकर भी एक इन्द्र की पत्नी रही क्योंकि पाँचों पाण्डव इन्द्र के ही अंशरूप थे।

बलरामजी से संबंधित तीसरे प्रश्न के उत्तर में धर्म पक्षियों ने मद्यपान के दोषों का प्रतिपादन किया है। वे कहते हैं कि मद्यपान करने वाला व्यक्ति अपनी विवेक-बुद्धि खो बैठता है। बलरामजी ने भी मद्यपान के नशे में सूतजी की हत्या कर दी थी, जिसके कारण वे ब्रह्महत्या के भागी बने। तत्पश्चात् चेतना होने पर उन्हें अपने जघन्य पाप पर घोर ग्लानि अनुभव हुई। तब उन्होंने निश्चय किया कि वे बारह वर्ष तक व्रत धारण कर अपने पापकर्म का प्रचार करेंगे, जिससे कि सभी लोग मद्यपान के दोषों से परिचित हो सकें। इस प्रकार सच्चे हृदय से पश्चात्ताप करने के कारण बलरामजी ब्रह्महत्या के दोष से मुक्त हो गए।

द्रौपदी के पुत्रों से संबंधित चौथे प्रश्न के विषय में धर्म पक्षियों ने राजा हरिश्चन्द्र की कथा का वर्णन किया है। वे कहते हैं कि जब हरिश्चन्द्र अपना राज्य दान करके पत्नी और पुत्र सहित नगर से जा रहे थे, उस समय उनके प्रति महर्षि विश्वामित्र का अत्यंत क्रूर और कटुतापूर्ण व्यवहार देखकर विश्वदेवों ने उन्हें पापी कहकर उनके व्यवहार की आलोचना की। तब अपनी आलोचना से क्रोधित होकर महर्षि विश्वामित्र ने विश्वदेवों को मनुष्य-योनि में उत्पन्न होने का शाप दे दिया था। इसी शाप के कारण पाँचों विश्वदेव द्रौपदी के पुत्र के रूप में उत्पन्न हुए थे और शाप की अवधि पूर्ण होने के बाद अश्वत्थामा के हाथों काल का ग्रास बनकर वे पुनः देवत्व को प्राप्त हुए थे।

इसके पश्चात् धर्म पक्षियों द्वारा भार्गव पुत्र सुमति की कथा कही गई है। इस उपाख्यान द्वारा पुनर्जन्म एवं जीव-उत्पत्ति के सिद्धांत, मरणोपरांत जीव की स्थिति तथा विभिन्न नरकों के स्वरूपों का वर्णन किया गया है।

तत्पश्चात् महर्षि अत्रि की पत्नी अनसूया के गर्भ से भगवान् दत्तात्रेयजी की उत्पत्ति का प्रसंग वर्णित है। इसी संदर्भ में दत्तात्रेयजी द्वारा दैत्य जृम्भासुर के वध तथा राजा सहस्रार्जुन को वरदान स्वरूप एक सहस्र भुजाएँ देने की कथाओं का उल्लेख है।

इसके बाद राजा अलर्क की कथा वर्णित है। इसके आरम्भ में नागपुत्रों द्वारा राजा ऋतध्वज के पूर्वजन्म की कथा का वर्णन कर पातालकेतु नामक भयंकर दैत्य द्वारा महर्षि गालव के यज्ञ में विघ्न डालने, भगवान् सूर्यदेव द्वारा महर्षि गालव को कुवलय नामक अश्व देने, राजकुमार ऋतध्वज द्वारा कुवलय अश्व पर चढ़कर दैत्य पातालकेतु का वध करने, ऋतध्वज और गंधर्व-कन्या मदालसा के विवाह तथा पातालकेतु के भाई दैत्य तालकेतु द्वारा छलपूर्वक मदालसा को मारने के प्रसंग का वर्णन किया गया है। इसके बाद नागराज अश्वतर व उसके भाई कंबल द्वारा भगवान् शिव को प्रसन्न कर मदालसा को पुनः उत्पन्न करने तथा ऋतध्वज एवं मदालसा के विवाह का प्रसंग वर्णित है।

विवाह के बाद मदालसा के गर्भ से क्रमशः विक्रांत, सुबाहु और अरिमर्दन नामक तीन पुत्र उत्पन्न हुए। इन्हें मदालसा ने बाल्यकाल से ही वैराग्य, आत्मा एवं परमात्मा की एकरूपता तथा संसार की निःसारता का अद्भुत उपदेश दिया। इससे तीनों पुत्र बाल्यकाल से ही वैराग्य के मार्ग पर चलने लगे।

पुत्रों को वैरागी देख राजा ऋतध्वज चिन्तित हो गए। तब उनकी इच्छानुसार मदालसा ने अपने चौथे पुत्र अलर्क को राजनीति, धर्माचरण, वर्णाश्रम तथा श्राद्धकर्म का अत्यंत गूढ़ रहस्य प्रदान किया।

इसके बाद ऋतध्वज व मदालसा के वन गमन, सांसारिक भोग-विलास में लीन राजा अलर्क को तत्त्वज्ञान का उपदेश देने के उद्देश्य से उसके ज्येष्ठ भाई सुबाहु द्वारा काशीनरेश की सहायता से उस पर आक्रमण करने का प्रसंग वर्णित है। इसी संदर्भ में अलर्क और भगवान् दत्तात्रेय का संवाद भी वर्णित है, जिसके माध्यम से योग, योगमार्ग में आने वाले विघ्नों व उनसे बचने के उपायों, रोगों के उपचार, सात धारणाएँ, आठ ऐश्वर्यों, योगी की मुक्ति तथा मृत्यु के लक्षणों का सारगर्भित विवेचन किया गया है।

तत्पश्चात् वैराग्य उत्पन्न होने के कारण अलर्क द्वारा राजपाट त्यागकर प्रभु-भक्ति में लीन हो जाने का प्रसंग है।

इस प्रकार अलर्क की कथा द्वारा अध्यात्म और दर्शन का वर्णन कर संसार के विषय-भोगों को ही श्रेष्ठ मानकर उनमें लिप्त जीवों के कष्टों तथा उनकी मुक्ति के उपायों का विस्तृत विवेचन किया गया है।

तत्पश्चात् मार्कण्डेय मुनि और क्रौष्टुकि के संवाद के माध्यम से सृष्टि की उत्पत्ति, स्थिति तथा विकास का क्रमबद्ध वर्णन है।

इस पुराण में भगवती दुर्गा के चरित्र और सम्पूर्ण दुर्गा सप्तशती का वर्णन है। सात सौ श्लोकों और तेरह अध्यायों से युक्त दुर्गा सप्तशती के अंतर्गत भगवती दुर्गा की उत्पत्ति, उनके द्वारा महिषासुर, मधु, कैटभ, शुम्भ, निशुम्भ, रक्तबीज आदि दैत्यों के वध तथा राजा सुरथ व समाधि वैश्य द्वारा भगवती दुर्गा से वरदान प्राप्त करने की कथाएँ वर्णित हैं।

इसके बाद वैवस्वत आदि चौदह मनुओं की उत्पत्ति और उनके मनु-पद पर आसीन होने की कथाएँ तथा जम्बू आदि सातों द्वीपों का अत्यंत सुंदर वर्णन किया गया है। तत्पश्चात् महर्षि कश्यप की पत्नी अदिति के गर्भ से भगवान् सूर्यदेव की उत्पत्ति, उनके द्वारा दैत्यों के पराभव तथा देवताओं द्वारा उनकी पूजा-उपासना का वर्णन है।

अंत में राज्यवर्धन, सुद्युम्न, नाभाग, खनित्र, अवीक्षित, मरुत, नरिष्यंत तथा दम आदि तेजस्वी राजाओं के चरित्रों के वर्णन तथा मार्कण्डेय पुराण के माहात्म्य के साथ इस पुराण का उपसंहार किया गया है।

मार्कण्डेय पुराण की कथा : विपश्चित् की धर्मपरायणता

प्राचीन समय की बात है, जनक-वंश में विपश्चित् नामक एक प्रसिद्ध राजा हुए। विपश्चित् बड़े धर्मात्मा, सदाचारी और दयालु राजा थे। उन्होंने युद्ध में कभी पीठ नहीं दिखाई थी। याचक को कभी निराश नहीं लौटने दिया था। उन्होंने अनेक वर्षों तक पृथ्वी पर सुख भोगे। तत्पश्चात् वृद्धावस्था में पुत्र को राज्य सौंपकर स्वयं वन में जाकर कठोर तप करने लगे। वहीं तपस्या द्वारा भगवान् का स्मरण करते हुए उन्होंने प्राण त्याग दिए।

मृत्यु के बाद विपश्चित् को नरक में डाल दिया गया, जहाँ वे भयंकर कष्ट भोगने लगे। एक दिन एक यमदूत वहाँ आया। उसे देखकर राजा विपश्चित् बोले - ''यमदूत ! कृपया बताओ कि मैंने अपने जीवन में ऐसा कौन-सा पाप किया था, जिसके कारण मुझे यह भयंकर और पीड़ादायक नरक भोगना पड़ रहा है? मैंने अपने राज्य में अनेक यज्ञ किए। धर्मानुसार पृथ्वी का पालन किया। याचकों को भरपूर दान दिया। प्रजा का भली-भाँति पालन किया। इतना पुण्य अर्जित करने के बाद भी किस कर्म के कारण मुझे इस नरक में आना पड़ा?''

यमदूत बोला - ''राजन ! आपने जो कहा है, वह उचित है। किंतु आपने एक छोटा-सा पाप भी किया था। आपकी पत्नी पीवरी एक समय ऋतुमती हुई थी, किंतु उस समय राजकुमारी सुशोभना पर आसक्त होने के कारण आपने उसके ऋतुकाल को सफल नहीं बनाया। वह आपके स्पर्श-सुख से वंचित रह गई। ऋतुकाल का

उल्लंघन करने के कारण आपको इस नरक में कष्ट भोगना पड़ा रहा है। जो मनुष्य काम के अधीन होकर स्त्री के ऋतुकाल का उल्लंघन करता है, उसे इस नरक में आना पड़ता है। आपका इतना ही पाप है। इसके अतिरिक्त और कोई पाप नहीं है। आप यहाँ अपने पाप का फल भोग चुके हैं। अतः अब आप अपने पुण्य-कर्मों का फल भोगने के लिए मेरे साथ चलिए।''

यमदूत की बात सुन विपश्चित् ने पाप-कर्मों, उनके दण्ड और उससे प्राप्त होने वाली विभिन्न योनियों के विषय में पूछा। यमदूत ने इस विषय में विस्तार से बताया। तत्पश्चात् विपश्चित् ने पापी मनुष्यों और पुण्यात्मा मनुष्यों की पहचान बताने का आग्रह किया।

यमदूत बोला - ''महाराज ! निंदा करना, कृतघ्नता, दूसरों के गुप्त भेद खोलना, निष्ठुरता, निर्दयता, झूठ बोलना, माता, पिता और गुरुजन का निरादर करना, उन्हें अपशब्द कहना, परस्त्री से समागम, दूसरे का धन हड़पना, अपवित्र रहना, निर्दोष जीवों की हत्या करना, देवताओं की निंदा एवं वेदों का निरादर करना, बुद्धि का प्रयोग बुरे कार्यों में करना और इसके अतिरिक्त जितने भी अन्य निंदनीय कर्म हैं, उनमें निरंतर संलग्न रहना - ये सब नरक भोगकर लौटे मनुष्यों की पहचान हैं। जीवों पर दया करना, अच्छे और सत्य वचन बोलना, परलोक के लिए पुण्य-कर्म करना, गुरु, देवता, माता, पिता और महात्माओं का आदर करना, अच्छे कर्म करना, सबके प्रति मित्रभाव रखना और अन्य जो भी श्रेष्ठ कर्म हैं, उन्हें करना - ये सब स्वर्ग भोगकर लौटे मनुष्यों की पहचान हैं। राजन ! मैंने आपके समस्त प्रश्नों के उत्तर दे दिए। कृपया अब आप मेरे साथ यहाँ से चलने का कष्ट करें।''

विपश्चित् जैसे ही यमदूत के साथ चलने को उद्यत हुए, वैसे ही वहाँ यातना भोगने वाले प्राणी चिल्लाते हुए बोले - ''राजन ! कुछ समय और यहाँ ठहरकर हम पर कृपा करें। आपके शरीर को छूकर आने वाली वायु कष्ट, रोग और दुःखों को समाप्त कर हमारे मन को सुख प्रदान कर रही है।''

उनकी बात सुनकर विपश्चित् बोले - ''यमदूत ! मेरे यहाँ रहने से इन्हें सुख कैसे प्राप्त हो रहा है? मैंने ऐसा कौन-सा कर्म किया था, जिससे इन पापी मनुष्यों पर सुख की वर्षा हो रही है?''

यमदूत बोला - ''राजन ! आपने सदा देवताओं, पितृों, अतिथियों और ब्राह्मणों को भोजन करवाने के बाद भोजन किया। आपने तन, मन और धन से उनकी सेवा की। इसलिए आपके शरीर को छूकर बहने वाली वायु सुख प्रदान करने वाली है। इसके कारण ही नरक की यातना का इन पापियों पर कोई प्रभाव नहीं होता। आपके पुण्य तेज से इनके कष्ट समाप्त हो गए हैं। आइए, अब यहाँ से चलें। स्वर्ग के द्वार आपके लिए खुल गए हैं। पापी जीवों को यहीं छोड़कर आप स्वर्ग में पुण्य से प्राप्त होने वाले भोगों का आनन्द लीजिए।''

विपश्चित् बोले – "हे यमदूत! पीड़ित प्राणियों को दुःख से मुक्त कर उन्हें शांति प्रदान करने से जो सुख मिलता है, वह मनुष्यों को स्वर्ग में अथवा ब्रह्मलोक में भी नहीं मिल सकता। यदि मेरे निकट रहने से इन्हें सुख मिलता है, तो मैं अचल होकर यही रहूँगा। दुखियों को त्यागकर स्वयं सुख भोगने वाला कभी शांति प्राप्त नहीं कर सकता। इनके सुख के अतिरिक्त मुझे कुछ नहीं चाहिए। मुझे यहीं छोड़कर तुम लौट जाओ।"

तभी वहाँ एक दिव्य विमान प्रकट हुआ, जिसमें से भगवान् विष्णु, इन्द्र, सूर्य, धर्मराज तथा अन्य देवगण उतरे। वे राजा विपश्चित् को अपने साथ स्वर्ग ले जाने आए थे।

सबसे पहले धर्मराज बोले – "राजन! आपने अपने धर्म का भली-भाँति पालन किया है। दुःख अथवा सुख – किसी भी अवस्था में आपने कभी मेरा अनादर नहीं किया। आपके उन्हीं पुण्यकर्मों के कारण हम आपको स्वर्ग ले जाने आए हैं। आप कृपया इस विमान में सवार हो जाएँ।"

विपश्चित् बोले – "प्रभु! यदि आप मुझे स्वर्गलोक में ले जाना चाहते हैं तो सर्वप्रथम इन जीवों को नरक से मुक्त करने की कृपा करें। इनके उद्धार के लिए मैं अपने समस्त पुण्यों का दान करने को तैयार हूँ।"

तब देवराज इन्द्र बोले – "हे राजन! जिस प्रकार समुद्र के जलकण, आकाश के तारे और वर्षा की धाराएँ असंख्य हैं, उसी प्रकार आपके पुण्य भी अनंत हैं। नरक में पड़े इन जीवों पर कृपा करने से आपका पुण्य लाखों गुना बढ़ गया है। अपनी उदारता के कारण आज आपने और भी ऊँचा स्थान प्राप्त कर लिया। आपकी दयालुता और धर्मपरायणता से प्रसन्न होकर मैं इन सभी जीवों को नरक की यातना से मुक्त करता हूँ।"

यह कहकर देवराज इन्द्र ने नरक में पड़े हुए उन समस्त जीवों को मुक्त कर दिया। राजा विपश्चित् पर फूलों की वर्षा होने लगी और स्वयं भगवान् विष्णु उन्हें विमान में बिठाकर अपने दिव्यधाम में ले गए।

अध्याय 8
अग्नि पुराण

परिचय

'अग्नि पुराण' एक अत्यंत प्राचीन पुराण है। इसमें त्रिदेवों – ब्रह्मा, विष्णु एवं शिव तथा सूर्य की पूजा-उपासना का वर्णन किया गया है। अनेक विद्वानों ने विषय-वस्तु के आधार पर इसे भारतीय संस्कृति का विश्वकोश कहा है। यह पुराण मनुष्य-जीवन से सम्बद्ध अनेक शिक्षाओं का भण्डार है।

पद्म पुराण में भगवान् विष्णु के पुराणमय स्वरूप का वर्णन किया गया है। उसमें अठारह पुराण भगवान् के 18 अंग कहे गए हैं। उसी पुराणमय वर्णन के अनुसार 'अग्नि पुराण' को भगवान् विष्णु का बायाँ चरण कहा गया है। इस पुराण के वक्ता भगवान् अग्निदेव हैं, अत: यह 'अग्नि पुराण' कहलाता है। सर्वप्रथम भगवान् अग्निदेव ने यह पुराण महर्षि वसिष्ठ को सुनाया था। अत्यंत लघु आकार होने पर भी इस पुराण में सभी विद्याओं का समावेश किया गया है। इस दृष्टि से अन्य पुराणों की अपेक्षा यह और भी विशिष्ट तथा महत्त्वपूर्ण हो जाता है। स्वयं अग्निदेव निम्नलिखित श्लोक द्वारा 'अग्नि पुराण' के महत्त्व को स्पष्ट करते हुए कहते हैं :

"आग्नेये हि पुराणेऽस्मिन् सर्वा विद्याः प्रदर्शिताः।"

अर्थात् "आग्नेय (अग्नि) पुराण में समस्त विद्याओं का वर्णन है।"

श्लोक संख्या तथा खण्ड

अग्नि पुराण में कुल पन्द्रह हज़ार चार सौ (15,400) श्लोक वर्णित हैं। इसे स्कंध अथवा खण्ड के अनुसार विभाजित न करके तीन सौ तिरासी (383) अध्यायों में विभक्त किया गया है।

अग्नि पुराण का सार

इस पुराण में समस्त विद्याओं के वर्णन के साथ-साथ 'रामायण', 'महाभारत', 'गीता' तथा 'हरिवंश पुराण' आदि का प्रतिपादन किया गया है। इस पुराण में भगवान् विष्णु के मत्स्य, कूर्म, वराह, नृसिंह आदि लीलावतारों से सम्बद्ध अनेक प्रसिद्ध पौराणिक आख्यान वर्णित हैं। इसके अतिरिक्त हरिवंश नाम से भगवान् के स्वरूप, महाभारत के समस्त पर्वों तथा भगवान् श्रीकृष्ण के वंश का वर्णन इस पुराण की महत्त्वपूर्ण विशिष्टताएँ हैं।

सृष्टि वर्णन, स्नान-संध्या पूजन विधियाँ, होम विधि, मुद्राओं के लक्षण, दीक्षा व अभिषेक विधि, विभिन्न मंडपों की रचना-विधि, पवित्रारोपण, अधिवास विधि, निर्वाण दीक्षा के संस्कार, देवालय निर्माण कला, शिलान्यास विधि, देव प्रतिमाओं के लक्षण, प्रासाद लक्षण, लिंग एवं पिंडिका लक्षण, देव-पूजा विधि, विग्रह की प्राण-प्रतिष्ठा की विधि, कलाशोधन, विद्याशोधन, शांतिशोधन, वास्तु पूजा, तत्त्व दीक्षा, खगोल शास्त्र, तीर्थ-महिमा, श्राद्ध कल्प तथा ज्योतिष शास्त्र आदि का अग्नि पुराण में विस्तृत वर्णन है।

इसी प्रकार संग्राम विजय विद्या, वशीकरण विद्या, महामारी विद्या, संवत्सरों के नाम, वर्णाश्रम धर्म, मंत्र, औषधि ज्ञान, विभिन्न पापकर्म व उनके प्रायश्चित्त, मास व्रत, वार व्रत, दिवस व्रत, दीपदान व्रत, दान माहात्म्य, राजधर्म, विविध स्वप्न वर्णन, शकुन-अपशकुन, रत्न परीक्षा, धनुर्वेद शिक्षा, व्यवहार कुशलता, भोजन विधि तथा उत्पात शांति विधि आदि का गूढ़ रहस्य इस पुराण में स्पष्ट किया गया है।

तदंतर सिद्ध औषधियों एवं रसादि का वर्णन, अश्व चिकित्सा, गज चिकित्सा, वृक्षायुर्वेद, सिद्धि मंत्र, नागों के लक्षण एवं सर्पदंश की चिकित्सा, बाल तंत्र, ग्रह यंत्र, नारसिंह मंत्र, त्रैलोक्यमोहन मंत्र, लक्ष्मी व त्वरिता पूजा तथा मंत्र, अघोरास्त्र-मंत्रोद्धार, पाशुपत-शांति, रुद्र-शांति, छंदशास्त्र, नाट्यशास्त्र, शब्दकोश, व्याकरण व रस-अलंकार के लक्षण, विभिन्न काव्य लक्षण, योग वर्णन, ब्रह्मज्ञान, स्वर्ग-नरक का वर्णन, प्रलय वर्णन, कर्मविपाक, भगवद् गीता का भावार्थ, यम गीता आदि के माहात्म्य का इस पुराण में विस्तृत प्रतिपादन किया गया है।

इस पुराण में 'आत्मा' और 'शरीर' के स्वरूप को अलग-अलग समझाया गया है। इसके अनुसार "पंचभूतों से उत्पन्न शरीर आत्मा से पूर्णतः पृथक है। जीव की इन्द्रियाँ यंत्र की भाँति हैं, जिन्हें हृदय में स्थित आत्मा संचालित करती है। आत्मा प्राणियों के हृदय में निवास करती है।"

इस पुराण में जीव-मन की गति का ब्रह्म में लीन होना योग तथा आत्मा एवं परमात्मा के मिलन को ही जीवन का अंतिम लक्ष्य कहा गया है।

अग्नि पुराण की कथा : मत्स्यावतार

प्राचीन समय की बात है, द्रविड़ नामक देश में सत्यव्रत नामक एक वीर, पराक्रमी और तेजस्वी राजा राज्य करते थे। वे भगवान नारायण के अनन्य भक्त थे। उनका मन सदा श्रीविष्णु-भक्ति में लीन रहता था।

एक दिन वे कृतमाला नामक नदी में जल-तर्पण कर रहे थे। तभी उनकी अंजलि में एक छोटी-सी मछली आ गई। दयावश सत्यव्रत ने उसे पुनः नदी में डाल दिया। यह देखकर वह मछली अत्यंत करुण स्वर में बोली - "हे राजन ! आप बड़े दयालु हैं। आप जानते हैं कि जल में रहने वाले विशालकाय जन्तु अपनी जाति के

छोटे जन्तुओं को खा जाते हैं। फिर आप मुझे यहाँ क्यों छोड़ रहे हैं? मैं उनके भय से व्याकुल होकर आपकी शरण में हूँ। अतः मुझ तुच्छ प्राणी की रक्षा कीजिए।''

मछली की याचना सुनकर सत्यव्रत बोले – ''मत्स्य ! निश्‍चिंत रहो। मेरी शरण में आने वाले कभी निराश नहीं लौटते। मैं वचन देता हूँ कि तुम्हारी रक्षा करूँगा। तुम जैसी छोटी मछली के लिए मेरे कमण्डलु में ही इतना स्थान है कि तुम निश्‍चिंत होकर इसमें रह सकती हो। तुम्हें कहीं और जाने की आवश्यकता नहीं पड़ेगी।'' यह कहकर सत्यव्रत ने मछली की रक्षा करने का संकल्प लिया और उसे अपने कमण्डलु में स्थान दे दिया।

किंतु उस मछली का आकार एक ही रात में इतना बढ़ गया कि कमण्डलु भी उसके लिए पर्याप्त न रहा। तब वह सत्यव्रत से बोली – ''हे राजन ! आपने कमण्डलु का स्थान मेरे लिए निर्धारित किया था, किंतु यह कमण्डलु मेरे लिए अत्यंत छोटा है। मैं इसमें नहीं रह सकती। इसलिए आप मेरे लिए कोई बड़ा स्थान निर्धारित करें, जहाँ मैं सुखपूर्वक रह सकूँ।''

राजा सत्यव्रत ने मछली को कमण्डलु से निकालकर एक बड़े कलश में रख दिया। किंतु कुछ ही क्षणों में उसका आकार इतना बढ़ गया कि वह कलश भी उसके लिए छोटा पड़ने लगा। वह पुनः सत्यव्रत से बोली – ''राजन ! यह स्थान भी मेरे लिए अत्यंत छोटा है। मैं यहाँ भी सुखपूर्वक नहीं रह सकती। कृपया कोई बड़ा स्थान प्रदान कर मेरी रक्षा कीजिए।''

राजा सत्यव्रत ने मछली को एक विशाल सरोवर में डाल दिया। किंतु कुछ ही क्षणों में उसका आकार इतना बढ़ गया कि सरोवर भी उसके लिए छोटा पड़ने लगा। तब वह पुनः प्रार्थना करते हुए बोली – ''हे राजन ! यह सरोवर भी मेरे लिए अत्यंत छोटा है। अतः आप मुझे किसी बड़े जलस्रोत में डाल दें, जिससे कि मैं वहाँ सुखपूर्वक रह सकूँ।''

मछली का आकार अत्यंत शीघ्रता से बढ़ रहा था, यह देखकर सत्यव्रत बड़े आश्‍चर्यचकित थे। किंतु उन्होंने कुछ बोले बिना उसे सरोवर में से निकालकर समुद्र में छोड़ दिया। समुद्र में प्रवेश करते ही मछली ने महामत्स्य का आकार धारण कर लिया और सत्यव्रत के निकट आकर बोली – ''राजन ! आपने मेरी रक्षा करने का वचन दिया था, फिर मुझे समुद्र में इन हिंस्र जलचरों के मध्य क्यों छोड़ दिया? मुझे यहाँ मत छोड़िए।''

तब राजा सत्यव्रत अत्यंत लज्जित होकर बोले – ''हे महामत्स्य ! मैं मूर्ख हूँ जो यह जानकर भी कि यह सम्पूर्ण सृष्टि भगवान् विष्णु द्वारा रचित है, वे ही इसके पालनकर्ता, रक्षक और संहारक हैं, मैं गर्व से आपको शरण देने का संकल्प कर बैठा। संसार में भगवान् विष्णु की इच्छा के बिना कुछ भी सम्भव नहीं है। भगवन् ! मत्स्य का अवतार धारण कर मुझे ज्ञान देने वाले आप कौन हैं, जिसने पल भर में विशाल

आकार धारण कर लिया है। ऐसी दिव्य शक्ति वाला जलचर मैंने आज तक न तो कहीं देखा है और न ही इसके विषय में सुना है। आप अवश्य सर्वशक्तिमान् भगवान् नारायण हैं। भक्तजन पर अनुग्रह करने के लिए ही समयानुसार आप अवतरित होते हैं। यद्यपि आपके सभी अवतार प्राणियों के कल्याण मात्र के लिए होते हैं, तथापि मैं आपके इस मत्स्यावतार का उद्देश्य जानने को उत्सुक हूँ?''

तब मत्स्य अवतारी भगवान् विष्णु प्रसन्न होकर बोले - ''हे सत्यव्रत! प्रलय का समय आ गया है। आज से सातवें दिन भूलोक आदि सभी लोक प्रलय के समुद्र में डूब जाएँगे। उस समय तुम्हारे पास एक विशाल नौका आएगी। तुम पृथ्वी के समस्त जीवों के सूक्ष्म शरीरों और छोटे-बड़े अन्नादि के बीजों को लेकर सप्तर्षियों के साथ उस विशालकाय नौका पर सवार हो जाना। जब प्रचण्ड वेग से आँधी चलने के कारण नाव डगमगाने लगेगी, तब मैं इसी मत्स्य स्वरूप में प्रकट होकर यहाँ आऊँगा और तुम वासुकि नाग द्वारा उस नाव को मेरे सींग के साथ बाँध देना। इसके बाद प्रलय के अंत तक मैं नाव को खींचता हुआ समुद्र में विचरण करूँगा।''

यह कहकर भगवान् मत्स्य अंतर्धान हो गए और सत्यव्रत बड़ी अधीरता से प्रलयकाल की प्रतीक्षा करने लगे।

ठीक सातवें दिन मेघ भयंकर वर्षा करने लगे और समुद्र का जल किनारों को तोड़कर बड़े वेग से आगे की ओर बढ़ने लगा। देखते-ही-देखते सारी पृथ्वी जल में डूब गई। तब सत्यव्रत ने भगवान् नारायण का स्मरण किया। तभी वहाँ एक नाव आ गई। वे समस्त प्राणियों के सूक्ष्म शरीरों और अन्नादि के बीजों को लेकर सप्तर्षियों के साथ नाव में सवार हो गए।

जब समुद्र की भीषण लहरों से वह नाव डगमगाने लगी तो सत्यव्रत भगवान् विष्णु का स्मरण करने लगे। तभी भगवान् विष्णु मत्स्यरूप में प्रकट हो गए। सत्यव्रत ने वह नाव वासुकि नाग द्वारा भगवान् मत्स्य के विशाल सींग के साथ बाँध दी और उनसे दिव्य ज्ञान प्रदान करने की प्रार्थना की। तब भगवान् विष्णु ने नाव सहित समुद्र में विचरण करते हुए सत्यव्रत को ज्ञान, भक्ति और कर्मयोग से पूर्ण दिव्य पुराण का उपदेश दिया। मत्स्यरूपी भगवान् विष्णु ने इस काल में सत्यव्रत को जो उपदेश दिया, उसे मत्स्यपुराण कहा जाता है। भगवान् विष्णु की कृपा से राजा सत्यव्रत बाद में भगवान् सूर्यदेव के घर उत्पन्न होकर वैवस्वत मनु के पद पर आसीन हुए।

अध्याय 9

भविष्य पुराण

परिचय

महर्षि वेदव्यास द्वारा रचित 'भविष्य पुराण' को अठारह पुराणों में नवाँ स्थान प्राप्त है। इस पुराण में भगवान् सूर्यनारायण की महिमा, उनके स्वरूप, पूजा-उपासना विधि आदि का विस्तृत वर्णन होने के कारण इसे 'सौर पुराण' या 'सौर ग्रंथ' भी कहा गया है। इस पुराण में विभिन्न पुण्यमय व्रत-उपवासों, उनकी विधियों, उनसे सम्बद्ध पौराणिक तथा शिक्षाप्रद आख्यानों-उपाख्यानों का विस्तृत विवेचन है।

इसके अतिरिक्त सामुद्रिक शास्त्र अर्थात् स्त्री-पुरुष के शारीरिक लक्षणों, विभिन्न रत्नों-मणियों की परीक्षा का विधान, विभिन्न स्तोत्र, अनेक प्रभावशाली औषधियों तथा सर्प-विद्या का इतना विशद् वर्णन भविष्य पुराण के अतिरिक्त अन्य किसी पुराण में उपलब्ध नहीं है। इसमें विभिन्न राजवंशों, भारतीय धर्म-संस्कारों, तत्कालीन सामाजिक-धार्मिक व्यवस्था, शिक्षा प्रणाली तथा वास्तुकला शिल्प का भी विस्तृत वर्णन किया गया है।

भविष्य पुराण में 2000 वर्ष का अत्यंत अचूक वर्णन है। इसमें नंद एवं मौर्य वंश के साथ-साथ शंकराचार्य, तैमूर, बाबर, हुमायूँ, अकबर, औरंगज़ेब, पृथ्वीराज चौहान तथा छत्रपति शिवाजी आदि राजाओं का क्रमबद्ध वर्णन कर भविष्य की घटनाओं का संकेत दिया गया है। सन् 1857 में इग्लैंड की महारानी विक्टोरिया द्वारा भारत की साम्राज्ञी बनने तथा अंग्रेजी भाषा के प्रसार के कारण संस्कृत भाषा के विलुप्त होने का भी इस पुराण में वर्णन है। यही कारण है कि इस पुराण को भविष्य का दर्पण भी कहा गया है।

श्लोक संख्या तथा खण्ड

यद्यपि प्राचीन विद्वानों के अनुसार भविष्य पुराण पचास हज़ार (50,000) श्लोकों से युक्त कहा गया है, तथापि वर्तमान में इसके केवल अट्ठाईस (28) हज़ार श्लोक ही उपलब्ध हैं। अर्थात् अभी भी विद्वान उन अद्‌भुत एवं विलक्षण घटनाओं और ज्ञान से पूर्णतया अनभिज्ञ हैं, जो इस पुराण के विलुप्त आधे भाग में वर्णित हैं। सम्पूर्ण भविष्य पुराण चार भागों - ब्राह्म पर्व, मध्यम पर्व, प्रतिसर्ग पर्व तथा उत्तर पर्व में विभक्त है।

भविष्य पुराण का सार

1. ब्राह्म पर्व

ब्राह्म पर्व भविष्य पुराण का प्रथम खण्ड है। इस खण्ड का आरम्भ महर्षि वेद व्यास के शिष्य सुमन्तु ऋषि तथा राजा शतानीक के संवाद से हुआ है। इस खण्ड के पहले और दूसरे अध्याय में भविष्य पुराण के माहात्म्य, चारों वेदों एवं अठारह पुराणों की उत्पत्ति, पुराणों के पाँचों लक्षणों, काल गणना तथा युगों की संख्या का विस्तृत वर्णन किया गया है।

इसके बाद गर्भाधान से लेकर यज्ञोपवीत तक के संस्कारों का संक्षिप्त वर्णन है। इसमें भोजन करने की शास्त्रोक्त विधि का वर्णन करते हुए कहा गया है कि पूर्व दिशा की ओर मुख करके भोजन करने से आयु की, पश्चिम दिशा की ओर मुख करके भोजन करने से धन की, उत्तर दिशा की ओर मुख करके भोजन करने से सत्य की तथा दक्षिण दिशा की ओर मुख करके भोजन करने से वंश की वृद्धि होती है। एक बार भोजन छोड़ देने के बाद मनुष्य को पुनः भोजन नहीं करना चाहिए। इस कथन को धनवर्धन नामक वैश्य के प्रसंग के माध्यम से स्पष्ट किया गया है। तत्पश्चात् मनुष्य के दाएँ हाथ से किए जाने वाले कर्मकाण्डों की जानकारी दी गई है, जिन्हें साक्षात् पाँच तीर्थों के समान कहा गया है। ये कर्म-तीर्थ निम्नलिखित हैं :

कर्म	तीर्थ
ब्राह्मण को दी गई दक्षिणा आदि	देव तीर्थ के समान
तर्पण तथा पिंड कर्म	पितृ तीर्थ के समान
आचमन आदि कर्म	ब्रह्म तीर्थ के समान
विवाह के समय लग्नहोत्र आदि कर्म	प्रजापत्य तीर्थ के समान
देवकार्य के लिए किए गए पूजा-कर्म	सौम्य तीर्थ के समान

पंचतीर्थ के वर्णन के बाद वेदों के अध्ययन, ओंकार एवं गायत्री मंत्र के जप के महत्त्व, अभिवादन विधि, माता, पिता एवं गुरु के माहात्म्य तथा विवाह योग्य युवतियों के शुभाशुभ लक्षणों का संक्षिप्त निरूपण किया गया है।

15वें से 16वें अध्याय तक आठ प्रकार की विवाह-विधियों, पतिव्रता स्त्रियों के लक्षण, पंचमहायज्ञों (ब्रह्मयज्ञ, पितृयज्ञ, देवयज्ञ, भूतयज्ञ व अतिथियज्ञ) का प्रतिपादन किया गया है। इसके बाद गौरी व्रत तथा चतुर्थी व्रत की महिमा का वर्णन है। चतुर्थी व्रत-कथा के संदर्भ में कुमार कार्त्तिकेय द्वारा स्त्री-पुरुष के लक्षणों की रचना करने, गणेशजी द्वारा उनके कार्य में विघ्न डालने, उनमें एवं कार्त्तिकेय के बीच युद्ध होने, भगवान् शिव द्वारा क्रोधित होकर कुमार कार्त्तिकेय के ग्रंथ को समुद्र में फेंकने तथा भगवान् शिव की आज्ञा से समुद्र द्वारा उस ग्रंथ की पुनर्रचना करने के

प्रसंग वर्णित हैं। इसी कारण स्त्री-पुरुष के लक्षणों वाला ग्रंथ सामुद्रिक शास्त्र कहलाता है। तत्पश्चात् स्त्रियों, पुरुषों तथा राजपुरुषों के शुभाशुभ लक्षणों का विस्तृत वर्णन कर भगवान् विनायक की पूजा-विधि के विभिन्न पक्षों का प्रतिपादन किया गया है।

32वें अध्याय में सुमन्तु मुनि नाग पंचमी व्रत और उसके फल का वर्णन करते हुए कहते हैं - "हे राजन ! नाग-दंश से मुक्ति का एकमात्र उपाय नाग पंचमी व्रत और उपवास के साथ अनुष्ठान करना है। वर्षभर में 12 नाग पंचमियाँ होती हैं। अनंत, वासुकि, शंख, पद्म, कम्बल, कर्कोटक, अश्वतर, धृतराष्ट्र, शंखपाल, कालिय, तक्षक और पिंगल - ये 12 नाग 12 पंचमियों के स्वामी होते हैं। इस व्रत के अनुष्ठान के लिए चतुर्थी के दिन रात्रि में स्वर्ण से निर्मित चित्रमय अथवा काष्ठ या मिट्टी की नाग-मूर्ति बनानी चाहिए। नागों के पंचक में पंचमी के दिन भक्ति तथा श्रद्धापूर्वक इनकी पूजा-आराधना करनी चाहिए। तत्पश्चात् ब्राह्मणों को भोजन करवाना चाहिए। इस प्रकार जब 12 मास पूर्ण हो जाएँ और प्रत्येक नाग का अर्चन हो जाए, तब सम्यक रूप से अनुष्ठान का पालन कर ब्राह्मणों को भोजन कराएँ तथा गैरिक से निर्मित नाग दान में दें। जो मनुष्य पंचमी तिथि को नागों को दूध से स्नान करवाता है, उसका कुल नाग-भय से मुक्त हो जाता है।"

इसी संदर्भ में सुमन्तु मुनि ने सर्पदंश से पीड़ित मनुष्यों के लक्षण, सर्पों के विष के वेग, शरीर में विष के पहुँचने, उसके प्रभाव तथा सर्पदंश की चिकित्सा-विधि का वर्णन किया है। इसके बाद षष्ठी व्रत का विवेचन किया गया है।

इस खण्ड में भगवान् सूर्यदेव के माहात्म्य का अत्यंत विस्तृत विवेचन किया गया है। इसमें भगवान् सूर्यदेव के चरित्र का वर्णन करके उनसे संबंधित अद्भुत और विलक्षण कथाओं तथा उनकी पूजा-विधि का विस्तृत उल्लेख है। इसी संदर्भ में भगवान् श्रीकृष्ण द्वारा अपने पुत्र साम्ब को भगवान् सूर्य के पूजन की विधि बताए जाने का प्रसंग, द्वादश आदित्यों की नामावली तथा रथ सप्तमी व्रत की महिमा वर्णित है। भगवान् सूर्यदेव के द्वादश स्वरूप कौन-से हैं तथा किस मास में उनके कौन-से स्वरूप की उपासना करनी चाहिए, यह निम्न तालिका द्वारा स्पष्ट किया गया है:

बारह मास	**सूर्यदेव के द्वादश स्वरूप**
माघ	वरुण
फाल्गुन	सूर्य
चैत्र	वैशाख
वैशाख	धाता
ज्येष्ठ	इन्द्र
आषाढ़	रवि
श्रावण	नभ

बारह मास	सूर्यदेव के द्वादश स्वरूप
भाद्रपद	यम
आश्विन	पर्जन्य
कार्तिक	त्वष्टा
मार्गशीर्ष	मित्र
पौष	विष्णु

71वें अध्याय में भगवान् सूर्य का परम कल्याणकारी और फलदायक स्तोत्र वर्णित है। इसके बाद भगवान् सूर्यनारायण से संबंधित अन्य महत्त्वपूर्ण व्रतों, उनकी पूजन-विधियों तथा सूर्यस्तवराज की कथा है।

अंत में मारीच सप्तमी, बिम्ब सप्तमी तथा अर्कसंपुटिका सप्तमी व्रत की महिमा का विवेचन कर इस पर्व का उपसंहार किया गया है।

2. मध्यम पर्व

भविष्य पुराण का मध्यम पर्व अनेक पौराणिक एवं धार्मिक कर्मकाण्डों की विशिष्टताओं को स्पष्ट करता है। इस पर्व में सृष्टि एवं विभिन्न लोकों की उत्पत्ति व स्थिति का वर्णन, गृहस्थाश्रम की महिमा तथा माता, पिता व गुरु की महत्ता का निरूपण किया गया है।

इसके बाद इसमें विभिन्न कर्मों का विवेचन किया गया है। विभिन्न वृक्षों को लगाने से प्राप्त होने वाले फल का भी इसमें विस्तृत वर्णन है।

इसमें वृक्षारोपण की महिमा को स्पष्ट करते हुए कहा गया है कि वृक्ष के पत्र, पुष्प तथा फल के रज--रेणु प्रतिदिन पितृगण का पोषण करते हैं। छायादार तथा फल-फूल प्रदान करने वाले वृक्ष पितृों का पाप से उद्धार करते हैं। देवालय तथा मार्ग में लगाए गए वृक्ष यश-कीर्ति व शुभ फल प्रदायक होते हैं। वृक्षारोपण करने से पुत्रहीनों को पुत्र तथा निर्धनों को ऐश्वर्य की प्राप्ति होती है। पीपल के वृक्ष के रोपण से मुक्ति प्राप्त होती है, जबकि अशोक के वृक्ष लगाने से शोक का नाश होता है। जामुन का वृक्ष धन-सम्पत्ति, अंजीर का वृक्ष पत्नी, अनार का वृक्ष कामिनी तथा विप्लव का वृक्ष आयु प्रदान करता है। वकुल एवं वंजुल के वृक्ष पापों का नाश कर बल-बुद्धि प्रदान करते हैं। आम का वृक्ष सभी कामनाओं को पूर्ण करता है। गुवाक का वृक्ष सिद्धि तथा कदम्ब का वृक्ष कीर्ति प्रदायक है। इसी प्रकार शिंशपा, जयंती, हवपारक, श्रीवृक्ष व किंशुक आदि वृक्षों के रोपण से स्वर्ग की प्राप्ति होती है।

मनुष्य को समिध, कंटकी, कुश, द्रुम तथा जलज आदि वृक्षों का रोपण कदापि नहीं करना चाहिए। इनके रोपण से वे ऐश्वर्यहीन होकर अत्यंत कष्ट भोगते हैं। इमली के वृक्ष के रोपण से हानि तथा कटहल एवं केवांच के वृक्ष से संतति का क्षय होता है।

वैशाख, आषाढ़, श्रावण तथा भाद्रपद – ये चतुर्मास वृक्षारोपण के लिए अत्यंत श्रेष्ठ हैं। इनमें वृक्षारोपण करने से सभी कामनाएँ पूर्ण होती हैं। इसके विपरीत ज्येष्ठ, आश्विन तथा कार्तिक मास वृक्षारोपण के लिए अत्यंत अशुभ हैं। इनमें वृक्षोरोपण करने से मनुष्य बल, बुद्धि, संतान, धन तथा मान-सम्मान से वंचित हो जाते हैं।

इसके बाद इसमें अग्नि-पूजन की विधियों तथा यज्ञ पात्रों के विभिन्न स्वरूपों का वर्णन किया गया है। इस पर्व में दस प्रकार के यज्ञ-कुंडों (पद्माकार, चन्द्राकार, अर्धचन्द्राकार, वर्गाकार, वृत्ताकार, योनि की आकृति के, पंचकोणीय, सप्तकोणीय, अष्टकोणीय व नौ कोणों वाले) का वर्णन किया गया है। तत्पश्चात् विभिन्न पक्षियों के दर्शनों से प्राप्त होने वाले फलों तथा सुमन्तु मुनि द्वारा यज्ञ-हवनादि से संबंधित विभिन्न धार्मिक कर्मों का निरूपण किया गया है।

इसके बाद चार प्रकार के मासों – चन्द्र मास, सौर मास, नक्षत्र मास एवं श्रावण मास के माहात्म्य का वर्णन है। इन चारों मासों का वर्णन करते हुए कहा गया है कि शुक्ल पक्ष प्रतिपदा से लेकर अमावस्या तक का मास 'चन्द्र मास' कहलाता है। श्राद्धादि पितृकर्म इसी मास में करने चाहिए। सूर्य द्वारा एक राशि में सक्रांति से दूसरी सक्रांति में प्रवेश करने का समय 'सौर मास' कहलाता है। इस मास में विवाह-संस्कार, व्रत, हवन, यज्ञ, स्नान आदि धार्मिक कर्म करने का विधान है। आश्विन से लेकर रेवती नक्षत्र तक 'नक्षत्र मास' होता है। इस मास में सोम या पितृगण के कार्य करने का विधान है। पूरे तीस दिन या किसी दिन से लेकर तीस दिन के बाद आने वाले वाली तिथि तक का समय 'श्रावण मास' कहलाता है। इसमें अन्नप्राशन, मंत्रोपासना, प्रायश्चित्त, राज कर देने तथा यज्ञ के दिनों की गणना आदि कर्म किए जाते हैं।

उपर्युक्त वर्णित चार मासों के अतिरिक्त एक 'मल मास' भी होता है। इस मास में शुभ कार्य करना वर्जित है। सूर्य-चन्द्र की तिथियों के योग से जिस माह में पूर्णिमा का योग न हो तथा तीस दिनों तक संक्रमण न हो, उसे 'मल मास' कहते हैं। यह मांस लगभग ढाई वर्ष ($2^1/_2$) के अंतराल के पश्चात् आता है। इसमें सूर्य की सक्रांति नहीं होती।

तिथि-वर्णन के अंतर्गत विभिन्न तिथियों में किए गए कर्म-विशेष के श्रेष्ठ फलों का वर्णन है। जैसे आषाढ़ तथा श्रावण मास में मिथुन एवं कर्क राशि के सूर्य में द्वितीया तिथि को उपवास कर श्रीविष्णु-पूजन करने वाली स्त्री का पति दीर्घायु होता है। वैशाख मास की तृतीया हो तथा स्वाति नक्षत्र का योग हो या माघ मास की तृतीया हो तथा रोहिणी नक्षत्र का योग हो, तो इस दिन गुड़ व कर्पूर से युक्त किया गया दान सभी अमंगलों तथा अशुभों का नाश करने वाला होता है।

तत्पश्चात् विभिन्न उद्यानों, जलाशयों, गोचर भूमियों, अश्वत्थ, पुष्करिणी, तुलसी तथा मण्डप आदि की प्रतिष्ठा की महत्त्वपूर्ण शास्त्रोक्त विधियों का इस पर्व में वर्णन है।

3. प्रतिसर्ग पर्व

भविष्य पुराण का प्रतिसर्ग पर्व ऐतिहासिक व आधुनिक घटनाओं का अत्यंत सुंदर मिश्रण है। इस पर्व में घटनाओं का क्रमबद्ध वर्णन किया गया है। इस पर्व में ईसा मसीह के जन्म, उनकी भारत-यात्रा, मुहम्मद साहब के आविर्भाव, महारानी विक्टोरिया के राज्यारोहण आदि का वर्णन है।

प्रतिसर्ग पर्व का आरम्भ सतयुग के राजाओं के वंश-वर्णन से है। इसके बाद त्रेतायुग के सूर्यवंश एवं चन्द्रवंश के राजाओं, द्वापरयुग के राजाओं, कलियुग में होने वाले राजाओं तथा उनकी भाषाओं का वर्णन है। तदंतर इस पर्व में 'नूह' की प्रलय-गाथा, मगध के राजा नन्द, बौद्ध राजाओं तथा चौहान व परमार वंश के राजाओं का वर्णन प्राप्त होता है।

इस पर्व में बैताल-पच्चीसी अथवा विक्रम-बैताल का भी विस्तृत वर्णन है। इसमें बैताल द्वारा राजा विक्रम को सुनाई गई विभिन्न शिक्षाप्रद कथाओं के माध्यम से मानव-जीवन के आदर्शों की स्थापना की प्रेरणा दी गई है। इसी संदर्भ में राजा रूपसेन एवं वीरवर की कथा, हरिस्वामी की कथा, राजा धर्म वल्लभ एवं मंत्री सत्य प्रकाश की कथा, जीमूतवाहन एवं शंखचूड़ की कथा, गुणाकार की कथा, चार मूर्खों की कथा तथा मंझले पुत्र की कथा वर्णित है। ये कथाएँ रोचक होने के साथ-साथ अत्यंत ज्ञानवर्द्धक तथा शिक्षाप्रद भी हैं।

23वें से 29वें अध्याय तक अत्यंत लोकप्रिय, पुण्यदायक, मंगलकारी एवं परम कल्याणमयी 'श्री सत्यनारायण व्रत कथा' का पूजन-विधि सहित विस्तृत वर्णन किया गया है। सत्यनाराण व्रत के संदर्भ में शतानन्द ब्राह्मण की कथा, राजा चन्द्रचूड़ की कथा, लकड़हारे की कथा, साधु वणिक एवं उसके जामाता की कथा के माध्यम से व्रत की महिमा को दर्शाया गया है।

तत्पश्चात् देवी दुर्गा की सप्तशती में वर्णित उनके तीनों चरित्रों, कात्यायन एवं मगध के राजा महानन्द की कथा तथा देवी सरस्वती की कृपा से महर्षि पतंजलि द्वारा कात्यायन को शास्त्रार्थ में पराजित करने की कथा है।

इसके बाद भारत के लगभग 1000 ई. के बाद के इतिहास का वर्णन किया गया है। इसके अंतर्गत पौराणिक तथ्यों के माध्यम से ईसा मसीह के आविर्भाव तथा उनकी भारत-यात्रा का विवरण दिया गया है।

पैगम्बर मुहम्मद, शंकराचार्य, कृष्णचैतन्य, पृथ्वीराज चौहान, अकबर, जयचन्द, तैमूरलंग, रामानुज तथा कुतुबुद्दीन ऐबक से संबंधित कथाएँ भी इस पर्व में वर्णित हैं।

इस पर्व में शंकराचार्य को भगवान् शिव का तथा रामानुज को भगवान् विष्णु का अंशावतार कहा गया है और काशी में उनके बीच हुए शास्त्रार्थ का वर्णन किया गया है।

4. उत्तर पर्व

भविष्य पुराण का यह अंतिम पर्व 136 अध्यायों से युक्त है। इसके पहले एवं दूसरे अध्याय में भुवनकोश का वर्णन है। तीसरे अध्याय में भगवान् विष्णु की माया से देवर्षि नारद के मोहित होने का आख्यान है। इसके बाद चित्रलेखा के चरित्र से संबंधित आख्यान है। इस कथा द्वारा भूत, पिशाच, डाकिनी, ग्रह आदि के कुप्रभाव को समाप्त करने वाले संवत्सर प्रतिपदा के तिलक व्रत के माहात्म्य का प्रतिपादन किया गया है।

9वें तथा 10वें अध्याय में आश्विन मास के शुक्ल पक्ष की प्रतिपदा तिथि को किए जाने वाले अशोक व्रत तथा ज्येष्ठ मास के शुक्ल पक्ष की प्रतिपदा तिथि को किए जाने वाले करवीर (कनेर वृक्ष की पूजा) व्रत की महिमा का वर्णन है। इसके बाद परम गोपनीय एवं अत्यंत फलदायी कोकिला व्रत वर्णित है। इस व्रत के प्रभाव से पति-पत्नी के मध्य प्रेम प्रगाढ़ होता है। इसके अतिरिक्त इस पर्व में रमा तृतीया, मधूक तृतीया, ललिता तृतीया, अवियोग तृतीया, रम्या तृतीया तथा हरकाली तृतीया आदि अनेक सौभाग्यशाली व्रतों का वर्णन है।

114वें अध्याय में पिप्पलाद की कथा का वर्णन है। इसमें शनि ग्रह की पीड़ा से निवारण के लिए शनि व्रत के माहात्म्य का वर्णन है। तत्पश्चात् प्रकीर्ण व्रत, रुद्र स्नान, ग्रहण स्नान, माघ स्नान तथा पूर्णिमोत्सव के वर्णन के साथ इस पुराण का उपसंहार किया गया है।

भविष्य पुराण की कथा : साधु वणिक की कथा

प्राचीन काल में चन्द्रचूड़ नामक एक बुद्धिमान, सत्यवक्ता और जितेन्द्रिय राजा था। धार्मिक कार्यों और दान-पुण्य में उसके समान अन्य कोई न था। वह नित्य मंदिर जाता और वहाँ अनेक निर्धनों को दान-दक्षिणा देकर उसके दुःखों और कष्टों का अंत करता था। राज्य में उसकी जय-जयकार होती थी। चन्द्रचूड़ की पत्नी भी उसी के समान सती-साध्वी और दानी प्रकृति की थी।

एक बार राजा चन्द्रचूड़ ने अपनी पत्नी के साथ भद्रशीला नदी के तट पर भगवान् सत्यनारायण का व्रत कर भव्य धार्मिक उत्सव का आयोजन किया। वहाँ उपस्थित समस्त व्यक्ति भगवान् का कीर्तन-श्रवण कर रहे थे। तभी वहाँ साधु वणिक नामक एक धनी वैश्य आया। राजा-रानी को भगवान् विष्णु की पूजा करते देखकर आश्चर्यचकित साधु वणिक ने राजा चन्द्रचूड़ से वहाँ पूजा करने के विषय में पूछा।

चन्द्रचूड़ बोला - "मान्यवर ! हम यहाँ भगवान् सत्यनारायण की पूजा-अर्चना कर रहे हैं। उन्हीं के आशीर्वाद से हमारा और हमारे राज्य का कुशल होता है। उनके स्मरण-मात्र से ही समस्त दुःखों का अंत हो जाता है। भगवान् सत्यनारायण

निर्धनों को धन, पुत्रहीनों को पुत्र, वृद्धों को यौवन तथा निर्बलों को बल प्रदान करते हैं। उनकी कृपा-दृष्टि मात्र से ही भक्तों के सभी पापों का नाश हो जाता है और उनके लिए मोक्ष के द्वार खुल जाते हैं।''

चन्द्रचूड़ की बात सुनकर साधु वणिक विनती भरे स्वर में बोला - ''राजन ! कृपया मुझे भी इस व्रत की विधि बताएँ। मैं भी इस व्रत का नियमपूर्वक पालन करके भगवान् सत्यनारायण की कृपा-दृष्टि प्राप्त करना चाहता हूँ। यदि भगवान् सत्यनारायण पुत्रहीनों को पुत्र प्रदान करते हैं तो वे मुझ संतानहीन को भी अवश्य संतान प्रदान करेंगे।'' चन्द्रचूड़ ने साधु वणिक को भगवान् सत्यनारायण के व्रत का सम्पूर्ण विधान बता दिया।

घर लौटकर साधु वणिक ने अपनी पत्नी लीलावती को इस व्रत के बारे में बताया। इसके बाद उसने भगवान् सत्यनारायण को साक्षी मानकर यह संकल्प किया कि जिस दिन उसके घर संतान जन्म लेगी, उसी दिन वह सत्यनारायण का व्रत करेगा। भगवान् सत्यनारायण के आशीर्वाद से कुछ ही दिनों में लीलावती गर्भवती हो गई और उचित समय आने पर उसने एक कन्या को जन्म दिया। उस कन्या का नाम कलावती रखा गया।

कन्या के जन्म के बाद, एक दिन लीलावती ने अपने पति साधु वणिक को उसके द्वारा किए गए संकल्प के विषय में बताया और उसे सत्यनारायण व्रत करने को कहा। उसकी बात को अनसुना करते हुए वह बोला - ''प्रिय ! मुझे अपना संकल्प याद है और मैं उसे अवश्य पूर्ण करूँगा। किंतु अभी मुझ पर काम का अत्यधिक बोझ है। व्यापार दिनों-दिन बढ़ता जा रहा है और काम के लिए मुझे नगर से बाहर जाना पड़ेगा। इसलिए अब मैं कन्या के विवाह के बाद ही भगवान् सत्यनारायण के व्रत को करूँगा।'' यह कहकर उसने पत्नी की बात को टाल दिया।

धीरे-धीरे अनेक वर्ष बीत गए। कलावती अब युवा हो गई थी। पुत्री को विवाह योग्य जानकर साधु वणिक ने शंखपति नाम एक युवक से उसका विवाह कर दिया। फिर उसे भी अपने व्यापार में सम्मिलित कर लिया। कलावती के विवाह के बाद लीलावती ने पुनः पति को उसके प्रण की याद दिलवाई और उसने पुनः उसकी बात टाल दी। साधु वणिक द्वारा सत्नारायण व्रत का तिरस्कार होते देख भगवान् सत्यनारायण क्रोधित हो गए और उन्होंने उसे घोर कष्ट भोगने का शाप दे दिया। कुछ दिनों के बाद साधु वणिक और शंखपति विभिन्न नगरों में व्यापार करते हुए समुद्र के निकट स्थित रत्नपुर नामक नगर में पहुँचे। इस नगर का राजा चन्द्रकेतु था। दोनों वहीं रहकर व्यापार करने लगे।

एक बार एक चोर ने राजा चन्द्रकेतु के राजकोष से धन चुरा लिया और भागते-भागते उस स्थान पर जा पहुँचा, जहाँ साधु वणिक तथा शंखपति ठहरे हुए थे। राजा के सिपाही उस चोर के पीछे लगे हुए थे। भयभीत होकर चोर ने चुराया हुआ धन

चुपके से साधु वणिक के पास रख दिया और स्वयं वहाँ से भाग गया।

सिपाहियों ने जब साधु वणिक के पास राज-धन पड़ा देखा तो उन्हें ही चोर समझकर पकड़ लाए और राजा के समक्ष उपस्थित कर दिया। राजा चन्द्रकेतु ने उन दोनों को कठोर कारावास का दण्ड देते हुए उनका सारा धन राजकोष में जमा करवाने की आज्ञा दे दी। राजा के आदेशानुसार उन्हें कारावास में डालकर तरह-तरह की पीड़ा दी जाने लगी।

इधर साधु वणिक के घर में भी चोरी हो गई। चोर उसका सारा धन चुराकर ले गए। घर में अन्न, धन और वस्त्र का अभाव हो गया। दोनों माँ-बेटी भिक्षा माँगकर जीवन व्यतीत करने लगीं।

एक दिन भूख-प्यास से व्याकुल होकर कलावती एक ब्राह्मण के घर भिक्षा माँगने गई। वहाँ भगवान् सत्यनारायण की व्रतकथा चल रही थी। कलावती ने वहाँ बैठकर पूजा की सम्पूर्ण कथा सुनी। पूजा-समाप्ति के उपरांत ब्राह्मण ने उसे प्रसाद प्रदान किया।

घर आकर कलावती ने अपनी माता को भगवान् सत्यनारायण के व्रत की बात बताई। तब लीलावती दुखी स्वर में बोली - "पुत्री ! तुम्हारे जन्म से पूर्व तुम्हारे पिता ने भी भगवान् सत्यनारायण का व्रत करने का संकल्प किया था। किंतु उन्होंने अपना संकल्प पूरा नहीं किया। शायद इसी का परिणाम आज हमें भोगना पड़ रहा है।"

माता की बात सुनकर कलावती बोली - "माँ ! यदि पिताजी सत्यनारायण व्रत करना भूल गए हैं तो हम इस व्रत को करके उनका संकल्प पूरा करेंगे। मुझे दृढ़ विश्वास है कि परम दयालु भगवान् सत्यनारायण हमारी पूजा स्वीकार कर हम पर कृपा करेंगे।"

कलावती की बात मानकर लीलावती ने अपने सगे-संबंधियों के साथ भगवान् सत्यनारायण की पूजा-आराधना की और करुण स्वर में बोली - "प्रभु ! हम अपने हित और स्वार्थ में डूबकर आपको भूल गए थे। कृपया हमारे अपराधों को क्षमा करें। दयानिधान ! हम पर अपनी कृपा-दृष्टि सदैव बनाए रखें।" इस प्रकार व्रत करने से भगवान् सत्यनारायण प्रसन्न हो गए। उन्होंने उसी रात राजा चन्द्रकेतु को स्वप्न में दर्शन देकर, सत्य बताते हुए साधु वणिक और शंखपति को छोड़ने का आदेश दिया।

प्रातःकाल चन्द्रकेतु ने साधु वणिक और शंखपति से अपने अपराध की क्षमा-याचना कर उनका सारा धन लौटा दिया और उन्हें सम्मानपूर्वक अपने नगर से विदा किया। साधु वणिक और शंखपति प्रसन्नतापूर्वक अपने नगर की ओर प्रस्थान करने के लिए नाव में अपना धन रखने लगे।

किंतु साधु वणिक को अभी भी अपना संकल्प याद नहीं आ आया था। तब भगवान् सत्यनारायण तपस्वी का वेश बनाकर वहाँ प्रकट हुए और वणिक से बोले "हे दयालु सज्जन ! इस नाव में क्या रखा है?"

भगवान् सत्यनारायण ब्राह्मणरूप में साधु वणिक की दानशीलता की परीक्षा ले रहे थे। साधु वणिक ने उन्हें कहा कि नौका में तो केवल बेल-पत्ते हैं। ब्राह्मण वेशधारी भगवान् सत्यनारायण 'तथास्तु' कहकर कुछ दूरी पर जाकर बैठ गए।

अब साधु वणिक को नाव में भार अनुभव नहीं हुआ। उसने वहाँ देखा तो उसे चारों ओर बेल-पत्ते ही दिखाई दिए। यह देखकर साधु वणिक उसी समय तपस्वी के चरणों में गिर पड़ा और करुण विनती करने लगा।

तब तपस्वी ने उसे स्मरण करवाया कि अनेक वर्ष पूर्व राजा चन्द्रचूड़ के यहाँ होने वाली सत्यनारायण कथा में उसने संतान प्राप्ति की प्रार्थना की थी। किंतु फल और ऐश्वर्य पाने के बाद भी उसने भगवान् सत्यनारायण का आभार नहीं माना। तपस्वी की बात सुनकर साधु वणिक को अपने संकल्प का स्मरण हो आया। उसने तपस्वी को अपना प्रण पूर्ण करने का वचन दिया। तपस्वी की कृपा से उसकी नौका पुनः धन से भर गई और एक सप्ताह बाद ही वह अपने घर पर पहुँच गया।

इधर घर पर लीलावती और उसकी पुत्री कलावती भगवान् सत्यनारायण की कथा में व्यस्त थीं। तभी अपने पति के आने की सूचना पाकर लीलावती पूजा का भार अपनी पुत्री कलावती पर छोड़कर पति के स्वागत के लिए चली गई। कलावती भी पति से मिलने की इच्छा में भगवान् सत्यनारायण के प्रसाद का तिरस्कार कर माता के पीछे-पीछे चली आई।

प्रसाद का अनादर करने के फलस्वरूप साधु वणिक की नौका शंखपति के साथ जलमग्न हो गई। यह दृश्य देखकर लीलावती और कलावती भगवान् सत्यनारायण की स्तुति करने हुए अपने अपराध की क्षमा माँगने लगीं। तभी एक आकाशवाणी हुई कि 'वे दोनों घर जाकर भगवान् सत्यनारायण के प्रसाद को ग्रहण करें। इससे उनके पति पुनर्जीवित हो जाएँगे।'

उन्होंने वैसा ही किया। प्रसाद ग्रहण करते ही साधु वणिक और शंखपति घर आ पहुँचे। उस दिन से वह परिवार प्रत्येक पूर्णिमा के दिन भगवान् सत्यनारायण की पूजा-आराधना करने लगा।

अध्याय 10
ब्रह्मवैवर्त पुराण

परिचय

'ब्रह्मवैवर्त' का अर्थ है ब्रह्म का विवृत अर्थात् ब्रह्म का परिमाण। ब्रह्म का आदि, विवृत 'प्रकृति' है। ब्रह्मवैवर्त पुराण में प्रकृति के विविध परिमाणों का ही प्रतिपादन किया गया है।

महर्षि व्यास द्वारा रचित समस्त अठारह पुराणों में श्रीमद् भागवत पुराण के बाद इस पुराण में भी भगवान् विष्णु के श्रीकृष्णावतार का विस्तृत विवेचन किया गया है। इसलिए इस पुराण को 'वैष्णव पुराण' की श्रेणी में रखा गया है। इस पुराण में भगवान् श्रीकृष्ण को परब्रह्म स्वरूप कहा गया है, जिनके अंश से यह सम्पूर्ण सृष्टि उत्पन्न होती है।

सर्वप्रथम गोलोक में परब्रह्म परमेश्वर श्रीकृष्ण ने इस पुराण का ज्ञान ब्रह्माजी को प्रदान किया था। पुष्कर में ब्रह्माजी ने यह ज्ञान धर्मराज को, धर्मराज ने इसे अपने पुत्र नारायण को तथा भगवान् नारायण ने यह ज्ञान देवर्षि नारद को प्रदान किया था। बाद में देवर्षि नारद ने यह ज्ञान महर्षि व्यास को तथा व्यासजी ने इसे अपने शिष्य सूतजी को प्रदान किया था। अंत में सूतजी के माध्यम से यह ज्ञान शौनक आदि ऋषि-मुनियों के पास पहुँच गया।

ब्रह्मवैवर्त पुराण भोगी मनुष्यों के लिए भोग और मोक्ष के अभिलाषी मनुष्यों के लिए मोक्ष प्रदान करने वाला है। विष्णु-भक्तों के लिए यह पुराण भक्तिप्रदायक और कल्पवृक्ष के समान है। इस पुराण में संसार के बीजरूप का निरूपण किया गया है, जिसकी सभी योगी-संत ध्यान और आराधना करते हैं।

इसके अतिरिक्त सृष्टि की उत्पत्ति, प्रमुख देवियों - दुर्गा, लक्ष्मी, सरस्वती, गायत्री, सावित्री, तुलसी, गंगा आदि के चरित्रों; भगवान् गणेश के जन्म और उनसे संबंधित पौराणिक कथाओं तथा भगवान् श्रीकृष्ण से संबंधित विभिन्न लीलाओं का वर्णन किया गया है।

श्लोक संख्या तथा खण्ड

ब्रह्मवैवर्त पुराण में अठारह हज़ार (18,000) श्लोक निहित हैं। सम्पूर्ण पुराण में दो सौ अठारह (218) अध्याय हैं जो चार खण्डों में विभाजित हैं। ये खण्ड हैं - ब्रह्म खण्ड, प्रकृति खण्ड, गणपति खण्ड तथा श्रीकृष्ण जन्म खण्ड।

ब्रह्मवैवर्त पुराण का सार

1. ब्रह्म खण्ड

ब्रह्मवैवर्त पुराण का यह प्रथम खण्ड 29 अध्यायों से युक्त है। इस खण्ड का आरम्भ सृष्टि-वर्णन से है। इसमें परब्रह्म भगवान् श्रीकृष्ण द्वारा सृष्टि की उत्पत्ति तथा उन्हीं के शरीर के विभिन्न भागों से नारायण, ब्रह्मा, शिव, कामदेव, सूर्यदेव, चन्द्रदेव, सरस्वती, लक्ष्मी, रति, मूर्ति आदि के प्राकट्य का वर्णन है।

5वें अध्याय में राधाजी के प्रादुर्भाव की कथा है जो भगवान् श्रीकृष्ण के वाम भाग से प्रकट हुई थीं। इसके बाद भगवान् श्रीकृष्ण के रोमकूपों से गोपों तथा राधा के रोमकूपों से गोपियों की उत्पत्ति के प्रसंग हैं। तत्पश्चात् ब्रह्माजी के शाप से देवर्षि नारद के गंधर्व-योनि में उपबृंहण नाम से उत्पन्न होने, उनके द्वारा पचास गंधर्व-कन्याओं से विवाह करने, ब्रह्माजी द्वारा पुनः उपबृंहण को शाप देने तथा शापवश देवर्षि नारद के शूद्र-योनि में जन्म लेने की कथा वर्णित है। इसी कथा के संदर्भ में ब्राह्मणवेशधारी भगवान् नारायण द्वारा उपबृंहण की पत्नी मालावती के समक्ष वैद्यक संहिता अर्थात् आयुर्वेद के विभिन्न रहस्यों का विस्तृत वर्णन किया है। सोलह आचार्यों द्वारा रचित सोलह ग्रंथों को आयुर्वेद चिकित्सा के आधारभूत स्तम्भ कहा गया है। इन ग्रंथों और उनके रचयिताओं का परिचय निम्नलिखित है :

क्रम संख्या	रचयिता	ग्रंथ
1.	सूर्यदेव	आयुर्वेद संहिता
2.	धन्वंतरि	चिकित्सा तत्त्वविज्ञान
3.	दिवोसान	चिकित्सा दर्पण
4.	काशिराज	दिव्य चिकित्सा कौमुदी
5.	अश्विनीकुमार	चिकित्सा सारतत्त्व
6.	नकुल	वैद्यक सर्वस्व
7.	सहदेव	व्याधि सिंधुविमर्दन
8.	यमराज	ज्ञानार्णव
9.	च्यवन	जीवदान
10.	जनक	वैद्य संदेहभंजन
11.	बुध	सर्वसार
12.	जाबाल	तंत्रसार
13.	जाजलि	वेदांग सार
14.	पैल	निदान तंत्र
15.	करथ	उत्तम सर्वधर तंत्र
16.	अगस्त्य	द्वैत निर्णय

इसके बाद ब्रह्माण्डपावन एवं संसारपातन नामक कृष्ण कवच, शिवस्तवराज की महिमा, ब्रह्माजी के पुत्रों के नामों की व्युत्पत्ति तथा ब्रह्माजी द्वारा देवर्षि नारद को गृहस्थ धर्म का माहात्म्य बताने का प्रसंग वर्णित है। अंत में भगवान् श्रीकृष्ण तथा प्रकृति देवी के माहात्म्य का विवेचन करते हुए इस पुण्यमय खण्ड का उपसंहार किया गया है।

2. प्रकृति खण्ड

ब्रह्मवैवर्त पुराण का यह खण्ड 47 अध्यायों से युक्त है। इसका आरम्भ दुर्गा, लक्ष्मी, सरस्वती, गायत्री एवं राधा – इन पाँच देवीरूपा प्रकृति के वर्णन से है। 'प्र' का अर्थ है – श्रेष्ठ तथा 'कृति' का अर्थ है – सृष्टि। अर्थात् प्रकृष्ट गुण से सम्पन्न वे देवी जो सृष्टि करने में समर्थ हैं, उन्हें 'प्रकृति' कहते हैं। सृष्टि के आरम्भ में परब्रह्म ने स्वयं को पुरुष तथा प्रकृति – इन दो स्वरूपों में प्रकट किया। तत्पश्चात् भगवान् श्रीकृष्ण की इच्छा से प्रकृति अपने एक अंश से दुर्गा रूप में विभक्त होकर भगवान् शिव की प्रिया बनीं। शक्तिस्वरूपा भगवती दुर्गा सिद्धियों की अधीश्वरी हैं। देवगण तथा ऋषि-मुनियों द्वारा पूजित देवी दुर्गा शरणागतों का उद्धार कर उन्हें यश, वैभव, पुण्य और मोक्ष प्रदान करती हैं।

प्रकृति के अंश से उत्पन्न भगवान् विष्णु की शक्ति देवी महालक्ष्मी धन-सम्पत्ति की अधिष्ठात्री हैं। महालक्ष्मी स्वर्ग में निवास करने के कारण स्वर्ग लक्ष्मी, राजाओं के यहाँ राजलक्ष्मी तथा घरों में गृहलक्ष्मी कहलाती हैं।

बुद्धि, विद्या और ज्ञान की देवी सरस्वती परमात्मा की वाणी कही गई हैं। यह देवी बुद्धि, विवेक, प्रतिभा व स्मृति प्रदान करने वालीं तथा सिद्धांत भेदों व अर्थों की कल्पना शक्ति प्रदान करने वाली बोधस्वरूपा हैं।

देवी गायत्री चौथी प्रकृति देवी कही गई हैं। वे ब्राह्मण, क्षत्रिय और वैश्य के लिए बोधगम्य, वेद-वेदांग, छंद-शास्त्र की जननी हैं। ब्रह्माजी की प्रिया गायत्री का एक अन्य नाम सावित्री भी है। ये देवी परब्रह्मरूपा निर्वाण प्रदान करने वाली हैं।

पाँचवी तथा अंतिम प्रकृति शक्ति श्रीकृष्ण-प्रिया राधा हैं, जो भगवान् श्रीकृष्ण के वाम अंग में स्थित रहने वालीं, गुण में परब्रह्म के समान तथा सभी लोकों द्वारा पूजनीय हैं। इन्हें रास की देवी कहा गया है।

इस प्रकार ये पाँच देवियाँ स्वयं में पूर्ण हैं। इन देवियों के प्रधान अंश, कला तथा कलांश आदि अनेक स्वरूप हैं। उदहारणार्थ गंगा, तुलसी, वसुन्धरा (पृथ्वी), मनसा, मंगलचण्डी, षष्ठी (देवसेना) तथा महाकाली आदि पंचदेवियों की प्रधान अंश; दक्षिणा, दीक्षा, स्वाहा, स्वधा, स्वस्ति, तुष्टि, धृति, क्षमा, रति, मुक्ति, प्रतिष्ठा, कीर्ति, प्रिया, दया, मिथ्या, शांति, लज्जा, बुद्धि, मेधा, स्मृति व मूर्ति आदि पंचदेवियों की महत्त्वपूर्ण कलाएँ तथा सीता, रुक्मिणी, रोहिणी, तारा, लोपामुद्रा, अरुंधति,

अहल्या, अनसूया, देवभूति, प्रसूति, आहूति, वरुणानी, मेना, शची, दमयंती, यशोदा, देवकी, कलावती, द्रौपदी, गांधारी, शैव्या, कौशल्या, सुभद्रा, रेवती, सत्यभामा, रेणुका आदि पंचदेवियों की कलांश कही गई हैं।

सभी प्रमुख देवताओं की पत्नियों का संक्षिप्त परिचय देने के बाद सरस्वती पूजन की विधि, सरस्वती के विश्व विजय कवच तथा महर्षि याज्ञवल्क्य द्वारा देवी सरस्वती की स्तुति का वर्णन है। तत्पश्चात् सरस्वती, गंगा और लक्ष्मी द्वारा परस्पर शाप देने तथा शापवश सरस्वती व गंगा का नदीरूप में पृथ्वी पर पधारने के प्रसंग वर्णित हैं। इसी संदर्भ में सरस्वती के शाप से लक्ष्मी द्वारा पृथ्वी पर तुलसी नाम से जन्म लेने, तुलसी-शंखचूड़ विवाह, शंखचूड़ के वध, भगवान् विष्णु द्वारा तुलसी के सतीत्व को खण्डित करने तथा तुलसी एवं श्रीविष्णु का क्रमशः वृक्ष और शालिग्राम शिला के रूप में पृथ्वी पर रहने के प्रसंग वर्णित हैं। तत्पश्चात् तुलसी-पूजन, ध्यान, नामाष्टक एवं तुलसी स्तवन का वर्णन है।

23वें अध्याय में देवी सावित्री के चरित्र का वर्णन है। इसमें राजा अश्वपति और उनकी पत्नी मालती द्वारा देवी सावित्री (गायत्री) पूजन तथा महर्षि पराशर द्वारा गायत्री महिमा का विस्तृत विवेचन किया गया है। इसमें देवी सावित्री का अपने अंशास्वरूप से अश्वपति की पत्नी मालती के गर्भ से उत्पन्न होने, सावित्री-सत्यवान के विवाह तथा देवी सावित्री के पतिव्रत से प्रसन्न होकर यमराज द्वारा सत्यवान को पुनर्जीवित करने के प्रसंग हैं। इस पुराण में सावित्री के चौदह वर्ष तक किए जाने वाले पुण्यमय व्रत का पूजन-विधि सहित वर्णन है।

सावित्री के माहात्म्य के बाद भगवान् श्रीकृष्ण के बाएँ अंश से महालक्ष्मी की उत्पत्ति तथा भगवान् विष्णु सहित उनके वैकुण्ठलोक पधारने की कथा दी गई है। इसी संदर्भ में देवराज इन्द्र द्वारा दुर्वासा मुनि का अपमान करने, क्रोधित दुर्वासा मुनि द्वारा इन्द्र को दिए शाप के फलस्वरूप देवी लक्ष्मी के अदृश्य होने तथा समुद्र-मंथन से लक्ष्मी के पुनः प्रकट होने की पौराणिक कथाएँ वर्णित हैं।

तत्पश्चात् भगवान् श्रीकृष्ण द्वारा अग्नि के लिए स्वाहा, पितृों के लिए स्वधा एवं यज्ञ-पुरुष के लिए दक्षिणा नामक देवियों को प्रकट करने की कथाएँ हैं। इसी क्रम में देवी षष्ठी, मनसा तथा मंगलचण्डिका से संबंधित कथाओं का उल्लेख है।

49वें अध्याय से 56वें अध्याय तक राधा-कृष्ण के पुण्यमय चरित्रों का वर्णन कर श्रीराधा की पूजन-विधि, ध्यान, षोड्शोपचार, परिचारिका, परिहारस्तव पूजन तथा उनके जग-मंगल नामक कल्याणमय कवच के माहात्म्य का विस्तृत विवेचन किया गया है।

अंत में भगवती दुर्गा के प्रसिद्ध सोलह नामों, पूजन-विधि, राजा सुरथ एवं समाधि नामक वैश्य की कथा, देवी की पूजा के लिए विशिष्ट नक्षत्रों तथा उनके दुर्ग नाशन नामक स्तोत्र का वर्णन है।

3. गणपति खण्ड

भगवान् गणेश से संबंधित विभिन्न पौराणिक लीलाओं का वर्णन होने के कारण ब्रह्मवैवर्त पुराण का तीसरा खण्ड गणपति खण्ड कहलाता है। यह खण्ड 40 अध्यायों से युक्त है। गणपति खण्ड का आरम्भ सती-चरित्र, शिव-पार्वती विवाह, कार्त्तिकेय-जन्म, क्रुद्ध पार्वती द्वारा समस्त देवताओं को शाप देने के प्रसंग से है। इसी कथा के संदर्भ में जब पार्वती भगवान् शिव से संतान-प्राप्ति का उपाय पूछती हैं तो भगवान् शिव द्वारा पुण्यक व्रत के माहात्म्य का वर्णन किया गया है।

तत्पश्चात् पार्वती द्वारा पुण्यक व्रत करने तथा व्रत के प्रभाव से श्रीकृष्ण द्वारा देवी पार्वती के घर गणेशरूप में अवतरित होने का प्रसंग वर्णित है।

इसके बाद गणेशजी के जन्मोत्सव में देवी पार्वती के आग्रह पर शनिदेव द्वारा बालक गणेश को देखने और इसके फलस्वरूप गणेशजी का मस्तक धड़ से अलग होने का प्रसंग वर्णित है। पुत्र को मृत देखकर जब देवी पार्वती करुण विलाप करने लगीं, तब भगवान् विष्णु ने एक गज-बालक का मस्तक गणेशजी के धड़ पर लगा दिया। भगवान् विष्णु के वरस्वरूप ही देवताओं में सर्वप्रथम गणेशजी की पूजा करने का विधान है। शुभ कार्य अथवा किसी भी अनुष्ठान में गणेशजी की प्रथम पूजा-स्तुति; कार्य की निर्विघ्नता की द्योतक है।

इसी कथा में श्रीविष्णु तथा इन्द्र आदि देवताओं द्वारा भगवान् गणेश की पूजा-उपासना करते हुए उन्हें आठ नामों से सम्बोधित करने का प्रसंग वर्णित है। भगवान् गणेश के ये आठ पवित्र नाम हैं - विघ्नेश, गणेश, हेरम्भ, गजानन, लम्बोदर, एकदंत, शूर्पकर्ण तथा विनायक।

विघ्नहर्ता भगवान् गणेश का मस्तक-छेदन क्यों हुआ? इस महत्त्वपूर्ण प्रश्न का उत्तर 23वें अध्याय में वर्णित कथा द्वारा दिया गया है। इस कथा में सूर्यदेव द्वारा माली-सुमाली नामक शिवभक्त दैत्यों के वध करने, शिवभक्तों के वध से क्रुद्ध होकर भगवान् शिव द्वारा त्रिशूल से सूर्यदेव का वध करने तथा महर्षि कश्यप द्वारा शिवजी को शाप दिए जाने का वर्णन है।

तत्पश्चात् सूर्यदेव के कवच एवं स्तोत्र तथा महालक्ष्मी के कवच एवं स्तोत्र का वर्णन है। इसके बाद राजा सहस्रार्जुन द्वारा महर्षि जमदग्नि का वध करने तथा महर्षि जमदग्नि के पुत्र परशुराम द्वारा सहस्रार्जुन के वध के प्रसंग वर्णित हैं। इसी प्रसंग के संदर्भ में दुर्गा कवच, काली कवच तथा दशाक्षरी विद्या का वर्णन है। इसके बाद परशुराम द्वारा फरसे के प्रहार से गणेशजी का एक दांत नष्ट करने का प्रसंग है। एक दांत के नष्ट हो जाने के कारण ही भगवान् गणेश एकदंत कहलाए।

अंत में भगवान् गणेश तथा तुलसी के प्रसंग के माध्यम से गणेश-पूजा में तुलसी-दल की निषिद्धता का प्रतिपादन किया गया है।

4. श्रीकृष्ण-जन्म खण्ड

ब्रह्मवैवर्त पुराण का श्रीकृष्ण-जन्म खण्ड शेष तीन खण्डों से अधिक विशद् है। 101 अध्यायों से युक्त इस खण्ड में भगवान् श्रीकृष्ण से संबंधित लीलाओं का विस्तृत वर्णन है। यद्यपि श्रीमद् भागवत में भगवान् श्रीकृष्ण के चरित्र का विस्तृत वर्णन है, तथापि इस खण्ड में उनसे संबंधित कुछ विशिष्ट घटनाओं का उल्लेख है जो श्रीमद् भागवत पुराण में भी अत्यंत संक्षिप्त अथवा नगण्य है।

इस खण्ड का आरम्भ गोलोक-वर्णन से है। तत्पश्चात् भगवान् श्रीकृष्ण द्वारा अवतार ग्रहण करने से लेकर वसुदेव द्वारा उनके गोकुल पहुँचने तक की सम्पूर्ण कथा का क्रमबद्ध वर्णन है। इसी संदर्भ में नन्द और यशोदा के पूर्वजन्म के वृत्तांत हैं, जिनमें नन्द द्रोण नामक वसु थे और यशोदा उनकी धरा नामक पत्नी थी। इसके बाद गोकुल में श्रीकृष्ण के जन्मोत्सव से लेकर उनकी समस्त बाल-लीलाओं का सुंदर चित्रण किया गया है।

12वें अध्याय में योगनिद्रा द्वारा दैहिक, दैविक तथा भौतिक भयों का समूल नाश करने वाले श्रीकृष्ण कवच का वर्णन है। इस कल्याणमयी कवच को सोने के यंत्र में मढ़वाकर गले या भुजा पर धारण करने से मनुष्य सभी प्रकार के भय से मुक्त हो जाता है। उस पर भगवान् श्रीकृष्ण की कृपा बनी रहती है।

13वें अध्याय में यदुवंशियों के कुलगुरु गर्ग मुनि द्वारा भगवान् श्रीकृष्ण तथा बलराम के नामकरण का प्रसंग है। इसमें भगवान् श्रीकृष्ण के 33 तथा बलरामजी के 9 नामों की सूची दी गई है। 17वें अध्याय में भगवान् नारायण द्वारा देवर्षि नारद को राधाजी के सोलह नामों का विवरण दिया गया है। भगवान् श्रीकृष्ण, बलरामजी तथा राधा के नामों की सूचियाँ निम्नलिखित हैं :

भगवान् श्रीकृष्ण के 33 नाम		
कृष्ण	पीताम्बर	ब्रह्म
गोविन्द	कंसध्वंसी	यशोदानंदन
विष्टरश्रवा	देवकीनंदन	श्रीश
हरि	सनातन	विष्णु
अच्युत	सर्वेश	गरुड़ध्वज
सर्वरूपद्दक	सर्वाधार	सर्वगति
सर्वकारणकारण	राधाबन्धु	राधिकात्मा
राधिका सहचारी	राधामानसपूरक	राधाधन
राधिकांग	राधिकासक्तमानस	राधाप्राण
राधिकेश	राधिकारमण	राधिकाचित्तचोर
राधाप्राणाधिक	प्रभु	परिपूर्णतम

बलरामजी के 9 नाम		
संकर्षण	रौहिणेय	हलधर
शितिवासा	हली	अनंत
बलदेव	रेवती रमण	मुसली

राधाजी के 16 नाम			
राधा	कृष्णप्रिया	कृष्णा	कृष्णस्वरूपिणी
कृष्ण प्राणाधिका	कृष्णवामांगसंभूता	रासवासिनी	परमानंदरूपिणी
रसिकेश्वरी	रासेश्वरी	वृन्दा	वृन्दावनविनोदिनी
वृन्दावनी	चन्द्रावली	चन्द्रकांता	शरच्चन्द्र प्रभानना

इसके अतिरिक्त इस खण्ड में उन सौ वस्तुओं, द्रव्यों एवं अनुष्ठानों की सूची दी गई है, जिनके दर्शनमात्र से सौभाग्य में वृद्धि होती है। विशेष तिथियों में विभिन्न तीर्थों में स्नान करने तथा उनसे प्राप्त होने वाले विशिष्ट पुण्य लाभ का वर्णन भी इस खण्ड में किया गया है।

इसके बाद अन्नदान की महिमा का निरूपण किया गया है। इसमें भगवान् श्रीकृष्ण कहते हैं कि अन्न दान से बड़ा कोई दूसरा दान नहीं है। अन्न दान करके मनुष्य अधिक-से-अधिक पुण्य अर्जित कर सकता है। भूख से पीड़ित व्यक्ति (चाहे वह किसी भी जाति अथवा वर्ण का क्यों न हो) को अन्न दान अवश्य करना चाहिए।

तत्पश्चात् स्वप्न-फल, दु:स्वप्नों की शांति के उपायों का विस्तृत विवेचन कर भक्ष्याभक्ष्य (मनुष्य को क्या खाना चाहिए तथा क्या नहीं) का प्रतिपादन किया गया है। इस खण्ड में भगवान् श्रीकृष्ण के ग्यारह नामों - कृष्ण, केशव, नारायण, हरे, राम, अनंत, मुकुंद, मधुसूदन, वैकुण्ठ, कंसारे तथा वामन को पुण्यप्रदायक तथा पूर्वजन्मों के पापों का नाश करने वाला कहा गया है।

इस पुराण में भगवान् श्रीकृष्ण द्वारा गोपियों के साथ की गई रासलीला का वर्णन श्रीमद् भागवत की रासलीला से सर्वथा भिन्न है। श्रीमद् भागवत की रासलीला जहाँ भगवान् श्रीकृष्ण और गोपियों के भक्तिमय स्वरूप को प्रदर्शित करती है, वहीं ब्रह्मवैवर्त पुराण की रासलीला में श्रृंगार रस की प्रधानता है। इसमें भगवान् श्रीकृष्ण और गोपियों के प्रेममय स्वरूप में भोग को सर्वोपरि दर्शाया गया है।

इस खण्ड में बाणासुर की पुत्री उषा एवं धेनुकासुर के पूर्वजन्म के वृत्तांत तथा महर्षि दुर्वासा द्वारा अपनी पत्नी कंदली को भस्म करने की कथा भी वर्णित है।

अंत में पुराणों की नामावली, उनके पांच लक्षणों, श्लोक संख्या तथा ब्रह्मवैवर्त पुराण के पठन, श्रवण एवं चिंतन के माहात्म्य-वर्णन के साथ पुराण का उपसंहार किया गया है।

ब्रह्मवैवर्त पुराण की कथा : कर्म-फल की महिमा

भगवान् श्रीकृष्ण बलरामजी के साथ वृंदावन में अनेक लीलाएँ कर रहे थे। एक बार उन्होंने देखा कि उनके पिता नन्द और ब्रज के सभी गोप किसी यज्ञ-विशेष की तैयारी कर रहे हैं। विभिन्न प्रकार की सामग्रियाँ एकत्रित की जा रही हैं।

भगवान् श्रीकृष्ण सर्वज्ञानी और अंतर्यामी हैं। उनसे कोई बात छिपी नहीं हैं। किंतु फिर भी लीलावश एक साधारण बालक की भाँति अपनी जिज्ञासा शांत करने के लिए वे नन्द के पास गए और बोले - ''पिताश्री ! मैं अनेक दिनों से देख रहा हूँ कि आप और अन्य ब्रजवासी किसी बड़े यज्ञ की तैयारी में संलग्न हैं। वह कौन-सा यज्ञ है? उसका क्या फल मिलता है? किस उद्देश्य से और कौन-कौन से व्यक्ति किन-किन साधनों द्वारा वह यज्ञ करते हैं? मेरे मन यह जानने की बड़ी जिज्ञासा उत्पन्न हो रही है। पिताश्री ! आप जो शुभ कर्म करने जा रहे हैं, वह शास्त्रसम्मत है या लौकिक - मैं यह सब जानना चाहता हूँ। आप कृपया इस बारे में कुछ बताइए।''

नन्द बाबा श्रीकृष्ण को समझाते हुए बोले - ''पुत्र ! भगवान् इन्द्र मेघों के स्वामी हैं। उन्हीं के आदेश के अनुसार मेघ पृथ्वी पर जीवनदायक जल बरसाते हैं। हम उन्हीं मेघपति भगवान् इन्द्र की पूजा-आराधना करते हैं। जिन सामग्रियों से यज्ञ होता है, वे भी उनके बरसाए गए जल से उत्पन्न होती हैं। यज्ञ करने के बाद जो कुछ शेष रह जाता है, उसी अन्न से हम जीवन-निर्वाह करते हैं। हमारे पुरुषार्थ का फल देने वाले भगवान् इन्द्र ही हैं। यदि वे रुष्ट हो जाएँ तो मेघ जल बरसाना बंद कर देंगे और चारों ओर भयंकर अकाल फैल जाएगा। इसलिए उनकी कृपा-दृष्टि प्राप्त करने के लिए ही हमारी कुल-परम्परा के अनुसार यह शुभ कार्य प्रत्येक वर्ष किया जाता है। जो मनुष्य स्वार्थ अथवा लोभवश इस कर्म को छोड़ देता है, उसका कभी मंगल नहीं होता।''

नन्द बाबा की बात सुनकर भगवान् श्रीकृष्ण बोले - ''पिताश्री ! प्राणी अपने कर्म के अनुसार पैदा होता है और अपने कर्म के अनुसार ही मृत्यु को प्राप्त होता है। अपने कर्मों के अनुसार ही उसे सुख, दुःख, मंगल, अमंगल और भयादि को भोगना पड़ता है। इस प्रकार जब सभी प्राणी अपने कर्मों के अनुसार फल भोग रहे हैं तो इन्द्र की क्या आवश्यकता है? जब वे पूर्व जन्म के अनुसार प्राप्त होने वाले मनुष्यों के कर्म-फल को नहीं बदल सकते, भाग्य का लिखा नहीं मिटा सकते, तो उन्हें प्रसन्न करने का क्या औचित्य रह जाता है। मनुष्य अपने स्वभाव के अधीन है। वह उसी का अनुसरण करता है। यहाँ तक कि देवता, असुर, मनुष्य सहित सारा जगत् कर्म-फल पर आधारित है। जीव अपने कर्मों के अनुसार ही श्रेष्ठ और अधम शरीरों को ग्रहण करता है। कर्म ही जीव का मित्र, शत्रु और गुरु है। पिताश्री ! यह सम्पूर्ण जगत् परब्रह्म भगवान् द्वारा संचालित है। उनकी व्यवस्था के अनुसार मेघ पृथ्वी पर जल बरसाते हैं।

उससे अन्न उत्पन्न होता है और उसी अन्न से सभी प्राणियों की जीविका चलती है। फिर इससे देवराज इन्द्र का क्या लेना देना? वे भला क्या कर सकते हैं?''

नन्द बोले – ''पुत्र! तुम्हारा कथन सर्वथा उचित है और हम सब तुम्हारी बात से सहमत भी हैं। किंतु हमने यज्ञ की दीक्षा ले ली है। सारी सामग्रियाँ भी एकत्रित हो गई हैं। अब हमारे पास यज्ञ करने के अतिरिक्त और कोई उपाय नहीं है। यदि यज्ञ नहीं हुआ तो समस्त पदार्थ व्यर्थ चले जाएँगे और दीक्षा लेकर भी यज्ञ न करने के कारण हम पाप के भागी बन जाएँगे।''

श्रीकृष्ण हँसते हुए बोले – ''पिताश्री! न तो हमारे पास किसी देश का राज्य है और न ही बड़े-बड़े नगर हमारे अधीन हैं। हमारे पास तो गाँव और घर भी अपने नहीं है। हम तो सदा के वनवासी हैं। वन और पर्वत ही हमारे घर हैं। अत: हम गायों, ब्राह्मणों और गिरिराज गोवर्धन की पूजा करेंगे। जो सामग्रियाँ इन्द्र-यज्ञ के लिए एकत्रित की गई हैं, आप उन्हीं से इस यज्ञ का अनुष्ठान कीजिए। अनेक प्रकार के पकवान बनाए जाएँ। श्रेष्ठ ब्राह्मणों द्वारा विधिपूर्वक हवन करवाया जाए तथा उन्हें दक्षिणा में अन्न, गायें और धन दिया जाए। याचकों को भरपूर दान देकर गायों को चारा दिया जाए। इसके बाद गिरिराज गोवर्धन को भोग लगा कर उनकी प्रदक्षिणा की जाए। यदि आपको मेरी बात उचित लगे तो ऐसा ही कीजिए। मुझे पूर्ण विश्वास है कि यह यज्ञ समस्त प्राणियों सहित देवताओं को भी प्रिय होगा।''

भगवान् श्रीकृष्ण का मनोरथ अहंकारी इन्द्र का अहंकार खण्डित करना था, इसलिए उन्होंने यह लीला रची थी। नन्द बाबा और अन्य गोपों ने उनका परामर्श प्रसन्नतापूर्वक स्वीकार कर लिया।

पहले ब्राह्मणों से वेद-मंत्रों का उच्चारण करवाकर गिरिराज गोवर्धन की पूजा-उपासना की गई। फिर ब्राह्मणों को भरपूर दान-दक्षिणा देकर गायों को हरी-हरी घास खिलाई गई। इसके बाद जब गिरिराज गोवर्धन को भोग लगाने का अवसर आया, तब सभी गोप सोचने लगे – 'गिरिराज गोवर्धन तो पर्वत रूप में हैं! इन्हें भोग कैसे लगाएँ? यदि भोग न लगा तो यज्ञ अपूर्ण रह जाएगा।'

भगवान् श्रीकृष्ण गोपों के मन की बात समझ गए। तब वे अपने अंशरूप से एक विशालकाय देवता के स्वरूप में प्रकट होकर बोले – ''भक्तो! मैं ही गिरिराज गोवर्धन हूँ। लाओ, मुझे भोग लगाकर अपना यज्ञ पूर्ण करो।'' इतना कहकर उन्होंने सारा भोग्य-पदार्थ स्वीकार कर लिया।

अन्य ब्रजवासियों के साथ भगवान् श्रीकृष्ण भी अपने इस स्वरूप को प्रणाम करते हुए बोले – ''गिरिराज ने साक्षात् प्रकट होकर हम पर अपनी कृपा की है। ये चाहे जैसा रूप धारण कर सकते हैं। जो प्राणी इनका निरादार करते हैं, उन्हें ये नष्ट कर डालते हैं। आओ, अपना और हमारे पशुओं का कल्याण करने वाले गिरिराज की हम विधिवत् पूजा करें।''

इस प्रकार श्रीकृष्ण के कहने पर नन्द सहित सभी गोपों ने गोवर्धन की पूजा-आराधना कर गायों सहित उनकी प्रदक्षिणा की। ब्रजवासियों की भक्ति से प्रसन्न होकर कृष्ण-अंश गोवर्धन उन्हें आशीर्वाद देकर अंतर्धान हो गए।

इधर, जब देवराज इन्द्र को पता चला कि गोपों ने उनकी पूजा बंद कर दी है तो अज्ञानतावश वे क्रोध से भर उठे। उन्होंने प्रलय करने वाले मेघों के सांवर्तक नामक गण को आदेश दिया - ''उन ग्वालों का इतना दु:साहस कि उन्होंने कृष्ण नामक एक बालक की बातों में आकर मुझ देवाधिदेव इन्द्र का अपमान कर डाला। नादान, अभिमानी और मूर्ख होने पर भी कृष्ण स्वयं को बड़ा ज्ञानी, बलशाली और चतुर समझता है। वह स्वयं मृत्यु का ग्रास है, फिर भी उसी का आश्रय लेकर इन ग्वालों ने मेरी अवहेलना की है। एक तो वे धन के मद् में चूर हो रहे हैं और दूसरे कृष्ण ने उन्हें बढ़ावा दे दिया है। वे मंदबुद्धि कर्मयज्ञ द्वारा स्वयं का उद्धार करना चाहते हैं, मैं उन्हें इसका दण्ड अवश्य दूँगा। सांवर्तक ! तुम तत्क्षण प्रलयंकारी मेघों के साथ वृंदावन जाओ और उन अहंकारी ग्वालों का मद् चूर कर डालो। उनके पशुओं का संहार कर डालो। ब्रज का नाश करने के लिए मैं भी वीर योद्धाओं के साथ तुम्हारे पीछे-पीछे आता हूँ।''

इन्द्र की आज्ञा पाकर सांवर्तक प्रलयंकारी मेघों के साथ जा पहुँचा और मूसलाधार वर्षा कर सम्पूर्ण ब्रज को पीड़ित करने लगा। चारों ओर बिजलियाँ चमकने लगीं। बादल परस्पर टकरा कर भयंकर गर्जना करने लगे। आँधी के प्रचंड वेग से बड़े-बड़े वृक्ष तिनकों के समान उखड़ने लगे। देखते-ही-देखते ब्रजवासियों के घर टूट-टूट कर बिखरने लगे। ऐसा प्रतीत होने लगा, मानो आज सम्पूर्ण पृथ्वी जलमग्न हो जाएगी।

जल प्रचण्ड रूप से बरसने लगा, तब समस्त ब्रजवासी अपनी प्राण रक्षा के लिए भगवान् श्रीकृष्ण की शरण में गए। भगवान् श्रीकृष्ण परम दयालु और भक्त-वत्सल हैं। वे अपने भक्तों को भला कष्ट में कैसे देख सकते थे। वे इन्द्र की धृष्टता जान गए। ब्रजवासियों के कल्याण के लिए उन्होंने खेल-ही-खेल में गोवर्धन पर्वत को एक हाथ से उखाड़ लिया और कमल-पुष्प की भाँति उसे अपने हाथ की सबसे छोटी उँगली पर धारण कर लिया। फिर शांत स्वर में बोले - ''ब्रजवासियो ! अपने पशुओं और अनाज आदि समस्त सामग्री के साथ इस पर्वत के नीचे आश्रय लो। यहाँ कोई तुम्हारा अहित नहीं कर सकेगा।'' भगवान् श्रीकृष्ण की यह लीला देखकर ब्रजवासी उनकी जय-जयकार कर उठे। फिर उनके आदेशानुसार सभी ब्रजवासी अपने पशुओं के साथ गोवर्धन के नीचे एकत्रित हो गए। भगवान् श्रीकृष्ण सात दिनों तक गोवर्धन पर्वत को एक उँगली पर धारण किए रहे।

उनकी माया का यह प्रभाव देखकर इन्द्र भी आश्चर्यचकित रह गए। उन्होंने देखा कि भगवान् श्रीकृष्ण ने ब्रजवासियों का संकट हरने के लिए खेल-ही-खेल में

गोवर्धन को उठा लिया है तो उनका गर्व चूर-चूर हो गया। उन्होंने परब्रह्म भगवान् से स्वयं की समानता की, यह सोचकर ही उन्हें लज्जा अनुभव होने लगी और वे वहाँ से लौट गए।

जब गोवर्धनधारी भगवान् श्रीकृष्ण ने देखा कि देवराज इन्द्र पराजित होकर लौट गए हैं तो उन्होंने ब्रजवासियों को अपने पशुधन के साथ गोवर्धन के नीचे से निकल जाने को कहा। उनके निकलने के बाद उन्होंने गोवर्धन को पुनः उसके स्थान पर स्थापित कर दिया। समस्त ब्रजवासी उन्हें गले से लगाकर उनकी जय-जयकार करने लगे।

भगवान् श्रीकृष्ण जब एकांत में विराजमान थे, तब अपने अपराध की क्षमा माँगने के लिए देवराज इन्द्र कामधेनु के साथ वहाँ प्रकट हुए और उनके चरणों में मस्तक झुकाकर बोले - ''भगवन् ! यद्यपि इस अज्ञानरूपी संसार से आपका कोई संबंध नहीं है, तथापि धर्म की रक्षा और दुष्टों का संहार करने के लिए आप अपने अंशरूप से अवतार धारण करते हैं। आप जगत् के गुरु, पालक और स्वामी हैं। दुष्टों को दण्ड देने के लिए आप साक्षात् काल हैं। आप अपने भक्तों की मनोकामनाएँ पूर्ण करने के लिए मनुष्य-शरीर में प्रकट होते हैं और जो पापी स्वयं को परब्रह्म भगवान् मान बैठते हैं, उनका मान-मर्दन करते हुए आप विभिन्न लीलाएँ करते हैं। तब मुझ जैसे अज्ञानी अहंकार त्यागकर आपकी शरण में आ जाते हैं। प्रभु ! मैं आपके प्रभाव और शक्ति से पूर्णतः अनभिज्ञ था, इसलिए ऐश्वर्य और बल के झूठे अभिमान में चूर होकर आपका अपमान करने का दुःसाहस कर बैठा। मेरा अपराध क्षमा करें भगवन् ! और साथ ही ऐसी कृपा करें, जिससे कि मुझे फिर कभी ऐसे अहंकारी अज्ञान को न भोगना पड़े। दयानिधान ! मेरे अहंकार का कोई अंत न था, किंतु आपने मुझ पर अनुग्रह कर मेरा उद्धार किया। अब आप ही मेरे स्वामी, गुरु और आत्मा हैं। मैं आपकी शरण में हूँ, प्रभु।''

देवराज इन्द्र की करुणामय स्तुति सुनकर भगवान् श्रीकृष्ण प्रसन्न होकर बोले - ''देवेन्द्र ! ऐश्वर्य और बल के मद् ने तुम्हें भ्रष्ट कर दिया था। चूँकि तुम मेरे प्रिय भक्त हो, इसलिए तुम पर अनुग्रह करने के लिए ही मैंने तुम्हारा यज्ञ भंग किया था, जिससे कि तुम नित्य परब्रह्म का स्मरण करते रहो। देवेन्द्र ! जो मनुष्य ऐश्वर्य, धन, बल के अहंकार से अंधा हो जाता है, वह यह भूल जाता है कि मैं कालरूप भगवान् हाथ में दण्ड लेकर उसके मस्तक पर सदा सवार रहता हूँ। मैं जिस पर अनुग्रह करना चाहता हूँ, उसका ऐश्वर्य, धन-सम्पत्ति, बल - सबकुछ छीन लेता हूँ। देवेन्द्र ! मुझे प्रसन्नता है कि तुमने अपना अपराध स्वीकार कर लिया है। यह तुम्हारा एक श्रेष्ठ गुण है। अब तुम स्वर्ग लौट जाओ और मेरी आज्ञा के अनुसार अपने धर्म का पालन करो। अपने अहंकार का नाश करके नित्य मेरा स्मरण करो। मेरी कृपा-दृष्टि तुम पर सदैव बनी रहेगी।''

इसके बाद कामधेनु उनसे प्रार्थना करते हुए बोली - ''भगवन्! देवराज इन्द्र ने हमें मारने का प्रयास किया था, किंतु आपने हमारी रक्षा की। इसलिए आप हमारे आराध्य देव हैं। दयानिधान! हम तो केवल आपको ही इन्द्र मानते हैं, इसलिए आप हमारे इन्द्र बनकर इन्द्रत्त्व स्वीकार कीजिए।''

यह कहकर कामधेनु ने अपने दुग्ध और इन्द्र ने ऐरावत द्वारा लाए हुए गंगा-जल से देवर्षियों द्वारा मंत्रोच्चारण करवाकर भगवान् श्रीकृष्ण का अभिषेक किया और उन्हें 'गोविन्द' नाम से संबोधित किया। इसके बाद उनकी पूजा-आराधना कर वे सभी अपने-अपने लोक लौट गए।

अध्याय 11

लिंग पुराण

परिचय

'लिंग पुराण' में भगवान् शिव से संबंधित विभिन्न पौराणिक आख्यानों, उपाख्यानों तथा घटनाओं का समावेश कर शैव सिद्धांतों का सहज, सरल और तर्कसंगत प्रतिपादन किया गया है। इसलिए इस पुराण को 'शैव प्रधान पुराण' कहा गया है।

यद्यपि लिंग का अर्थ जननेन्द्रिय से कहा गया है, तथापि इस पुराण में 'लिंग' का अर्थ जननेन्द्रिय से न होकर ॐकार से संबंधित है। समस्त पुराणों में सृष्टि का आरम्भ 'परब्रह्म' से कहा गया है, जिसका न तो कोई आकार है और न कोई स्वरूप। वह निर्गुण निराकार है। उसी निर्गुण परब्रह्म के स्वरूप को व्यक्त करने का प्रतीक 'लिंग' है।

अनेक ग्रंथों में भगवान् शिव के तीन स्वरूपों – व्यक्त, अव्यक्त और व्यक्ताव्यक्त का वर्णन मिलता है। लिंग पुराण में इस भाव को भगवान् शिव के तीन स्वरूपों में व्यक्त किया गया है :

"एकेनैव हृतं विश्वं व्याप्त त्वेवं शिवेन तु।
अलिंग चैव लिंगं च लिंगालिंगानि मूर्तय:।।"

उपर्युक्त श्लोक के माध्यम से यह स्पष्ट किया गया है कि अलिंग, लिंग और लिंगालिंग – क्रमश: भगवान् शिव के तीन स्वरूपों के ही प्रतीक हैं।

भगवान् शिव इस सृष्टि से पूर्व ही अव्यक्त लिंग अर्थात् ब्रह्म स्वरूप में सदा विद्यमान रहते हैं। तत्पश्चात् वे ही व्यक्त लिंग के रूप में प्रकट होकर सृष्टि की रचना करते हैं। इस प्रकार भगवान् शिव अव्यक्त (निर्गुण) और व्यक्त (सगुण) – दोनों स्वरूपों से सृष्टि में विद्यमान हैं। उनका यह व्यक्ताव्यक्त स्वरूप लिंगालिंग है। *अर्थात् भगवान् शिव के अव्यक्त स्वरूप को लिंग द्वारा, व्यक्त स्वरूप को अलिंग द्वारा तथा व्यक्ताव्यक्त स्वरूप को लिंगालिंग द्वारा दर्शाया गया है।*

श्लोक संख्या तथा खण्ड

इस पुराण में ग्यारह हज़ार (11,000) श्लोक तथा 163 अध्याय हैं। यह पुराण पूर्वार्द्ध तथा उत्तरार्द्ध – दो भागों में विभक्त है। पूर्वार्द्ध में 108 अध्याय सम्मिलित हैं, जबकि उत्तरार्द्ध में 55 अध्याय हैं।

लिंग पुराण का सार

163 अध्यायों से युक्त लिंग पुराण का आरम्भ सृष्टि के विस्तृत वर्णन से है। इसमें सृष्टि की उत्पत्ति पंचभूतों अर्थात् आकाश, वायु, अग्नि, जल और पृथ्वी द्वारा बताई गई है।

लिंग पुराण के अनुसार जब ब्रह्माजी के हृदय में सृष्टि-रचना का विचार उत्पन्न हुआ, तब उन्होंने सर्वप्रथम अहं (अविद्या) को उत्पन्न किया। अहंकार से ही क्रमश: शब्द, स्पर्श, रूप, रस तथा गंध नामक पाँच तन्मात्राएँ उत्पन्न हुईं। इन्हीं पंचतन्मात्राओं से पंचतत्त्वों की उत्पत्ति हुई। तन्मात्राओं से तात्पर्य प्रत्येक तत्त्व के गुण विशेष से है। अर्थात् तन्मात्राएँ सूक्ष्म तथा तत्त्व स्थूल कहे गए हैं।

इस सिद्धांत को अधिक विस्तृत तथा सरल ढंग से समझाते हुए कहा गया है कि अहंकार से शब्द नामक तन्मात्रा, शब्द से आकाशरूपी तत्त्व, आकाश तत्त्व से स्पर्श तन्मात्रा, स्पर्श से वायु तत्त्व, वायु तत्त्व से रूप तन्मात्रा, रूप तन्मात्रा से अग्नि तत्त्व, अग्नि तत्त्व से रस तन्मात्रा, रस से जल तत्त्व, जल तत्त्व से गंध तथा गंध से पृथ्वीरूपी तत्त्व की उत्पत्ति हुई। पुराणों के अनुसार तत्त्वों और तन्मात्राओं के इसी उत्पत्ति क्रम से सृष्टि का प्राकट्य होता है।

सृष्टि-वर्णन के बाद योग तथा कल्प संबंधित आख्यानों का निरूपण किया गया है। इसके बाद लिंग के प्रादुर्भाव एवं उसकी पूजन-विधि, सनत्कुमार एवं शैल का ज्ञानयुक्त संवाद, महर्षि दधीचि की कथा, युगधर्म का निरूपण तथा भुवनकोश का वर्णन है।

तत्पश्चात् अन्य पुराणों की भाँति इस पुराण में भी सूर्यवंश तथा चन्द्रवंश का वर्णन करने के बाद पुराणों के पंचलक्षणों तथा भगवान् शिव द्वारा त्रिपुर नामक दैत्य के संहार की कथा का वर्णन किया गया है। दैत्य त्रिपुर का वध करने के कारण ही भगवान् शिव त्रिपुरारी नाम से प्रसिद्ध हुए थे। इसी कथा के संदर्भ में लिंग-प्रतिष्ठा की विधि तथा भगवान् शिव द्वारा पशुपतिनाथ कहलाने और देवगण के पशु-पाश के विमोचन के प्रसंग भी वर्णित हैं।

इसके बाद भगवान् शिव की कृपा प्रदान करने वाले विभिन्न पुण्यमय व्रतों, सदाचार, प्रायश्चित्त आदि का वर्णन है। इसमें सदाचार का वर्णन करते हुए साररूप में कहा गया है कि संयमी, धार्मिक, दयावान, तपस्वी, सत्यवादी तथा सभी प्राणियों के लिए हृदय में प्रेम का भाव रखने वाले मनुष्य ही भगवान् शिव को प्रिय हैं।

इस पुराण में धर्म की व्याख्या करते हुए कहा गया है कि भगवान् द्वारा ही चराचर जगत् की रचना हुई है। इसलिए मनुष्य को ऊँच-नीच, जाति-पाँति तथा वर्ण संकीर्णता को त्यागकर अपने हृदय में समस्त प्राणियों के प्रति आत्मीयता तथा दया का भाव रखना चाहिए। वस्तुत: यही मनुष्य का धर्म है।

तत्पश्चात् दैत्य अंधकासुर की उत्पत्ति तथा भगवान् शिव द्वारा उसके पराभव की कथा, श्रीविष्णु द्वारा वराहावतार धारण कर पृथ्वी के उद्धार की कथा तथा दैत्य जलंधर के संहार की कथा वर्णित है।

तदंतर भगवान् शिव के कल्याणमय सहस्रनाम स्तोत्र का वर्णन, दक्ष प्रजापति के यक्ष-विध्वंस, पार्वती-जन्म, कामदेव-दहन, शिव-पार्वती विवाह, गणेश-जन्म, शिव-ताण्डव तथा उपमन्यु-चरित्र आदि पौराणिक प्रसंग वर्णित हैं। भगवान् शिव की पूजन-विधि, पंचयज्ञ विधान, भस्म-विधि, स्नान-विधि, ज्योतिष-चक्र, जम्बू, प्लक्ष आदि सातों द्वीपों सहित भारतवर्ष का वर्णन, क्षुप-दधीचि की कथा, ध्रुव की कथा एवं काशी माहात्म्य - ये लिंग पुराण की अन्य प्रमुख विशेषताएँ हैं।

लिंग पुराण के उत्तरार्द्ध भाग में भगवान् विष्णु के कल्याणमय स्वरूप का वर्णन कर राजा अम्बरीष की कथा के माध्यम से उनके एकादशी व्रत के माहात्म्य का निरूपण किया गया है। तदंतर सनत्कुमार तथा नंदीश्वर के संवाद है, जिसमें यज्ञ-दानादि की महिमा तथा सूर्य-पूजा की चर्चा की गई है।

इसके बाद भगवान् शिव के 28 अवतारों, अघोररूपधारी भगवान् शिव की प्रतिष्ठा, त्र्यम्बक माहात्म्य, गायत्री महिमा तथा ब्रजेश्वरी महाविद्या का ज्ञानवर्द्धक विवेचन किया गया है। अंत में लिंग पुराण के पठन, श्रवण और चिंतन के माहात्म्य का वर्णन कर पुराण का समापन किया गया है।

लिंग पुराण की कथा : राजा अम्बरीष की कथा

प्राचीन समय की बात है, राजा नाभाग के अम्बरीष नामक एक प्रतापी पुत्र थे। अम्बरीष बड़े वीर, बुद्धिमान और तपस्वी राजा थे। उन्हें पृथ्वी के समस्त ऐश्वर्य और विषय-भोग प्राप्त थे। किंतु विष्णु भक्त अम्बरीष जानते थे कि जिस धन-वैभव के लोभ में पड़कर प्राणी घोर नरक में जाते हैं, वह कुछ ही दिनों का सुख है। इसलिए उनका मन सदैव भगवान् विष्णु के चरण-कमलों और उनके भक्तों की सेवा में ही लगा रहता था।

राज्याभिषेक के पश्चात् राजा अम्बरीष अनेक अश्वमेध यज्ञ करके भगवान् विष्णु की पूजा-उपासना की। उनकी भक्ति से प्रसन्न होकर भगवान् विष्णु ने उनकी रक्षा के लिए अपना चक्र नियुक्त कर दिया था। सुदर्शन नामक यह चक्र शत्रुओं का नाश कर भक्तों की रक्षा करने वाला है।

एक बार राजा अम्बरीष ने अपनी पत्नी के साथ एक वर्ष तक द्वादशी प्रधान एकादशी-व्रत करने का निश्चय किया। उन्होंने भगवान् विष्णु का पूजन किया और ब्राह्मणों को अन्न-धन का भरपूर दान दिया। तभी वहाँ दुर्वासा ऋषि का आगमन हुआ। अम्बरीष ने उनका स्वागत किया और उन्हें श्रेष्ठ आसन पर बिठाया। तत्पश्चात् दुर्वासा ऋषि की पूजा करके उनसे प्रेमपूर्वक भोजन ग्रहण करने का आग्रह किया।

दुर्वासा ऋषि ने उनका आग्रह स्वीकार कर लिया। किंतु भोजन से पूर्व नित्य कर्मों से निवृत्त होने के लिए वे यमुना नदी के तट पर चले गए। वे परब्रह्म का ध्यान कर यमुना के जल में स्नान करने लगे।

इधर द्वादशी केवल कुछ ही क्षण शेष रह गई थी। स्वयं को धर्मसंकट में देख राजा अम्बरीष ब्राह्मणों से परामर्श करते हुए बोले – ''मान्यवरो ! ब्राह्मण को बिना भोजन करवाए स्वयं खा लेना और द्वादशी रहते भोजन न करना – दोनों ही मनुष्य को पाप का भागी बनाते हैं। इसलिए इस समय आप मुझे ऐसा उपाय बताएँ, जिससे कि मैं पाप का भागी न बन सकूँ।''

ब्राह्मण बोले – ''राजन ! शास्त्रों में कहा गया है कि जल पीना भोजन करने के समान भी है और समान नहीं भी है। इसलिए इस समय आप जल पीकर द्वादशी का नियम पूर्ण कीजिए।'' यह सुनकर अम्बरीष ने जल पी लिया और दुर्वासा ऋषि की प्रतीक्षा करने लगे।

जब दुर्वासा ऋषि लौटे तो उन्होंने तपोबल से जान लिया कि अम्बरीष भोजन कर चुके हैं। अत: वे क्रोधित हो उठे और कटु स्वर में बोले – ''दुष्ट अम्बरीष ! तू धन के मद में चूर होकर स्वयं को बहुत बड़ा मानता है। तूने मेरा तिरस्कार किया है। मुझे भोजन का निमंत्रण दिया, किंतु स्वयं पहले भोजन कर लिया। अब देख, मैं तुझे तेरी इस दुष्टता का दण्ड देता हूँ।''

यह कहकर महर्षि दुर्वासा ने अपनी एक जटा उखाड़ी और अम्बरीष को मार डालने के लिए एक भयंकर और विकराल कृत्या (दैवी शक्ति) उत्पन्न की। दुर्वासा ऋषि के आदेश से कृत्या तलवार लेकर उनकी ओर बढ़ी। किंतु वे बिना विचलित हुए मन–ही–मन भगवान् विष्णु का स्मरण करते रहे। फिर जैसे ही कृत्या ने उन पर तलवार का वार करना चाहा, भगवान् विष्णु के सुदर्शन चक्र ने उसे जलाकर भस्म कर दिया। जब दुर्वासा ऋषि ने देखा कि कृत्या को भस्म कर चक्र उनकी ओर आ रहा है तो वे भयभीत होकर अपने प्राण बचाते हुए वहाँ से भाग निकले।

दुर्वासा ऋषि आकाश, पाताल, पृथ्वी, समुद्र, पर्वत, वनादि अनेक स्थानों पर गए, किंतु सुदर्शन चक्र ने उनका पीछा नहीं छोड़ा। जब उन्हें कहीं शरण नहीं मिली तो वे ब्रह्माजी से रक्षा की प्रार्थना करने लगे।

ब्रह्माजी अपनी असमर्थ प्रकट करते हुए बोले – ''वत्स ! मैं, प्रजापति, इन्द्र, सूर्य आदि सभी देवगण भगवान् विष्णु द्वारा बनाएँ गए नियमों में बँधे हुए हैं। हम उनकी आज्ञा के अनुसार ही सृष्टि का कल्याण करते हैं। इसलिए उनके भक्त के शत्रु की रक्षा करना हमारे वश में नहीं है।''

ब्रह्माजी द्वारा निराश किए जाने पर दुर्वासा ऋषि भगवान् महादेव की शरण में गए। महादेव बोले – ''ऋषिवर ! यह सुदर्शन चक्र भगवान् विष्णु का शस्त्र है, जो उनके भक्तजन की रक्षा करता है। इसका तेज सभी के लिए असहनीय है। इसलिए

आप भगवान् विष्णु की शरण में जाएँ। केवल वे ही सुदर्शन चक्र का निवारण कर आपका मंगल करेंगे।''

वहाँ से भी निराश होकर दुर्वासा ऋषि भगवान् विष्णु की शरण में पहुँचे और उनके श्रीचरणों में गिर कर करुण स्वर में बोले – ''भगवन् ! मैं आपका अपराधी हूँ। आपका प्रभाव न जानकर मैंने आपके परम भक्त राजा अम्बरीष को मारने का प्रयास किया। भगवन् ! आप तो दया के सागर हैं। कृपया मेरी इस धृष्टता को क्षमा कर मेरी रक्षा कीजिए। आपका नाम स्मरण करने से ही प्राणी संकट-मुक्त हो जाते हैं। अपने इस भक्त पर भी कृपा कीजिए प्रभु।''

भगवान् विष्णु बोले – ''मुनिवर ! मैं सर्वदा भक्तों के अधीन हूँ। मेरे सीधे-सादे भक्तों ने अपने प्रेम से मुझे बाँध रखा है। भक्तों का एकमात्र आश्रय मैं ही हूँ। इसलिए उनके अतिरिक्त न तो मैं स्वयं को और न ही देवी लक्ष्मी को चाहता हूँ। जो अपने बंधु-बांधवों और समस्त भोगों को त्याग कर मेरी शरण में आ गए हैं, मैं भला उन्हें छोड़ने का विचार कैसे कर सकता हूँ। यदि आप इस विपत्ति से बचना चाहते हैं तो भक्त अम्बरीष की शरण में ही जाइए। उसके प्रसन्न होने पर आप स्वयं इस विपत्ति से मुक्त हो जाएँगे।''

भगवान् विष्णु के परामर्श से दुर्वासा ऋषि पुनः अम्बरीष के पास आए और उनके चरण पकड़कर अपने अपराध की क्षमा माँगने लगे। महर्षि दुर्वासा की यह दुर्दशा देख अम्बरीष अत्यंत दुखी हो गए। तब उन्होंने चक्र की स्तुति कर लौट जाने की प्रार्थना की। उनकी स्तुति से प्रसन्न होकर सुदर्शन चक्र लौट गया और दुर्वासा ऋषि उसके भय से मुक्त हो गए।

जब से दुर्वासा ऋषि वहाँ से गए थे, राजा अम्बरीष ने भोजन नहीं किया था। किंतु पहले उन्होंने दुर्वासा ऋषि को ससम्मान बिठाकर विधिपूर्वक उनकी पूजा की तथा प्रेमपूर्वक भोजन करवाया। राजा अम्बरीष के व्यवहार से प्रसन्न होकर महर्षि दुर्वासा उन्हें आशीर्वाद देकर वहाँ से चले गए।

अम्बरीष ने अनेक वर्षों तक पृथ्वी पर धर्मपूर्वक शासन किया। वृद्धावस्था में उन्होंने अपना राज्य पुत्रों को सौंपा और स्वयं तपस्या करने के लिए वन में चले गए। उन्होंने समस्त भोगों को त्याग दिया और भगवान् विष्णु का स्मरण करके समाधि लीन हो गए। अंत में परब्रह्म भगवान् श्रीविष्णु की कृपा से उन्हें परमधाम प्राप्त हुआ।

अध्याय 12

वराह पुराण

परिचय

यह पुराण सर्वप्रथम भगवान् वराह ने पृथ्वी को सुनाया था, इसी कारण इसे 'वराह पुराण' कहा जाता है। वस्तुतः भगवान् विष्णु ने ही पृथ्वी के उद्धार के लिए वराहावतार धारण किया था। इसलिए वराहरूपी भगवान् विष्णु के स्वरूप का वर्णन होने के कारण इस पुराण को 'वैष्णव पुराण' भी कहा गया है।

इस अवतार में भगवान् वराह ने हिरण्याक्ष नामक दैत्य का वध कर पृथ्वी को एक सहस्र वर्ष तक अपने विशाल मुख पर धारण किया था। इसके बाद नियत स्थान पर स्थापित होने के पश्चात् पृथ्वी द्वारा भगवान् वराह के स्वरूप से संबंधित अपनी जिज्ञासाओं को प्रस्तुत करने पर भगवान् वराह ने उन्हें पौराणिक तथा गूढ़ ज्ञान का उपदेश दिया था। भगवान् वराह द्वारा पृथ्वी को दिए गए उसी दिव्य ज्ञान का इस पुराण में विस्तृत विवेचन किया गया है।

श्लोक संख्या तथा खण्ड

वराह पुराण दस हज़ार (10,000) श्लोकों का सार है। यह पुण्यमय पुराण खण्ड अथवा स्कंध में विभाजित न होकर एकबद्ध है। सम्पूर्ण पुराण में कुल दो सौ सत्रह (217) अध्याय हैं, जो भगवान् वराह द्वारा देवी पृथ्वी को दिए गए उपदेशों को क्रमबद्ध-रूप में प्रस्तुत करते हैं।

वराह पुराण का सार

इस पुराण के आरम्भ में सृष्टि की उत्पत्ति तथा विकास के क्रम का वर्णन किया गया है। इसके बाद ब्रह्मपार स्तोत्र के माहात्म्य का वर्णन है। 'ज्ञान एवं कर्म में कर्म ही प्रधान है', इस कथन को निष्ठुर नामक शिकारी की कथा के माध्यम से स्पष्ट किया गया है। इसके बाद रैभ्य मुनि की कथा द्वारा पुण्डरीकाक्ष नामक पुण्यमय स्तोत्र तथा गया तीर्थ में श्राद्ध-तर्पण के माहात्म्य का प्रतिपादन किया गया है।

तत्पश्चात् स्वर्ग, पाताल आदि विभिन्न लोकों की उत्पत्ति, भगवान् नारायण द्वारा मत्स्य अवतार ग्रहण करके वेदों की रक्षा करने के पौराणिक आख्यान सहित त्रिशक्ति माहात्म्य, शक्ति महिमा व त्रिप्रकार स्तोत्र की महिमा का विवेचन किया गया है।

त्रिप्रकार स्तोत्र का महात्म्य स्पष्ट करते हुए कहा गया है कि इसे लिखकर घर पर रखने से कोई विघ्न, व्याधि या बाधा नहीं आती। अष्टमी, नवमी एवं चतुर्दशी को इस स्तोत्र का पाठ करने से भक्त को विशेष फल प्राप्त होता है।

भगवान् शिव के कापालिक नामक व्रत तथा भृगुवंशी सत्यतपा की कथा के बाद द्वादशी में भगवान् विष्णु की पूजा करने की विधि तथा राजा श्वेत की कथा द्वारा जलधेनु, रसधेनु, गुड़धेनु, शर्कराधेनु, मधुधेनु, नवनीतधेनु, लवणधेनु अदि दानों की महिमा का वर्णन किया गया है।

इसके बाद मनुष्य द्वारा भगवान् विष्णु के प्रति किए जाने वाले अपराधों का वर्णन तथा पितृ-संख्या एवं श्राद्ध की तिथियों का विवेचन किया गया है। उत्तरायण या दक्षिणायन के शुभारम्भ का समय, विशाखा, अनुराधा एवं स्वाति नक्षत्रों से युक्त अमावस्या, नौ नक्षत्रों से युक्त अमावस्या तथा अष्टका तिथियों को श्राद्ध के लिए श्रेष्ठ कहा गया है।

श्राद्ध-वर्णन के बाद महर्षि दुर्वासा के वर से राजा सुप्रतीक के घर दुर्जय नामक पुत्र के उत्पन्न होने, दुर्जय द्वारा देवताओं को पराजित करने, भगवान् विष्णु द्वारा गौरमुख नामक ऋषि को चिंतामणि देने, दुर्जय द्वारा गौरमुख मुनि से चिंतामणि छीनने तथा भगवान् नारायण द्वारा दुर्जय को भस्म करने के प्रसंग वर्णित हैं। भगवान् नारायण के सुदर्शन चक्र ने निमिष मात्र (साठ निमिषों का एक पल होता है) में दुर्जय को सेनासहित भस्म कर दिया था, इसलिए वह स्थान 'निमिषारण्य' नाम से प्रसिद्ध हुआ।

20वें से 50वें अध्याय तक विभिन्न पुण्यमय व्रतों तथा उनसे संबंधित कथाओं का वर्णन है। तिथिव्रतों में तिथि विशेष एवं उनके स्वामी देवताओं की उत्पत्ति-कथाएँ तथा चरित्रों का वर्णन है। तिथि विशेष को उनके स्वामी देवता की पूजा-आराधना करने से श्रेष्ठ फल प्राप्त होता है। ये विशेष तिथियाँ तथा उनके अधिष्ठित देवता निम्नलिखित हैं :

तिथि विशेष	स्वामी देव	तिथि विशेष	स्वामी देव
प्रतिपदा	अग्निदेव	द्वितीया	अश्विनीकुमार
तृतीया	गौरी	चतुर्थी	गणेश
पंचमी	नाग	षष्ठी	कार्त्तिकेय
सप्तमी	सूर्य	अष्टमी	मातृका
नवमी	गायत्री	दशमी	दिशा
एकादशी	कुबेर	द्वादशी	श्रीविष्णु
त्रयोदशी	धर्म	चतुर्दशी	रुद्र
अमावस्या	पितृगण	पूर्णिमा	चन्द्रमा

इस पुराण में बारह महीनों के द्वादशी व्रतों में भगवान् विष्णु के 'दशावतारों' की कथाओं का वर्णन किया गया है। जैसे :

मास की द्वादशी	श्रीविष्णु के अवतार
मार्गशीर्ष	मत्स्य
पौष	कूर्म
माघ	वराह
फाल्गुन	नृसिंह
चैत्र	वामन
वैशाख	परशुराम
ज्येष्ठ	श्रीराम
आषाढ़	श्रीकृष्ण
श्रावण	बुद्ध
भाद्रपद	कल्कि (होना है)

द्वादशी व्रत के माहात्म्य के बाद कांति, अविघ्न, धन्य, शांति, सौभाग्य, आरोग्य, काम, शौर्य, पुत्रेष्टि, सार्वभौम तथा रौद्र आदि अनेक पुण्यदायक व्रतों के माहात्म्य का पौराणिक आख्यानों तथा उनकी विभिन्न पूजा-विधियों सहित निरूपण किया गया है।

इसके बाद महर्षि गौतम द्वारा गंगा को पृथ्वी पर लाने की कथा, त्रिदेवों की महत्ता, भुवनकोश तथा जम्बू आदि सप्तद्वीपों का वर्णन है।

तत्पश्चात् भगवान् विष्णु की पूजा-विधि का वर्णन करके कोकामुखतीर्थ, करवीरतीर्थ, अग्नितीर्थ, वायव्यतीर्थ, शुक्रतीर्थ, तप्तसामुद्रकतीर्थ, मानसरतीर्थ, पूर्णमुखतीर्थ, मायातीर्थ, कुब्जाम्रकतीर्थ, मानसतीर्थ, हरिद्वार, सार्वकालिकतीर्थ, आखेटकतीर्थ, गृधवटतीर्थ, चक्रतीर्थ, वैवस्वततीर्थ आदि तीर्थों का वर्णन करते हुए उनसे संबंधित कथाओं, पूजा-विधियों, उनमें स्नान-दान की महिमा तथा प्राप्त होने वाले श्रेष्ठ फलों का विवेचन किया गया है। इसी के अंतर्गत जीवन-मृत्यु के मायारूपी बंधनों को काटने वाली भगवती दीक्षा की विधि तथा मथुरा का भौगोलिक, सांस्कृतिक एवं ऐतिहासिक वर्णन है।

गणेश-चरित्र, कार्त्तिकेय-चरित्र, रुद्र क्षेत्रों का वर्णन, सूर्य, ब्रह्माजी एवं भगवान् शिव के चरित्र, उनकी पूजा-अर्चना का वर्णन, वेदोक्त देवशुनी-शरमा तथा नचिकेंता उपाख्यान इस पुराण की अन्य विशेषताएँ हैं। नचिकेता उपाख्यान में पापकर्मों पर विस्तृत चर्चा की गई है। इसके अतिरिक्त पुराण गें कर्गविपाक, गतिव्रता माहात्म्य, गोकर्णेश्वर व शुक्रेश्वर महिमा, पंचरात्रचर्या, वर्णाश्रम धर्म, भगवद् भक्ति, आत्मज्ञान की प्रशंसा आदि विषयों का विस्तृत प्रतिपादन किया गया है।

इस पुराण में वर्णित अनेक शिक्षाप्रद उपाख्यानों द्वारा मनुष्यों को परोपकार, परमार्थ, सत्य, दया, सदाचार, श्रद्धा, क्षमा आदि का उपदेश दिया गया है।

विभिन्न देवताओं की विभिन्न धातुओं या पदार्थों से बनने वाली प्रतिमाओं की निर्माण-विधि, उनकी प्रतिष्ठा-विधि का वर्णन कर शालिग्राम तथा शिवलिंग के माहात्म्य का निरूपण भी वराह पुराण में किया गया है।

अंत में विभिन्न पापकर्मों, उनके फलस्वरूप प्राप्त होने वाले विभिन्न नरकों तथा वराह पुराण के पठन, श्रवण एवं चिंतन के माहात्म्य के साथ पुराण का समापान किया गया है।

वराह पुराण की कथा : चाण्डाल और ब्रह्मराक्षस

प्राचीन समय की बात है, क्षिप्रा नदी के तट पर स्थित अवंती (उज्जैन) नामक सुंदर नगरी में एक चाण्डाल रहता था। वह अत्यंत विनम्र, सत्य-प्रतिज्ञ, बुद्धिमान और संगीत में कुशल था। सत्कर्मों द्वारा धन अर्जित कर अपने परिवार का भरण-पोषण करना ही उसका कार्य था। वह भगवान् नारायण का अनन्य भक्त था। प्रत्येक मास की एकादशी को उपवास रखता था और भगवान् विष्णु के मंदिर में जाकर भजन-कीर्तन करता था। दूसरे दिन प्रातः भगवान् को प्रणाम कर अपने घर आता और स्वजन को भोजन करवाकर स्वयं भोजन ग्रहण करता था। इस प्रकार उसकी अधिकांश आयु भगवान् नारायण के चरण-कमलों का ध्यान करते हुए बीत गई।

एक बार चैत्र के कृष्ण पक्ष की एकादशी को भगवान् नारायण की पूजा करने के लिए पुष्प एकत्रित करने चाण्डाल वन में गया। उस वन में एक भयंकर ब्रह्मराक्षस रहता था। वह ब्रह्मराक्षस अत्यंत क्रूर और पापी स्वभाव का था। जो भी मनुष्य उस वन में जाता था, वह उसे मारकर खा जाता था। जब चाण्डाल भगवान् विष्णु की पूजा-अर्चना के लिए पुष्प एकत्रित कर रहा था तब ब्रह्मराक्षस ने उसे पकड़ लिया और अट्टहास करते हुए बोला - "आज मेरा भाग्य अनुकूल लगता है, तभी बिना परिश्रम के मुझे भोजन मिल गया। अब मैं निश्चिंत होकर इसे खाऊँगा।"

तब चाण्डाल विनती करते हुए बोला - "राक्षसराज ! आज मुझे मत खाओ। मुझे छोड़ दो। कल प्रातः मैं पुनः तुम्हारे पास लौट आऊँगा। आज रात मुझे भगवान् नारायण की पूजा-अर्चना कर उनका भजन-कीर्तन करना है। तुम्हें उसमें विघ्न नहीं डालना चाहिए। मैं वचन देता हूँ कि प्रातः होते ही स्वयं को तुम्हारी सेवा में समर्पित कर दूँगा। यदि मैं अपना वचन पूरा न कर सकूँ तो मैं घोर नरक का भागी बनूँ।"

चाण्डाल की बात सुनकर ब्रह्मराक्षस को बड़ा विस्मय हुआ। उसने उसे मुक्त कर दिया और वहीं बैठकर उसके लौटने की प्रतीक्षा करने लगा। चाण्डाल शीघ्रता से मंदिर में गया और लाए हुए पुष्प भगवान् विष्णु के चरण-कमलों में अर्पित करने के लिए पुजारी को दे दिए। फिर स्वयं मंदिर के द्वार पर बैठकर भगवान् का भजन-कीर्तन

करते हुए रात भर जागरण करता रहा। प्रातः चाण्डाल ने स्नान कर भगवान् नारायण को प्रणाम किया। फिर अपनी प्रतिज्ञा पूर्ण करने के लिए राक्षस के पास चल पड़ा।

मार्ग में उसे वन की ओर जाते देख एक परिचित ब्राह्मण उसे रोकते हुए बोला – "अरे ! आज द्वादशी है और इस समय तुम भगवान् विष्णु का जागरण करने के बाद घर की ओर लौटते हो। फिर वन की ओर कहाँ जा रहे हो?"

चाण्डाल ने उसे सारी बात बताई। तब वह ब्राह्मण बोला – "यह शरीर धर्म, अर्थ, काम और मोक्ष – चारों पुरुषार्थों की प्राप्ति का एकमात्र साधन है, इसलिए मनुष्य को सदा इसका पोषण करना चाहिए। जीवित रहने पर ही मनुष्य अपने लिए मोक्ष की प्राप्ति का उपाय कर सकता है। इसलिए तुम भी यह मूर्खता छोड़कर अपने घर चले जाओ।"

ब्राह्मण की बात सुनकर चाण्डाल विनम्र स्वर में बोला – "ब्राह्मणदेव ! संसार में केवल सत्य ही अक्षय और पुण्यदायक है। पृथ्वी पर जितनी सुख-सम्पदाएँ हैं, वे सत्य द्वारा ही प्राप्त होती हैं। सत्य से ही मनुष्यों को धर्म, अर्थ, काम और मोक्ष प्राप्त होते हैं। सत्य ही परब्रह्म है। यज्ञों में भी सत्य सबसे उत्तम है, इसलिए मनुष्य को सत्य का त्याग कदापि नहीं करना चाहिए।" यह कहकर चाण्डाल वन की ओर चल पड़ा और शीघ्र ही राक्षस के पास पहुँच गया।

चाण्डाल को देखकर ब्रह्मराक्षस विस्मित होकर बोला – "मान्यवर ! वस्तुतः आप सत्य का पालन करने वाले हैं। आपके इस कर्म से यह प्रतीत होता है कि आप चाण्डाल नहीं, बल्कि अपने धर्म का पालन करने वाले एक सत्यनिष्ठ ब्राह्मण हैं। आपने यहाँ आकर अपना वचन सत्य कर दिखाया है। मान्यवर ! मैं भी यह जानने को अत्यंत उत्सुक हूँ कि आपने भगवान् विष्णु के मंदिर में ऐसा कौन-सा कार्य किया, जिसके कारण आप इतने प्रसन्न दिखाई दे रहे हैं? उनकी भक्ति करते हुए आपको कितना समय बीत चुका है?"

चाण्डाल बोला – "हे राक्षस ! मैंने मंदिर में जाकर भगवान् विष्णु का भजन-कीर्तन किया और रात भर उनकी महिमा का गान कर जागरण करता रहा। प्रत्येक मास की एकादशी को इस प्रकार जागरण करते हुए मुझे बीस वर्ष बीत चुके हैं।"

ब्रह्मराक्षस बोला – "मान्यवर ! आप भगवान् नारायण के परम भक्त हैं। यदि आप एक रात के जागरण का फल मुझे अर्पित कर दें तो मैं आपको मुक्त कर यहाँ से चला जाऊँगा।"

चाण्डाल बोला – "राक्षसराज ! मैंने तुम्हें अपना शरीर अर्पित कर दिया है, इसलिए व्यर्थ की बातें त्याग कर मुझे अपना आहार बना लो।"

ब्रह्मराक्षस विनती भरे स्वर में बोला – "मान्यवर ! रात्रि व्यतीत होते समय आपने भगवान् नारायण का जो अंतिम भजन गाया हो, उसी का फल मुझे प्रदान करें, जिससे कि मेरा उद्धार हो सके।"

तब चाण्डाल बोला – "हे राक्षसराज ! यदि तुम आज से किसी भी प्राणी का वध न करने का वचन दो तो मैं अपने एक भजन कां फल तुम्हें दे सकता हूँ, अन्यथा तुम मेरा भक्षण कर लो।"

ब्रह्मराक्षस ने प्रसन्नतापूर्वक चाण्डाल की बात मान ली। तब उस चाण्डाल ने अपने आधे मुहूर्त के जागरण और भजन का फल उसे दे दिया। उसे पाकर ब्रह्मराक्षस अत्यंत प्रसन्न हुआ और चाण्डाल को प्रणाम कर पृथूदक नामक तीर्थ की ओर चल दिया। वहाँ निराहार रहकर ब्रह्मराक्षस ने प्राण त्याग दिए। भजन के फल से पुण्य में वृद्धि होने के कारण वह राक्षस-योनि से मुक्त होकर ब्राह्मण-योनि में उत्पन्न हुआ।

इधर, इस घटना से चाण्डाल के हृदय में भी वैराग्य उत्पन्न हो गया। उसने अपनी पत्नी का भार पुत्रों को सौंप दिया और स्वयं पृथ्वी की परिक्रमा करते हुए पापमोचन नामक तीर्थ में पहुँचा। वहाँ स्नान कर वह समस्त पापों से मुक्त होकर उत्तम गति को प्राप्त हुआ और वैकुण्ठ का अधिकारी बना।

अध्याय 13

स्कंद पुराण

परिचय

महर्षि वेदव्यास द्वारा रचित सभी अठारह पुराणों में 'स्कंद पुराण' सबसे वृहद् पुराण है। अन्य पुराणों की अपेक्षा इस महापुराण में पौराणिक आख्यानों, शिक्षाप्रद उपाख्यानों तथा सृष्टि से संबंधित सारगर्भित गूढ़ रहस्यों को अधिक विस्तृत रूप में प्रस्तुत किया गया है।

स्कंद कुमार भगवान् शिव तथा भगवती पार्वती के ज्येष्ठ पुत्र हैं। इनका एक अन्य प्रसिद्ध नाम कार्त्तिकेय भी है। स्कंद का अर्थ है – संहार। पुराणों एवं अन्य ध ार्मिक ग्रंथों में स्कंद कुमार को देवताओं की संहारक शक्ति के रूप में प्रतिपादित किया गया है। कुमार कार्त्तिकेय ने अपने बाल्यकाल में ही जगत् के कल्याण के लिए तारकासुर नामक दैत्य का उसकी सेना सहित संहार किया था, इसलिए उनका नाम स्कंद पड़ा। स्कंद पुराण के संदर्भ में स्कंद शब्द का अर्थ संहार शक्ति से है। किंतु यहाँ इस पुराण में वर्णित ज्ञान को ही संहारक शक्ति कहा गया है, जिसके द्वारा मनुष्य के अंतर्मन में स्थित अज्ञान, अधर्म तथा अन्याय का नाश होता है।

यद्यपि स्कंद पुराण एक 'शैवमत प्रधान' पुराण है, तथापि इसमें भगवान् शिव के अतिरिक्त विष्णु, ब्रह्मा आदि देवताओं की महिमा का भी प्रतिपादन किया गया है। भगवान् राम के चरित्र का भी इस पुराण में विस्तृत वर्णन है।

श्लोक संख्या तथा खण्ड

इस पुराण में इक्यासी हज़ार (81,000) श्लोकों का समावेश है। सम्पूर्ण पुराण छः खण्डों में विभक्त हैं। ये खण्ड हैं : माहेश्वर खण्ड, वैष्णव खण्ड, ब्रह्म खण्ड, काशी खण्ड, अवन्तिका खण्ड तथा रेवा खण्ड। यद्यपि कुछ लोग अवंतिका खण्ड को ताप्ती खण्ड या प्रभास खण्ड में विभाजित कर सात खण्ड बना देते हैं तथापि इसके छः खण्ड ही स्वीकार्य हैं।

(यद्यपि स्कंद पुराण महर्षि व्यास द्वारा रचित अठारह पुराणों में सम्मिलित हैं, तथापि इसी नाम से इस पुराण का एक उप पुराण भी है। इस उप पुराण को सूत संहिता के अनुसार सनत्कुमार संहिता, सूत संहिता, शंकर संहिता, वैष्णव संहिता, ब्राह्म संहिता तथा सौर संहिता – इन छः भागों में विभक्त किया गया है। संहिता-विभाजन ही स्कंद पुराण नामक उप पुराण की पृथक पहचान है।)

स्कंद पुराण का सार

1. माहेश्वर खण्ड

माहेश्वर खण्ड भी केदार, कुमारिका तथा अरुणाचल माहात्म्य - इन तीन उपखण्डों में विभाजित है। यहाँ इन उपखण्डों का सार एकसाथ वर्णित है।

माहेश्वर खण्ड का आरम्भ शिव-कथा से है। इसमें क्रोधित दक्ष प्रजापति द्वारा शिवजी को तथा नंदी द्वारा दक्ष को शाप देने का पौराणिक आख्यान वर्णित है। इसी कथा में दक्ष द्वारा कनखल में यज्ञ करने, शिव-तिरस्कार से क्रोधित भगवती सती द्वारा आत्मदाह करने, वीरभद्र की उत्पत्ति, देवगण-शिवगण युद्ध, दक्ष-यज्ञ-विध्वंस, दक्ष-वध, भगवान् शिव द्वारा दक्ष प्रजापति को पुनर्जीवित करने, शिवलिंग के विराट् रूप धारण करने, भगवान् शिव की आज्ञा से भैरव द्वारा ब्रह्माजी का एक सिर काटने के प्रसंग हैं। इसी संदर्भ में भगवान् शिव द्वारा केतकी पुष्प को अपनी पूजा में वर्जित होने का शाप तथा शिव-मण्डप की सज्जा में भक्तों द्वारा सम्मानित होने का वरदान देने के प्रसंग वर्णित हैं।

इसके बाद लिंग-प्रतिष्ठा एवं लिंग-पूजा की महिमा, रावण का उपाख्यान, इन्द्र द्वारा देवगुरु बृहस्पति के तिरस्कार, दैत्यों द्वारा स्वर्ग पर अधिकार, समुद्र-मंथन, भगवान् शिव द्वारा हलाहल पीने, लक्ष्मी की उत्पत्ति, भगवान् विष्णु के मोहिनी-अवतार तथा चन्द्र-राहु के वैमनस्य के प्रसंग वर्णित हैं।

तत्पश्चात् कार्त्तिकेय द्वारा तारकासुर के संहार तथा मेरु, उदयगिरि, महेन्द्र, शैल, विन्ध्य, श्वेतकूट, त्रिकूट आदि पर्वतों के लिंगरूप होने के प्रसंग वर्णित हैं। शिवलिंग की महिमा का वर्णन करते हुए भगवान् स्कंद कुमार कहते हैं कि देवों के अधिपति भगवान् शिव के लिंग को शिवालय समझना चाहिए। लिंग किसी भी धातु या पदार्थ से निर्मित हो सकते हैं। उदाहरणार्थ - नील (नीलम), प्रवाल (मूंगा), मुक्ता (मोती), पद्मराग, गोमेद, रजत, कंचन, मरकत, पद्मराग, चन्द्र आदि धातुओं से निर्मित लिंग। भगवान् महादेव की कृपा से रेवा (नर्मदा) नदी के मध्य में स्थित सभी शिलाएँ लिंगरूप हो गई हैं। उनका पूजन शास्त्रोक्त विधि से करना चाहिए। शिवलिंग का ध्यान तथा पूजन करने वाले मनुष्य पर भगवान् शिव की कृपा-दृष्टि सदा बनी रहती है। **'ॐ नमः शिवाय'** - भगवान् शिव का यह पंचाक्षरी मंत्र जिस भक्त के मन में सदैव स्थित रहता है, उसके समस्त कष्ट दूर हो जाते हैं।

राशि-नक्षत्र का वर्णन करते हुए कहा गया है कि जब ब्रह्माजी ने ब्रह्माण्ड सहित सम्पूर्ण चराचर जगत् की रचना की, तभी राशि चक्र उत्पन्न हुआ। इस राशि चक्र में 12 राशियाँ तथा 27 नक्षत्र विद्यमान हैं। इस जगत् का क्रीड़ा-चक्र इन्हीं राशियों तथा नक्षत्रों के कालचक्र से संचालित होता है। यह राशि-नक्षत्र चक्र ही सृजन, पालन और संहार का प्रतिपादन करता है।

इसके बाद पूर्णिमा व अमावस्या को किए गए दान की महिमा तथा तिथि विशेष एवं उसके अधिपति देवताओं का वर्णन करने के बाद कहा गया है कि कृष्ण पक्ष की चतुर्दशी तिथि की आधी रात्रि भगवान् शिव की तिथि के रूप में प्रसिद्ध है। इसे शिवरात्रि (मासशिवरात्रि) कहते हैं। शिवरात्रि-व्रत के माहात्म्य का वर्णन करने के लिए इसमें एक चाण्डाल का वृत्तांत वर्णित है, जो शिवरात्रि व्रत करने के कारण दूसरे जन्म में विचित्रवीर्य नामक राजा तथा तीसरे जन्म में भगवान् शिव की जटा से उत्पन्न वीरभद्र कहलाया।

तत्पश्चात् पंचाप्सर तीर्थ का वर्णन है। पंचाप्सर तीर्थ में महाकालेश्वर, कुमारेश, स्तम्भेश, वर्करेश्वर तथा सिद्धेश – ये पाँच तीर्थ सम्मिलित हैं। इससे संबंधित कथा में पाँच ग्राहों (मगरमच्छों) के भय से भक्तों द्वारा इन तीर्थों का परित्याग करने तथा पाण्डु-पुत्र अर्जुन द्वारा पाँच ग्राहों का उद्धार करने के प्रसंग हैं। ये पाँचों ग्राह वास्तव में वर्चा, सौरमेयी, सामेयी, बुदबुदा तथा लता नामक पाँच अप्सराएँ थीं, जो अर्जुन द्वारा शापमुक्त होती हैं।

देवर्षि नारद एवं राजा धर्मवर्मा के संवाद द्वारा दान की महिमा का प्रतिपादन किया गया है। नारदजी कहते हैं कि दान श्रद्धापूर्वक एवं यथाशक्ति देना चाहिए। जो व्यक्ति परिवार में अभाव होने पर भी दान करता है, उसे कभी सुख प्राप्त नहीं होता। दान सदा धर्मपूर्वक देना चाहिए। किसी की धरोहर, आपत्तिकाल के लिए रखा हुआ तथा उधार लिया हुआ धन कभी दान में नहीं देना चाहिए। धर्म, अर्थ, काम, क्रीड़ा, हर्ष और भय – ये छ: प्रकार के दान कहे गए हैं। अर्थात् कोई व्यक्ति लोभवश, कोई फल की कामना से, कोई प्रियजन को देख प्रसन्न होकर तथा कोई किसी के भय से दान देता है। इन सभी दानों में धर्म दान सबसे श्रेष्ठ और परम कल्याणदायक होता है, जो किसी सुयोग्य पात्र को बिना किसी अपेक्षा के दिया जाता है। जो दान सत् पुरुषों को दिया जाता है, उसका प्रभाव परलोक में भी स्थायी रहता है। जबकि दुष्ट मनुष्यों को दिया गया दान इसी लोक में भोग लिया जाता है। दान देने के बाद पश्चात्ताप नहीं करना चाहिए, अन्यथा दान का महत्त्व क्षीण हो जाता है। यदि दान श्रद्धापूर्वक नहीं दिया गया अथवा जिस दान को देने के बाद मन में क्रोध उत्पन्न होता है, वे दान कभी फलदायक नहीं होते।

तत्पश्चात् लोमश ऋषि द्वारा राजा इन्द्रद्युम्न को अपने पूर्वजन्म का वृत्तांत सुनाने, शिव-पूजन तथा महीसागर संगम की महिमा का वर्णन है।

इसके बाद अठारह नदियों के नामों की महिमा का वर्णन करते हुए कहा गया है कि इनके जप से मनुष्यों को सुख-सौभाग्य प्राप्त होता है। ये पुण्यमय नदियाँ निम्नलिखित हैं :

इरावती	गंगा	पयोवाहा
दातृदात्री	शुभा	शस्यमाला

महासिंधु	ताम्रा	पृथुस्तुता
क्षितिजन्मा	रस्या	इंद्रद्युम्न कन्या
महीपर्णा	महीश्रृंगा	पितृप्रीतिप्रदा
राजनदी	नदनदी	पश्चिमवाहिनी

तत्पश्चात् भर्तृयज्ञ मुनि द्वारा शतरुद्रिय के माहात्म्य का निरूपण करते हुए देवताओं, दैत्यों, राजाओं, नागों, ऋषियों तथा मुनियों द्वारा स्थापित विभिन्न धातुओं व पदार्थों से निर्मित शिवलिंगों के पूजन का वर्णन किया गया है।

भगवान् स्कंदकुमार (कार्त्तिकेय) द्वारा तीन शिवलिंगों की प्रतिष्ठा तथा शिवलिंग की पूजा के विभिन्न रहस्यों, स्कंदकुमार के 108 नामों, पौराणिक भौगोलिक स्थिति, नवग्रहों की स्थिति, सातों लोकों, नरकों, कालमान व भारतवर्ष का विस्तृत वर्णन तथा राजा शतश्रृंग की पुत्री कुमारिका की कथा - इस खण्ड की ज्ञानवर्द्धक विशेषताएँ हैं। इस उपखण्ड में श्राद्ध-संबंधी विभिन्न जिज्ञासाओं को महाकाल तथा करन्धम के संवाद द्वारा स्पष्ट किया गया है।

इसके पश्चात् कलियुग एवं विभिन्न राजवंशों का वर्णन, सदाचार का निरूपण, देवर्षि नारद द्वारा महादित्य नाम से भगवान् सूर्यदेव की स्थापना एवं 108 नामों से उनकी स्तुति करने, कमठ द्वारा शरीर के लक्षणों का वर्णन, मृत्यु एवं मृत्यु के बाद जीव की स्थिति, घटोत्कच-विवाह तथा बर्बरीक-जन्म की कथाएँ वर्णित हैं।

अरुणाचल माहात्म्य का वर्णन करते हुए यहाँ भगवान् शिव के स्थावर लिंग के रूप में स्थापित होने, अनेक शिव तीर्थों के माहात्म्य तथा उन तीर्थों में भगवान् शिव देवी पार्वती के साथ किस रूप में स्थित हैं, इनका वर्णन किया गया है।

दुर्गा-सप्तशती में वर्णित भगवती दुर्गा के दो प्रसिद्ध पौराणिक आख्यानों - महिषासुर तथा शुम्भ-निशुम्भ दैत्यों के वध की कथाओं का इस खण्ड में विस्तृत विवेचन है।

अंत में विंध्यवासिनी द्वारा खड्गतीर्थ की उत्पत्ति, कलाधर-उद्धार की कथा तथा राजा वज्रांगद द्वारा अरुणाचलेश्वर की पूजा-आराधना के माहात्म्य के साथ ही यह खण्ड विश्राम लेता है।

2. वैष्णव खण्ड

माहेश्वर खण्ड की भाँति वैष्णव खण्ड भी उपखण्डों में विभाजित है। इसके उपखण्डों की संख्या आठ है। ये आठ उपखण्ड हैं - भूमिवराह अथवा वेंकटाचल माहात्म्य, उत्कल या पुरुषोत्तम क्षेत्र माहात्म्य, बदरिकाश्रम माहात्म्य, कार्तिक मास माहात्म्य, मार्गशीर्ष माहात्म्य, श्रीमद् भागवत माहात्म्य, वैशाख माहात्म्य तथा अयोध या माहात्म्य। यहाँ माहेश्वर खण्ड की भाँति इस खण्ड का सार भी एकसाथ प्रस्तुत किया गया है।

इस खण्ड के आरम्भ में वेंकटाचल पर्वत (तिरुपति बालाजी) तथा वहाँ स्थित तीर्थों के माहात्म्य का विस्तृत वर्णन किया गया है। भगवान् वराह कहते हैं कि कलियुग में वेंकटाचल; भगवान् नारायण का निवास स्थान है। इसलिए इसे नारायणगिरि भी कहते हैं। इस पुण्यमय पर्वत पर चक्रतीर्थ, कुमारधारिका तीर्थ, देवतीर्थ, पापनाशन तीर्थ, आकाशगंगा तीर्थ, पाण्डवतीर्थ, स्वामी पुष्करणी तीर्थ, तुम्बतीर्थ, कृष्णतीर्थ आदि परम कल्याणकारी तथा श्रेष्ठ फल प्रदान करने वाले तीर्थ स्थापित हैं।

तीर्थों में तिथि-योग विशेष में स्नान करने का माहात्म्य स्पष्ट करते हुए कहा गया है कि माघ मास में जब सूर्य कुम्भ राशि में स्थित होता है, तब पूर्णिमा तिथि को मघा नक्षत्र होने पर कुमारधारिका तीर्थ में मध्याह्नकाल में स्नान कर अन्न दान करने से 12 वर्षों तक नियमित गंगास्नान करने का फल प्राप्त होता है। इसी प्रकार शुक्ल या कृष्ण पक्ष के रविवार को सप्तमी तिथि तथा पुष्य अथवा हस्त नक्षत्र का योग हो तो पापनाशनतीर्थ में स्नान करने से पूर्वजन्मों के समस्त पापों का नाश हो जाता है। सूर्य के मीन राशि में स्थित होने की दशा में उत्तराफाल्गुनी नक्षत्र पड़े तो पर्वत गुहा में स्थित तुम्बतीर्थ में स्नान करने से मनुष्य मोक्ष प्राप्त करता है।

इसी संदर्भ में पाण्डु-पुत्र अर्जुन की वेंकटाचल-यात्रा तथा हनुमानजी की माता अंजना द्वारा आकाशगंगा तीर्थ में तप करने तथा वायुदेव द्वारा उन्हें पुत्र-प्राप्ति का वरदान देने के प्रसंग वर्णित हैं।

वेंकटाचल-माहात्म्य के बाद पुरुषोत्तम क्षेत्र के माहात्म्य का प्रतिपादन करते हुए कहा गया है कि इस क्षेत्र में भगवान् नारायण पुरुष-रूप धारण करके निवास करते हैं। इस क्षेत्र में निवास करने से सभी तीर्थों का पुण्य फल प्राप्त होता है। समुद्र के जल में स्नान कर भगवान् पुरुषोत्तम के दर्शन करने और पुरुषोत्तम क्षेत्र में निवास करते हुए भक्त मोक्ष प्राप्त करते हैं।

पुरुषोत्तम तीर्थ से संबंधित कथा द्वारा यह स्पष्ट होता है कि देवर्षि नारद के परामर्श पर राजा इन्द्रद्युम्न ने इस क्षेत्र में भगवान् वासुदेव, बलरामजी तथा सुभद्रा की प्रतिमाओं की स्थापना करवाई थी। ये प्रतिमाएँ स्वयं विश्वकर्मा ने तैयार की थीं। इसके अतिरिक्त विश्वकर्मा ने सौ घोड़ों वाले एक विशाल और सुंदर रथ की रचना की थी। रथ-महोत्सव, भगवान् नारायण के शयन-उत्सव, द्वादश आदित्यों की पूजन-विधि तथा राजा इन्द्रद्युम्न के ब्रह्मलोक-प्रस्थान की कथाओं का इस खण्ड में विस्तृत वर्णन है।

तत्पश्चात् बदरिकाश्रम माहात्म्य का वर्णन करते हुए भगवान् शिव कहते हैं कि श्रीहरि का बदरिकाश्रम नामक क्षेत्र अत्यंत पुण्यदायक तथा दुर्लभ है। इस क्षेत्र के केवल स्मरण मात्र से ही भक्तजन के समस्त पाप नष्ट हो जाते हैं। जिन भक्ताजन ने अन्य तीर्थों में तप किया है, उनका स्वत: ही बदरिकाश्रम तीर्थ में समाहार हो जाता है। सभी तीर्थों में बदरिकाश्रम तीर्थ श्रेष्ठ तथा पावन है। सहस्र अश्वमेध यज्ञ करने

तथा मात्र वायुपान पर आधारित रहकर जो फल प्राप्त होता है, वह बदरिकाश्रम तीर्थ में क्षण मात्र में प्राप्त हो जाता है। बदरिकाश्रम में की गई भक्ति सतयुग में मोक्ष प्रदान करने वाली, त्रेता में ऐश्वर्य-भोग प्रदान करने वाली, द्वापर में कल्याण करने वाली तथा कलियुग में पुण्य प्रदान करने वाली है। इसलिए इस तीर्थ में अनेक श्रेष्ठ ऋषि-मुनि सदा निवास करते हैं।

बदरिकाश्रम तीर्थ में पाँच पुण्यमय शिलाएँ स्थापित हैं, जो भक्तजन की समस्त अभिलाषाएँ पूर्ण करती हैं। ये शिलाएँ क्रमशः नारद, मार्कण्डेय, गरुड़, वराह तथा नारसिंही शिलाएँ कहलाती हैं।

बदरिकाश्रम में ब्रह्मतीर्थ नामक क्षेत्र स्थित है, जहाँ भगवान् विष्णु ने हयग्रीव अवतार धारण कर मधु-कैटभ नामक दैत्यों से वेदों की रक्षा की थी। ब्रह्मतीर्थ में एक सुंदर कुंड स्थापित है। कहा जाता है कि इस कुंड में विद्यमान जल वेदों के तेज का ही अंश है।

तत्पश्चात् कार्तिक मास के माहात्म्य का विस्तृत वर्णन है। ब्रह्माजी कहते हैं कि जिस प्रकार देवताओं में श्रीविष्णु और तीर्थों में बदरिकाश्रम श्रेष्ठ है, उसी प्रकार मासों में कार्तिक मास परम पुण्यदायक है। इस मास में किया गया पुण्य कभी क्षीण नहीं होता। इस महीने में दिए जाने वाले सभी प्रकार के दान अधिक फल प्रदान करते हैं। इस महीने में भगवान् विष्णु का स्मरण कर जो दान किया जाता है, वह सभी पापों का नाश करने वाला होता है। इस महीने में व्रत करने से मनुष्य संशय और अहम से मुक्त हो जाता है।

कार्तिक मास के व्रत की शास्त्रोक्त विधि तथा इस मास में किए गए कर्म विशेष एवं उनसे प्राप्त होने वाले श्रेष्ठ फलों का भी इस खण्ड में विस्तृत वर्णन है। इसके बाद विष्णुदास तथा राजा चोल की कथा, तुलसी-विवाह, भीमपंचक व्रत की विधि तथा कार्तिक मास में श्रीविष्णु की पूजा-आराधना का उपदेश दिया गया है।

वैशाख मास के माहात्म्य को स्पष्ट करते हुए कहा गया है कि इस महीने में किया गया दान, व्रत और स्नान सभी पापों का नाश करने वाला होता है। इस मास की पूजा स्वयं देवगण भी करते हैं। जिस प्रकार नागों में शेषनाग, पक्षियों में गरुड़, वर्णों में ब्राह्मण, धातुओं में स्वर्ण तथा नदियों में गंगा श्रेष्ठ है, उसी प्रकार धर्म के हेतु महीनों में वैशाख की श्रेष्ठता है। यह मास भगवान् विष्णु के प्रेम का प्रतीक है! जो व्यक्ति प्रतिदिन सूर्योदय से पूर्व स्नान करता है, उसे समस्त श्रेष्ठ पुण्य सहज ही प्राप्त हो जाते हैं। तेल लगाना, पलंग अथवा चारपाई पर सोना, घर में स्नान करना, दो बार भोजन करना अथवा रात को भोजन करना - ये सभी कर्म वैशाख महीने में वर्जित कहे गए हैं।

वैशाख मास की महिमा दर्शाते हुए कहा गया है कि इस मास की एकादशी को समुद्र से अमृत प्रकट हुआ था, द्वादशी को भगवान् विष्णु ने दैत्यों से इसकी रक्षा

की थी तथा त्रयोदशी को भगवान् विष्णु की कृपा से ही देवताओं ने अमृतपान किया था। इसमें छत्रदान द्वारा हेमकांत के उद्धार, राजा कीर्तिमान द्वारा वैशाख धर्म का पालन करने, श्रीविष्णु द्वारा यम को वैशाख मास में से भाग दिलाने तथा महर्षि वाल्मीकि के मुनिकुमार से व्याध बनने तथा व्याध से पुनः ऋषि बनने की कथाएँ भी वर्णित हैं।

तत्पश्चात् अयोध्या के माहात्म्य का वर्णन करते हुए भगवान् श्रीराम की जन्मस्थली अयोध्या की भौगोलिक स्थिति, सरयू नदी की महिमा, अयोध्या में स्थित बृहस्पतिकुंड, सीताकुंड, उर्वशीकुंड, घोषार्ककुंड, क्षीरोदकतीर्थ, गयाकूप तीर्थ एवं सिंहपीठ का वर्णन किया गया है। इसी संदर्भ में तिथि विशेष में यहाँ स्नान-दान आदि करने से प्राप्त होने वाले पुण्यमय फलों का भी वर्णन है। इस प्रकार अयोध्या-माहात्म्य के साथ इस खण्ड का उपसंहार किया गया है।

3. ब्रह्म खण्ड

पहले तथा दूसरे खण्ड की भाँति ब्रह्म खण्ड भी उपखण्डों में विभक्त है। इस खण्ड के सेतु माहात्म्य, धर्मारण्य माहात्म्य, चातुर्मास्य माहात्म्य तथा ब्रह्मोत्तर माहात्म्य - ये चार उपखण्ड हैं। यहाँ उपर्युक्त वर्णित चारों उपखण्डों का सार एकसाथ प्रस्तुत किया गया है।

रामेश्वर क्षेत्र की महिमा के साथ वैष्णव खण्ड आरम्भ होता है। इस क्षेत्र में भगवान् श्रीराम द्वारा बालू-निर्मित शिवलिंग तथा हनुमानजी द्वारा कैलाश से लाए गए शिवलिंग स्थापित हैं। इस क्षेत्र में राम तीर्थ, लक्ष्मण तीर्थ, सीतासरोवर तीर्थ, ब्रह्मकुंड, वेतालवरद तीर्थ, चक्र तीर्थ, पापविनाशन तीर्थ, अगस्त्य तीर्थ, शिव तीर्थ, हनुमत्कुंड, शंख तीर्थ, कोटि तीर्थ, गंगा तीर्थ, यमुना तीर्थ, धनुषकोटि तीर्थ, अग्नि तीर्थ, मानस तीर्थ, जय तीर्थ, साध्यामृत तीर्थ, मंगल तीर्थ, अमृतवापिका तीर्थ, गया तीर्थ, लक्ष्मी तीर्थ तथा सरस्वती तीर्थ - ये चौबीस परम पुण्यमय तीर्थ स्थापित हैं। इन तीर्थों में स्नान, दान, व्रत आदि करने से प्राप्त होने वाले फलों तथा कंस-वध के बाद भगवान् श्रीकृष्ण द्वारा कोटितीर्थ में प्रायश्चित्त करने के प्रसंग वर्णित हैं।

इसके बाद पाण्डव-पुत्रों का वध करने के बाद अश्वत्थामा द्वारा धनुष कोटितीर्थ में स्नान-दान करने, श्रीराम एवं सीता द्वारा रामेश्वर शिवलिंग स्थापित करने, हनुमान द्वारा हनुमदीश्वर नामक शिवलिंग स्थापित करने तथा राजा पुण्यनिधि के घर महालक्ष्मी के उत्पन्न होने की कथाएँ वर्णित हैं।

धर्मारण्य तीर्थ के माहात्म्य के संदर्भ में श्रीविष्णु के हयग्रीव अवतार का प्रसंग वर्णित है। तीर्थ का माहात्म्य स्पष्ट करते हुए कहा गया है कि पृथ्वी के मस्तक पर तिलक के समान सुशोभित यह पवित्र तीर्थ देवी सरस्वती को अत्यंत प्रिय है। ब्रह्मा, विष्णु, शिव, इन्द्रादि देवगण, अप्सराएँ, लोकपाल, गंधर्व, यक्ष आदि इस तीर्थ में सदा निवास करते हैं। इस तीर्थ में जो प्राणी मृत्यु प्राप्त करते हैं, उनकी सद्गति हो जाती

है। यहाँ निवास करने वाले ब्राह्मणों के दर्शन-मात्र से ही मनुष्य के समस्त पाप नष्ट हो जाते हैं।

तदंतर धर्म, सदाचार तथा कलियुग का प्रतिपादन कर चातुर्मास्य की महिमा की चर्चा की गई है। ब्रह्माजी कहते हैं कि चातुर्मास्य का व्रत करने के कारण मनुष्यों के लिए मोक्ष दुर्लभ नहीं होता। भगवान् विष्णु को भी यह व्रत अत्यंत प्रिय है। मनुष्य को चाहिए कि वह चातुर्मास्य में भगवान् विष्णु का व्रत रखे। इस व्रत का पालन करने वाले भक्तजन को वे स्वयं मोक्ष प्रदान करते हैं। चातुर्मास्य में प्रातःकाल स्नान करने से समस्त ऋतुओं में स्नान करने का फल प्राप्त होता है।

चातुर्मास्य में भास्कर क्षेत्र में नर्मदा नदी में एक दिन स्नान करने अथवा तीन दिन तक जो व्यक्ति नर्मदा में स्नान करता है, उसके सभी पाप नष्ट हो जाते हैं। जो भक्त एक पक्ष तक गोदावरी (गौतमी) में स्नान करता है, वह वैकुण्ठलोक को प्राप्त करता है। चातुर्मास्य में भगवान् विष्णु जल में निवास करते हैं और उनके तेज से समस्त तीर्थों का जल शुद्ध तथा पुण्यमय हो जाता है। इसलिए चातुर्मास्य-स्नान का विशेष माहात्म्य है।

अंत में दाशार्ह-कलावती की कथा और पंचाक्षरी शैवी विद्या के माहात्म्य के वर्णन के साथ यह खण्ड समाप्त होता है।

4. काशी खण्ड

इस खण्ड में काशी, नैमिष, कुरुक्षेत्र, अयोध्या, मथुरा, गंगाद्वार, अमरावती, कांची, गंगासागर, सिंधुसंध, द्वारिका, गोदावरी, तटकालंजर, प्रभास, बदरिकाश्रम, पुष्कर, गया आदि अनेक तीर्थों का वर्णन है। काशी के माहात्म्य का वर्णन करते हुए कहा गया है कि काशी को तीर्थराज कहा गया है। यहाँ भक्तजन को चारों पुरुषार्थ अर्थात् धर्म, अर्थ, काम और मोक्ष की प्राप्ति होती है। गया तीर्थ को पितृों को मुक्ति देने वाला कहा गया है।

इस खण्ड में सत्य, क्षमा, संतोष, इन्द्रियों के निग्रह, सात्विकता, संतोष, दया, दान व ब्रह्मचर्य के पालन आदि को मानसतीर्थ कहा गया है। मधुर बोलना, ज्ञान प्राप्त करना, धैर्य करना भी प्रमुख मानसतीर्थ कहे गए हैं। मन की शुद्धता को प्रमुख मानस तीर्थ कहा गया है। कहते हैं कि मनुष्य अनेक तीर्थों में निवास कर सकता है, किंतु जब तक वह मानस तीर्थों के ज्ञानरूपी जल से स्वयं को शुद्ध नहीं करता, तब तक उसे पुण्य की प्राप्ति नहीं होती। अर्थात् इन्द्रियों पर नियंत्रण कर, मन से सांसारिक भोग-विलास, द्वेषभाव, अज्ञानता एवं कुटिलता को त्यागकर दान, दया, संतोष, धैर्य आदि को अपनाने से ही मनुष्य को तीर्थों में निवास करने का पुण्य प्राप्त होता है।

तीर्थ-महिमा के बाद गायत्री-महिमा, देवी गायत्री की कृपा से विश्वामित्र के राजर्षि पद से ब्रह्मर्षि पद पर सुशोभित होने की कथा तथा भगवान् सूर्यदेव के प्रमुख

नामों एवं उनके मंत्र 'ॐ सूर्याय नमः' का वर्णन किया गया है। इसी संदर्भ में कहा गया है कि भगवान् सूर्य दसों दिशाओं में विद्यमान रहते हैं। उनकी पूजा गायत्री मंत्र से की जाती है। जो मनुष्य सूर्यदेव को नमस्कार करते हैं, वे उन्हीं की भाँति तेज से युक्त हो जाते हैं। पौष मास में रविवार के दिन जो मनुष्य सूर्योदय के समय स्नान-ध्यान करके यज्ञ करते हैं, वे काम, क्रोध, मोह आदि विकारों से मुक्त हो जाते हैं। इस दिन जो मनुष्य पितृगण से संबंधित श्राद्ध कर ब्राह्मणों को भोजन करवाते हैं, वे परम पद को प्राप्त करते हैं। जो सूर्य के संक्रांति काल में उनकी भक्ति करते हैं, वे कभी विरूप नहीं होते।

राहु द्वारा भगवान् सूर्य के ग्रस्त होने पर सभी प्रकार का जल गंगा के समान, ब्राह्मण ब्रह्मा के समान तथा दान में दी गई सभी वस्तुएँ स्वर्ण के समान हो जाती हैं। सूर्य-ग्रहण के समय दान, जप, हवन, स्नानादि कोई भी धार्मिक अनुष्ठान ब्रह्म की प्राप्ति का साधन बन जाता है।

सूर्य महिमा के बाद वाराणसी के मणिकर्णिका क्षेत्र की महिमा एवं उससे संबंधित पौराणिक आख्यान वर्णित है। मणिकर्णिका के सम्बंध में कहा गया है कि समस्त तीर्थों में स्नान करने से जो पुण्यमय फल प्राप्त होता है, वह केवल एक बार मणिकर्णिका में स्नान करने से ही मिल जाता है। मणिकर्णिका क्षेत्र में विधिपूर्वक स्नान तथा श्रद्धापूर्वक तर्पण करना चाहिए। जितेन्द्रिय मनुष्य पहले मौन होकर स्नान करे, फिर भगवान् विश्वनाथ के दर्शन करे। ऐसा करके वह अपने समस्त व्रतों का पुण्य सहज ही प्राप्त कर लेता है।

इसके बाद महर्षि कपिल द्वारा सगर-पुत्रों को भस्म करने तथा भगीरथ द्वारा गंगा को पृथ्वी पर उतारने की पौराणिक कथा वर्णित है। इसी संदर्भ में कहा गया है कि जो मनुष्य गंगा का सेवन करता है, वह योग के सम्पूर्ण नियमों को प्राप्त करता है। कलियुग में गंगा ही मनुष्यों के उद्धार का एकमात्र साधन है। गंगा के पवित्र तट पर निवास करने से मनुष्य वेदांत का ज्ञाता हो जाता है।

एक बार भगवान् शिव ने श्रीहरि से कहा था - "पुण्यमय गंगा - भावों के अनुसार ही भक्तों को फल प्रदान करती है। यज्ञ, दान, तप, योग आदि इतने उत्तम फल नहीं देते, जो गंगा के सेवन मात्र से प्राप्त हो जाते हैं। गंगा आत्मज्ञान, ब्रह्मज्ञान, आत्म-उद्धार - सबका साधन है। गंगा द्वारा साक्षात् परब्रह्म की प्राप्ति होती है। गंगा मेरे तेजरूपी अग्नि का गर्भ रूप है तथा मेरे वीर्य से ही संवृत्त है। यह सभी दोषों का दाह करने वाली तथा पापों का नाश करने वाली है। इसलिए भक्तों को गंगा की पूजा-उपासना अवश्य करनी चाहिए।"

श्राद्ध में घी, गुड़ तथा तिलों से युक्त पदार्थ गंगा में प्रवाहित करने से पितृगण तृप्त होते हैं। गंगा-जल में किसी भी नक्षत्र, तिथि आदि की चिंता किए बिना स्नान करने से पाप दूर हो जाते हैं।

गंगा-महिमा के विस्तृत वर्णन के पश्चात् वाराणसी की महिमा का प्रतिपादन करते हुए कहा गया है कि भगवान् महादेव को काशी (वाराणसी) अत्यंत प्रिय है। इसी नगरी में शिव-प्रभाव से समस्त प्राणी भक्ति-भाव से युक्त होकर निवास करते हैं। यहाँ महालक्ष्मी को प्राप्त कर मनुष्य स्वर्ग की ओर गमन करता है। यदि तराजू के एक पलड़े में एक ओर वैकुण्ठ रखा जाए और दूसरी ओर काशी, तो काशी का पलड़ा भारी रहेगा। पुराण के अनुसार काशी के निवासी भगवान् शिव के पार्षद कहे गए हैं।

इसके बाद ज्ञानोद तीर्थ, कपालमोचन तीर्थ, मत्स्योदरी तीर्थ आदि से संबद्ध पौराणिक कथाओं तथा तिथि विशेष को यहाँ स्नान व दान आदि करने का वर्णन है। भगवान् शिव से सम्बंधित ये समस्त तीर्थ वाराणसी में स्थित हैं।

योगाख्यान, दशाश्वमेध घाट का माहात्म्य, त्रिलोचन के आविर्भाव का वर्णन तथा व्यास भुजस्तम्भ आदि का उल्लेख इस खण्ड की अन्य प्रमुख विशेषताएँ हैं। दशाश्वमेध घाट के सम्बंध में ब्राह्मणवेशधारी ब्रह्माजी के काशी-आगमन, काशीनरेश दिवोदास द्वारा दस अश्वमेध यज्ञ करने तथा ब्रह्माजी द्वारा दशाश्वमेध नामक शिवलिंग की स्थापना करने की कथाएँ वर्णित हैं। अंत में महर्षि व्यास की कथा द्वारा भगवान् शिव की महिमा का वर्णन करते हुए इस खण्ड का उपसंहार किया गया है।

5. अवंती खण्ड

इस खण्ड के आरम्भ में गंगा, यमुना, सरस्वती, चन्द्रभागा, नर्मदा, वितस्ता, गोदावरी आदि नदियों तथा अमरकंटक, प्रभास, कुरुक्षेत्र, नैमिषारण्य, पुष्कर तथा केदार तीर्थों की महिमा का वर्णन है।

इसके बाद अवंती (उज्जैन) में स्थित मर्कटेश्वर तीर्थ का वर्णन है। इस तीर्थ के सम्बंध में कहा गया है कि यहाँ स्नान करने से सौ गायें दान करने का पुण्य प्राप्त होता है। इस तीर्थ में उड़द और मसूर की दाल साथ-साथ कूटने पर तथा खिलाने पर बालक निरोग होते हैं। इस स्थान पर शीतला माता की कृपा से मनुष्य के पुण्यों का उदय होता है। तदंतर, भृगुवंशी सुमति के पुत्र अग्निशर्मा के दस्यु बनने तथा सप्तर्षियों के मार्गदर्शन से अग्नि शर्मा द्वारा तपस्या करने की कथाएँ वर्णित हैं।

सप्तर्षियों के आशीर्वाद से तेरह वर्ष तक वल्मीक (गुफा) में तप करने के कारण अग्निशर्मा ही महर्षि वाल्मीकि के नाम से प्रसिद्ध हुए। बाद में महर्षि वाल्मीकि ने भगवान् शिव की आराधना की थी और उनसे कवित्व शक्ति प्राप्त कर रामायण की रचना की। तभी से वे अवंती (उज्जैन) में वाल्मीकीश्वर के नाम से प्रसिद्ध हुए।

इसके बाद सोमदेव (चन्द्रमा) के जन्म, उनसे औषधियों की उत्पत्ति, ब्रह्माजी द्वारा सोमदेव को औषधियों का राजा बनाने, सोमदेव के अंश से बुध की उत्पत्ति एवं अवंती में सोमदेव द्वारा भगवान् सोमेश्वर की पूजा-उपासना करने के प्रसंग सोमेश्वर तीर्थ में स्थापित सोमीश्वर शिवलिंग के माहात्म्य का प्रतिपादन करते हैं।

अवंती में स्थित किंपुनकतीर्थ के माहात्म्य के संदर्भ में विश्वासुक नामक ब्राह्मण की कथा का वर्णन करके यह स्पष्ट किया गया है कि इस तीर्थ में स्नान करने से ब्रह्महत्या जैसे पाप भी नष्ट हो जाते हैं।

इसके बाद भगवान् विष्णु की तर्जनी उँगली से निकले रक्त से क्षिप्रा नदी की उत्पत्ति तथा बाणासुर की कथा वर्णित है। तत्पश्चात् विष्णु स्तोत्र का वर्णन कर, भगवान् विष्णु के वामनावतार धारण करने तथा बलि को पाताल भेजकर स्वयं वहीं स्थापित होने की कथा द्वारा वामन कुण्ड नामक तीर्थ की महिमा दर्शायी गई है।

कुटुम्बेश्वर के संदर्भ में दक्ष की कथा, अखण्डेश्वर के संदर्भ में धर्म शर्मा की कथा तथा हनुमतेश्वर शिवलिंग के संदर्भ में हनुमानजी द्वारा लंका से शिवलिंग लाकर अवंती में स्थापित करने की कथा का वर्णन किया गया है।

अवंती में क्षिप्रा नदी के तट पर आश्रम बनाकर रहने वाले सांदीपनि मुनि के पास ही भगवान् श्रीकृष्ण और बलरामजी ने वेदाध्ययन किया था। भगवान् श्रीकृष्ण ने अपने गुरु-पुत्र को पुनर्जीवित कर अवंती पुरी को यह वर दिया था कि इस पुरी में मृत्यु का वरण करने वाले मनुष्य यमराज के भय से मुक्त होकर श्रीकृष्ण के परम पद को प्राप्त करेंगे। इस प्रकार इस कथा द्वारा मोक्षदायिनी अवंती के कल्याणमयी स्वरूप के दर्शन होते हैं।

अवंती में स्थित रामेश्वर तीर्थ के माहात्म्य का वर्णन करते हुए कहा गया है कि महर्षि वसिष्ठ के परामर्श पर अवंती में भगवान् राम ने अपने पिता दशरथ का पिण्डदान किया था। इसी स्थान पर लक्ष्मण ने रामेश्वर लिंग की स्थापना की थी। तभी से यह तीर्थ समस्त पुण्य प्रदान करने वाला कहा गया है।

अंधकासुर की कथा द्वारा अवंती में भगवान् शिव के महाकाल अवतार ग्रहण करने एवं बागन्धक तीर्थ की उत्पत्ति, युगादि देव नामक राजा की कथा द्वारा प्रसिद्ध गया तीर्थ की महिमा, महर्षि आस्तीक की कथा द्वारा नाग तीर्थ की महिमा के प्रसंग वर्णित हैं। अंत में नृसिंह, गंगेश्वर, प्रयागेश्वर, मधुकुल्या, प्रेत शिला, देवेश्वर आदि तीर्थों की महिमा तथा उनसे सम्बंधित कथाओं का वर्णन किया गया है।

6. रेवा खण्ड

रेवा खण्ड स्कंद पुराण का अंतिम खण्ड है। इस खण्ड का आरम्भ पुराणों की संख्या, उनके लक्षण तथा उनमें वर्णित श्लोकों की संख्या के वर्णन से है। इसके बाद महर्षि मार्कण्डेय तथा युधिष्ठिर के संवाद द्वारा रेवा (नर्मदा) नदी के माहात्म्य का वर्णन किया गया है। इस खण्ड के अनुसार नर्मदा नदी की उत्पत्ति भगवान् शिव के पसीने से हुई थी। भगवान् शिव के वरदान के अनुसार वे स्वयं इस नदी के तट पर निवास करते हैं। ब्राह्मणों ने सर्वप्रथम जिस स्तोत्र द्वारा नर्मदा नदी की स्तुति की थी, वह स्तोत्र भी इस खण्ड में वर्णित है।

तत्पश्चात् कुबेर की कथा द्वारा कावेरी नदी के माहात्म्य का वर्णन किया गया है। कावेरी-नर्मदा के संगम पर तप करने के कारण ही कुबेर यक्षों का राजा हुआ था। कावेरी-नर्मदा के संगम तीर्थ को पुण्यमय कहा गया है। इस संगम के तट पर ही अमरेश्वर तथा चण्डहस्त नामक शिवलिंग स्थापित हैं। ये शिवलिंग कावेरी नदी के अभिरक्षक-रूप में स्थापित किए गए हैं। कावेरी नदी भगवान् शिव की देह से उत्पन्न हुई है, इसलिए इसे पुण्यवती कहा गया है। नर्मदा-तट पर स्थित शूलभेदतीर्थ का माहात्म्य भी इस खण्ड में वर्णित है।

इसके बाद भगवान् शिव द्वारा ब्रह्माण्ड-संहार में केवल नर्मदा नदी तथा महर्षि मार्कण्डेय के शेष रहने, रावण-मंदोदरी विवाह तथा रावण-पुत्र मेघनाद द्वारा नर्मदा के जल में शिवलिंग की प्रतिष्ठा करने के प्रसंग वर्णित हैं। इसी के फलस्वरूप नर्मदा के तट पर मेघनाद तीर्थ स्थापित हुआ।

मेघनाद तीर्थ के बाद भिनीश्वर तीर्थ, नारदीश्वर तीर्थ, दधिस्कंद तीर्थ, कामद तीर्थ, सौवर्णशील तीर्थ, मधुस्कंद तीर्थ तथा स्कंद तीर्थ के माहात्म्य का वर्णन है। स्कंदतीर्थ के संदर्भ में शिव-पुत्र कार्त्तिकेय की उत्पत्ति की कथा वर्णित है। इसके बाद अंगिरस तीर्थ, कोटिश तीर्थ, केदारीश्वर तीर्थ, पिशाचीश्वर तीर्थ, जमदग्नि तीर्थ, सर्प तीर्थ तथा अग्नि तीर्थ का वर्णन किया गया है। इसके अतिरिक्त इस खण्ड में हिमालय, महर्षि शाकटायन, परशुराम तथा देवर्षि नारद से संबंधित कथाएँ भी वर्णित हैं।

अंत में भगवान् सत्यनारायण की महिमा, पूजन-विधि, उनसे संबंधित अनेक पुण्यमय कथाओं तथा इस पुराण के पठन, श्रवण व चिंतन के माहात्म्य का वर्णन कर स्कंद पुराण का उपसंहार किया गया है।

स्कंदपुराण की कथा : सोमेश्वर तीर्थ की महिमा

पूर्वकाल में जब ब्रह्माजी सृष्टि का विस्तार करना चाहते थे, उस समय उनके हृदय से महर्षि अत्रि का प्रादुर्भाव हुआ। ब्रह्माजी की आज्ञा से महर्षि अत्रि कठोर तपस्या करने वन में चले गए। वहाँ उन्होंने तीन हज़ार दिव्य वर्षों तक अनुत्तर नामक घोर तपस्या की। तपस्या के प्रभाव के कारण उनका वीर्य तेजयुक्त होकर उनके नेत्रों से जल-रूप में गिरा और समस्त दिशाओं को प्रकाशित करने लगा। उनका यह तेज सोम (चन्द्रमा) कहलाया। समस्त लोकों के कल्याण के लिए ब्रह्माजी ने सोमदेव को अपने रथ पर स्थापित कर लिया। ब्रह्माजी के रथ में सोमदेव को देखकर देवगण तथा ऋषि-मुनियों ने उनका स्तवन किया। इससे सोमदेव तेजोमय हो गए। उस रथ पर सुशोभित होकर सोमदेव ने इक्कीस बार पृथ्वी की प्रदक्षिणा की। प्रदक्षिणा के समय उनका तेज पृथ्वी पर जहाँ-जहाँ गिरा, वहाँ-वहाँ समस्त प्रकार के अन्न आदि एवं औषधियाँ उत्पन्न हुईं।

तत्पश्चात् सोमदेव ने दस हज़ार वर्षों तक कठोर तप कर ब्रह्माजी को प्रसन्न किया। उनके तप से प्रसन्न होकर ब्रह्माजी ने उन्हें बीज, औषधि, जल तथा ब्राह्मणों का अधिपति देव बना दिया।

फिर ब्रह्माजी की आज्ञा से सोमदेव ने एक विशाल राजसूय यज्ञ का आयोजन किया। इस शुभावसर पर देवताओं सहित समस्त ऋषि और महर्षियों को आमंत्रित किया गया। यज्ञ-समाप्ति पर उपस्थित सभाजन ने सोमदेव की विधिवत् पूजा-अर्चना की। दक्ष प्रजापति ने अपनी सत्ताईस कन्याओं - अश्विनी, भरणी, कृत्तिका, रोहिणी, मृगशिर, पुनर्वसु, पुष्य, आश्लेषा, हस्त, आर्द्रा, मघा, पूर्वा फाल्गुनी, उत्तरा फाल्गुनी, चित्रा, अनुराधा, स्वाति, विशाखा, मूल, ज्येष्ठा, पूर्वाषाढ़ा, उत्तराषाढ़ा, श्रवण, शतभिषा, धनिष्ठा, पूर्वा भाद्रपद, उत्तरा भाद्रपद तथा रेवती का विवाह सोमदेव के साथ कर दिया। इतना मान-सम्मान, ऐश्वर्य और वैभव पाकर सोमदेव के हृदय में अहंकार उत्पन्न हो गया। इसी अहंकारवश उन्होंने स्वयं को सर्वश्रेष्ठ समझकर अन्य देवताओं का तिरस्कार करना आरम्भ कर दिया।

एक दिन सोमदेव की कुदृष्टि देवगुरु बृहस्पति की पत्नी तारा पर पड़ी। वह अनन्य सुंदरी थी। सोमदेव ऐश्वर्य-मद् में चूर थे, अतः उन्होंने बलपूर्वक तारा का हरण कर लिया। ऐसा अनीतिपूर्ण कार्य देख समस्त लोकों में उनकी निन्दा होने लगी। देवगण और देवर्षियों ने सोमदेव को अनेक प्रकार से समझाने का प्रयास किया, किंतु वे तारा को लौटाने के लिए सहमत न हुए।

तब उनकी धृष्टता से क्रुद्ध होकर देवराज इन्द्र ने अन्य देवताओं के साथ उन पर आक्रमण कर दिया। दोनों पक्षों में घोर युद्ध हुआ, किंतु अंत में देवगण को पराजय का मुख देखना पड़ा।

देवताओं के पराजित होने पर देवराज इन्द्र ने भगवान् शिव से सहायता माँगी। उनकी प्रार्थना सुनकर महादेव नन्दी पर सवार होकर सोमदेव को दण्डित करने चल पड़े। इधर, जब सोमदेव को यह समाचार मिला तो वे भी युद्ध-भूमि में आ डटे।

जब ब्रह्माजी ने सोमदेव की यह धृष्टता देखी तो वे उसे समझाते हुए बोले - ''वत्स ! यह तुम कैसा अनर्थ करने जा रहे हो? भगवान् महादेव आदिपुरुष हैं। उन परब्रह्म को कदापि पराजित नहीं किया जा सकता। तुम्हारा यह दुःसाहस तुम्हें काल का ग्रास बना देगा। इसलिए तुम शांतिपूर्वक तारा को लौटा कर उनसे क्षमा माँग लो। भगवान् शिव बड़े दयालु हैं। वे तुम्हें अवश्य क्षमा कर देंगे।''

उनके समझाने पर सोमदेव ने भगवान् शिव से क्षमा-याचना कर तारा को लौटा दिया। उस समय तारा गर्भवती थी। अतः बृहस्पति के कहने पर उसने गर्भ को त्याग दिया। उस गर्भ के तेज से तीनों लोक दग्ध हो उठे और उसमें से एक दिव्य बालक प्रकट हुआ। ब्रह्माजी द्वारा बालक के पिता के विषय में पूछने पर तारा ने कहा कि यह बालक सोमदेव के अंश से ही उत्पन्न हुआ है। तब ब्रह्माजी ने उस तेजस्वी

सोमकुमार का नाम 'बुध' रखा। बुध अत्यंत बुद्धिमान थे। उनकी कठोर तपस्या से प्रसन्न होकर ब्रह्माजी ने उन्हें ग्रह-रूप में स्थापित होने का वर प्रदान किया।

सोमदेव ने गुरु-पत्नी के साथ समागम करने का पाप किया था, इसलिए इस पाप-कर्म के परिणामस्वरूप वे क्षय रोग से पीड़ित होकर कांतिहीन हो गए। इससे समस्त लोकों में हाहाकार मच गया। सृष्टि-चक्र में बाधा उत्पन्न हो गई। ऋषि, मुनि, मनुष्य, गंधर्व, नाग - सभी भयभीत होकर त्राहि-त्राहि करने लगे।

इधर, क्षय रोग से पीड़ित सोम ने ब्रह्माजी का आह्वान किया और उनसे कष्ट से मुक्ति पाने का उपाय पूछा। सोमदेव की दुर्दशा देखकर ब्रह्माजी बोले - ''वत्स ! यह तुम्हारे दुष्कर्मों का ही फल है। तुमने परस्त्री से दुष्कर्म का जो पाप किया है, उसी के कारण तुम्हारी यह दुर्दशा हुई है। अब तुम्हें केवल भगवान् शिव ही इस पाप से मुक्त कर सकते हैं। अतः तुम प्रभास नामक क्षेत्र में महामृत्युंजय मंत्र का जप करते हुए भगवान् भोलेनाथ की पूजा-आराधना करो। उनके आशीर्वाद से तुम्हारे सभी कष्टों का अंत हो जाएगा और तुम पुनः श्रीयुक्त हो जाओगे।''

ब्रह्माजी से पाप-मुक्ति का उपाय जानकर सोमदेव प्रभास क्षेत्र में पहुँचे। वहाँ उन्होंने शिवलिंग की स्थापना की और उसकी विधिपूर्वक पूजा-अर्चना करने के बाद भगवान् शिव के महामृत्युंजय मंत्र का जप आरम्भ कर दिया। यह जप छः मास तक चला। इन छः महीनों में सोमदेव ने महामृत्युंजय मंत्र का दस करोड़ बार जप किया।

अंत में सोमदेव की तपस्या से प्रसन्न होकर भगवान् शिव वहाँ प्रकट हुए और बोले - ''हे सोमदेव ! मैं तुम्हारी तपस्या से प्रसन्न हुआ। माँगो, तुम्हें क्या वर चाहिए? मैं तुम्हें मनोवांछित वर प्रदान करने का वचन देता हूँ।''

भगवान् महादेव को साक्षात् देखकर सोमदेव अपनी सारी पीड़ा भूल गए और बेल-पत्रों एवं गंगाजल से उनकी स्तुति करते हुए उनके मंत्र का उच्चारण करने लगे। तत्पश्चात् वे बोले - ''दयानिधान ! मैंने देवगुरु बृहस्पति की पत्नी तारा के साथ जो पापकर्म किया है, उसी के दण्डस्वरूप मैं कांतिहीन होकर यह भयंकर कष्ट भोग रहा हूँ। आप मुझे इस कष्ट से मुक्त करने की कृपा करें।''

उनकी प्रार्थना सुनकर भगवान् शिव बोले - ''हे सोमदेव ! प्राणी को अपने प्रत्येक कर्म का फल अवश्य भोगना पड़ता है। इसलिए तुम्हें भी अपने पाप का फल भोगना होगा। किंतु तुमने कठोर तपस्या की है, अतः मैं तुम्हें यह वरदान देता हूँ कि तुम्हारी कांति एक पक्ष में क्षीण होकर दूसरे पक्ष में पुनः बढ़ने लगेगी।''

इस प्रकार भगवान् शिव के वर से सोमदेव पुनः श्रीयुक्त होकर कांतिवान हो गए। सोम का यश बढ़ाने के लिए भगवान् शिव उन्हीं के नाम पर सोमेश्वर कहलाए तथा वह स्थान सोमेश्वर (सोमनाथ) तीर्थ के नाम से समस्त लोकों में प्रसिद्ध हुआ। कहा जाता है कि सोमेश्वर तीर्थ में भगवान् शिव की पूजा-अर्चना करने से क्षय, कोढ़ आदि भयंकर रोगों का नाश होता है।

अध्याय 14

वामन पुराण

परिचय

गणना के आधार पर समस्त अठारह पुराणों में 'वामन पुराण' को चौदहवाँ स्थान प्राप्त है। यद्यपि इस पुराण का नाम भगवान् विष्णु के वामन-अवतार पर रखा गया है, जो उनके प्रमुख दशावतारों में अत्यंत महत्त्वपूर्ण है, तथापि इसमें वैष्णव मत की अपेक्षा शैव मत का प्रतिपादन अधिक किया गया है। इसलिए इस पुराण को शैव मत प्रधान कहा गया है।

सर्वप्रथम महर्षि पुलस्त्य ने देवर्षि नारद को इस पुराण का ज्ञान प्रदान करते हुए इसकी व्याख्या की थी। अतः महर्षि पुलस्त्य को इस पुराण का आदि वक्ता तथा देवर्षि नारद को प्रथम श्रोता कहा गया है। तत्पश्चात् देवर्षि नारद ने इस पुराण का ज्ञान महर्षि व्यास को, महर्षि व्यास ने इसे लोमहर्षण सूतजी को तथा सूतजी ने इसे शौनक आदि ऋषि-मुनियों को प्रदान किया था। इस प्रकार अनेक ऋषि-मुनियों द्वारा यह पुराण जन साधारण तक पहुँचा।

यद्यपि पुराणों के सभी लक्षणों से युक्त वामन पुराण में विभिन्न पौराणिक आख्यानों तथा उपाख्यानों का क्रमानुसार स्पष्ट तथा तर्कसंगत वर्णन है, तथापि ये आख्यान एवं उपाख्यान अन्य पुराणों में वर्णित आख्यानों तथा उपाख्यानों से कुछ भिन्नता लिए हुए हैं।

श्लोक संख्या तथा खण्ड

वामन पुराण में दस हज़ार (10,000) श्लोक वर्णित हैं। यह पुराण पूर्व तथा उत्तर - दो खण्डों में वर्णित है। पूर्व खण्ड में छः हज़ार (6,000) श्लोक तथा उत्तर खण्ड में चार हज़ार (4,000) श्लोक हैं। किंतु वर्तमान में भविष्य पुराण की भाँति ही इस पुराण का भी केवल पूर्व भाग उपलब्ध है। अर्थात् हम उन अद्भुत घटनाओं और ज्ञान से पूर्णतया अनभिज्ञ हैं, जो पुराण के उत्तर भाग में वर्णित हैं। वामन पुराण के पूर्व खण्ड में 97 अध्याय हैं।

वामन पुराण का सार

इस पुराण का आरम्भ देवर्षि नारद द्वारा भगवान् विष्णु के वामनावतार से संबंधित प्रश्न करने तथा महर्षि पुलस्त्य द्वारा उन्हें वामनावतार की कथा सुनने से है।

इस कथा के माध्यम से भगवान् वामन के लीलामय चरित्र तथा दैत्यराज बलि की दानवीरता को दर्शाया गया है। दैत्यगुरु शुक्राचार्य द्वारा यह बताने पर भी कि वामनरूप में स्वयं भगवान् विष्णु हैं, बलि द्वारा भगवान् वामन को तीन पग भूमि दान में देने तथा तीसरे पग को रखने के लिए स्वयं का मस्तक प्रस्तुत करने का प्रसंग प्रह्लाद-पौत्र बलि की दानशीलता, धर्म-परायणता तथा सहृदयता को चित्रित करता है।

वामनावतार के वर्णन के बाद भगवान् शिव का अद्भुत लीलाचरित्र तथा जीभूतवाहन आख्यान वर्णित है। जीभूतवाहन आख्यान में वर्णित कथा के अनुसार देवी पार्वती वर्षा से बचने के लिए भगवान् शिव को घर बनाने के लिए कहती हैं। किंतु भगवान् शिव उपहासपूर्वक स्वयं को श्मशानवासी बताकर घर बनाने में असमर्थता प्रकट करते हैं। तत्पश्चात् देवी पार्वती के पुनः कहने पर वे बादलों को ढक लेते हैं, जिससे वर्षाजल भगवती पार्वती को स्पर्श न कर पाए। तभी से भगवान् शिव जीभूतवाहन (इन्द्र का एक नाम) नाम से प्रसिद्ध हो गए।

इसके बाद ब्रह्माजी के मस्तक-छेदन आख्यान, कपालमोचन-आख्यान तथा दक्ष-यज्ञ-विध्वंस की कथाएँ वर्णित हैं। अन्य पुराणों की अपेक्षा इस पुराण में दक्ष-यज्ञ-विध्वंस की कथा सर्वथा भिन्न है। इस पुराण के अनुसार देवी सती को महर्षि गौतम की पुत्री तथा दक्ष प्रजापति की नातिन जया द्वारा दक्ष-यज्ञ के विषय में ज्ञात होता है। यज्ञ में भगवान् शिव को निमंत्रित नहीं किया गया, यह जानकर देवी सती वहीं भूमि पर अपने प्राण त्याग देती हैं। तब भगवान् शिव की आज्ञा से वीरभद्र शिवगण के साथ जाकर दक्ष-यज्ञ का विध्वंस करता है।

तत्पश्चात् भगवान् नारायण के कालरूपी स्वरूप तथा कामदेव-दहन के आख्यान वर्णित हैं। दक्ष के यज्ञ-विध्वंस के समान कामदेव-दहन की कथा भी भिन्न है। इस पुराण की कथा के अनुसार भगवान् शिव की क्रोधाग्नि से भस्म होने के बाद कामदेव पाँच पुष्प-पौधों (दुक्मधृष्ट, वकुल, चम्पक, जातिपुष्प एवं पाटल्य) में परिवर्तित हो गए थे। इसके बाद प्रह्लाद-नारायण युद्ध तथा भुवनकोष का वर्णन किया गया है। दुर्गा सप्तशती के संदर्भ में महिषासुर, शुम्भ, निशुम्भ, चण्ड, मुण्ड व रक्तबीज आदि दैत्यों के वध की कथाएँ उल्लेखित हैं।

इस पुराण में कुरुक्षेत्र-वर्णन के अंतर्गत ब्रह्मसरोवर, कुरुजांगल, पृथूदक आदि तीर्थों की महिमा का वर्णन किया गया है। इसमें ब्रह्मसरोवर-माहात्म्य को सरोमाहात्म्य कहा गया है। यह सरोमाहात्म्य इस पुराण के 24वें अध्याय से लेकर 51वें अध्याय तक अर्थात् 28 अध्यायों में वर्णित है।

पार्वती-जन्म, गौरी-आख्यान, दैत्य अंधकासुर की कथा, स्कंदकुमार-चरित्र, तारकासुर-वध, जाबालि-कथा, मरुद्गण-जन्म, लक्ष्मी-कथा, चित्रांगद-विवाह, जम्भ-कुजम्भ वध, त्रिविक्रम (श्रीविष्णु) द्वारा धुंधु-वध, प्रेतोपाख्यान व नक्षत्र-पुरुषाख्यान वामन पुराण की प्रमुख विशिष्टताएँ हैं।

इस पुराण में कायज्जली तथा कर्कचतुर्थी आदि व्रतों की सम्बद्ध कथाओं, पूजन-विधियों तथा व्रत-माहात्म्य की चर्चा की गई है। गंगा-माहात्म्य, गंगा के मानसिक-स्नान, दधि वामनस्तोत्र, वेंकटेशवरी-माहात्म्य, वराह-माहात्म्य तथा तीर्थाटन आदि का महत्त्व भी दर्शाया गया है। भगवान् भोलेनाथ के स्वरूप का वर्णन करते हुए उनके विभिन्न अंगों पर आभूषणों के रूप में सुशोभित सर्पों के नामों, भगवान् वामन के विविध स्वरूपों एवं उनके निवास-स्थानों तथा देवताओं एवं दैत्यों के वाहनों का पृथक-पृथक वर्णन किया गया है।

अन्य पुराणों की भाँति वामन पुराण में भी सृष्टि की उत्पत्ति एवं विकास तथा जम्बू आदि सप्तद्वीपों का वर्णन कर पृथ्वी की भौगोलिक स्थिति, भारतवर्ष के विभिन्न पर्वतों, प्रसिद्ध नदियों, जनपदों तथा यहाँ निवास करने वाले मनुष्यों के विषय में विस्तृत पौराणिक ज्ञान वर्णित है। इस पुराण में पापों का वर्णन कर उनके फलस्वरूप प्राप्त होने वाले नरकों का निरूपण भी किया गया है।

वामन पुराण में दैत्य-राजाओं के चरित्र-वर्णन में उनके असभ्य, दुष्प्रवृत्तियों से ग्रस्त, अत्याचारी, वीभत्स एवं अधार्मिक स्वरूप को न दिखाकर उन्हें सुसंस्कृत, धर्मपरायण, कला-प्रेमी तथा सहृदय बताया गया है।

इस पुराण के अनुसार देवताओं में भगवान् विष्णु को, सर्वज्ञानों में आत्मज्ञान को, आयुधों में सुदर्शन चक्र को, पवित्र नदियों में गंगा को, तीर्थों में कुरुक्षेत्र को, पुराणों में मस्त्य पुराण को तथा यज्ञों में अश्वमेध को श्रेष्ठ कहा गया है।

इस पुराण में विष्णु-भक्त प्रह्लाद द्वारा अपने पौत्र बलि को दिया गया परम कल्याणमय उपदेश सभी मनुष्यों के हृदय में भगवान् विष्णु की भक्ति का संचार करता है। इसी संदर्भ में प्रह्लाद द्वारा बलि को भगवान् विष्णु की पूजन-विधि बताने, श्रीविष्णु के मंदिर बनवाने तथा बलि को वैष्णवी दीक्षा में दीक्षित करने के प्रसंग के साथ पुराण का समापन किया गया है।

वामन पुराण की कथा : वामन अवतार

प्राचीन समय की बात है, दैत्यराज बलि ने देवताओं को पराजित कर स्वर्ग पर अधिकार कर लिया। इन्द्रादि देवता अपने प्राण बचाकर वनों, गुफाओं तथा पर्वतों में छिपकर रहने लगे। देवताओं की इस दुर्गति से देव-माता अदिति को अत्यंत दुःख हुआ। अपने पुत्रों को दुखी देख वह भी शोकातुर हो गई। उस समय कश्यप मुनि वन में कठोर तप कर रहे थे। जब उनका तप पूर्ण हुआ तो वे आश्रम में पहुँचे। तब अदिति ने उन्हें देवताओं की दुर्दशा के विषय में बताकर उनके कल्याण का उपाय पूछा।

कश्यप बोले - ''कल्याणी ! तुम सम्पूर्ण प्राणियों के हृदय में विराजमान, भक्तों के दुःख हरने वाले भगवान् विष्णु की आराधना करो। वे बड़े दयालु और भक्त-वत्सल हैं। जो सच्चे मन से उनकी पूजा-उपासना करते हैं, उनकी भक्ति कभी

निष्फल नहीं जाती। मुझे पूर्ण विश्वास है कि श्रीविष्णु तुम्हारी मनोकामना अवश्य पूरी करेंगे।''

महर्षि कश्यप की बात सुनकर अदिति बोली – ''भगवन् ! मैं परब्रह्म भगवान् विष्णु की उपासना कैसे करूँ, जिससे कि वे तत्काल मेरी मनोकामना पूर्ण कर दें? आप उनकी आराधना की कोई ऐसी विधि बताएँ, जिससे कि वे शीघ्र प्रसन्न होकर मेरे पुत्रों का दुःख दूर कर दें।''

महर्षि कश्यप ने अदिति को पयोव्रत का उपदेश दिया। अदिति ने बारह दिनों तक इस व्रत का विधिवत् अनुष्ठान कर भगवान् विष्णु का चिंतन किया।

उसकी पूजा-अर्चना से प्रसन्न होकर भगवान् विष्णु साक्षात् प्रकट होकर बोले – ''देवी ! मैं तुम्हारी मनोकामना भली-भाँति जानता हूँ। शत्रुओं ने तुम्हारे पुत्रों का वैभव छीन लिया है। तुम्हारी इच्छा है कि देवगण अपना ऐश्वर्य, यश और स्वर्ग पुनः प्राप्त करें। कल्याणी ! तुमने भक्ति और श्रद्धापूर्वक मेरी उपासना की है। इसलिए तुम्हारे अनुष्ठान से प्रसन्न होकर मैं वरदान देता हूँ कि मैं अपने अंशरूप से तुम्हारे गर्भ में स्थापित होकर अवतार धारण करूँगा। वह मेरा वामन अवतार कहलाएगा। अपने इस अवतार में मैं दैत्यों का संहार कर देवताओं की रक्षा करूँगा।'' इस प्रकार अदिति को वर देकर श्रीविष्णु अंतर्धान हो गए।

'भगवान् विष्णु मेरे गर्भ से उत्पन्न होंगे', यह सोचकर अदिति अत्यंत प्रसन्न हुई। महर्षि कश्यप सत्यदर्शी थे, उनसे कोई बात छिपी नहीं थी। वे अपने तपोबल से जान गए कि भगवान् विष्णु उनके द्वारा अदिति के गर्भ से अवतरित होंगे। तब उन्होंने अपना तेज अदिति के गर्भ में स्थापित कर दिया।

जब ब्रह्माजी को ज्ञात हुआ कि अदिति के गर्भ में भगवान् विष्णु अपने अंशरूप में स्थापित हो गए हैं तो वे उनकी स्तुति करते हुए बोले – ''जगत् के पालनहार भगवन् ! आपके चरणों में मेरा कोटि-कोटि प्रणाम। वेदों के समस्त ज्ञान को अपने हृदय में रखने वाले भगवन् ! वास्तव में आप परब्रह्म-स्वरूप इस ब्रह्माण्ड में विद्यमान हैं। स्वर्ग, पृथ्वी, पाताल – ये तीनों लोक आपकी नाभि में स्थित हैं। आप संसार के आदि और अंत हैं। सम्पूर्ण सृष्टि, प्रजा और देवताओं को उत्पन्न करने वाले केवल आप ही हैं। स्वर्ग से निष्कासित देवगण का आप ही एकमात्र आश्रय हैं। आप उनके कष्टों का निवारण करें प्रभु।''

ब्रह्माजी की स्तुति से प्रसन्न होकर भगवान् विष्णु अदिति व कश्यप मुनि के समक्ष अवतरित हुए। भगवान् विष्णु की चार भुजाएँ थीं, जिनमें शंख, गदा, कमल और चक्र सुशोभित थे। उनका स्वरूप बड़ा मनोहारी था। देवगण शंख, नगाड़े, ढोल आदि बजाकर उनकी स्तुति करने लगे। अपने गर्भ से परम-पुरुष भगवान् विष्णु को उत्पन्न देख अदिति अत्यंत आश्चर्यचकित और आनन्दित हो गई। महर्षि कश्यप भगवान् विष्णु की जय-जयकार करने लगे।

फिर देखते ही देखते भगवान् विष्णु ने वामन ब्रह्मचारी का रूप धारण कर लिया। भगवान् वामन को देख ऋषिगण बड़े प्रसन्न हुए। तब देवी गायत्री ने उन्हें ज्ञान का उपदेश दिया। देवगुरु बृहस्पति ने उन्हें यज्ञोपवीत, कश्यप मुनि ने मेखला (जनेऊ), पृथ्वी ने कृष्णमृग का चर्म, ब्रह्माजी ने कमण्डलु, अदिति ने वस्त्र, चन्द्रमा ने दण्ड, सप्तर्षियों ने कुश, सरस्वती ने रुद्राक्ष की माला और देवताओं ने छत्र प्रदान किया। कुबेर ने उन्हें भिक्षा का पात्र और भगवती उमा ने भिक्षा दी। इस प्रकार भगवान् वामन दिव्य वस्तुओं से सुशोभित हो गए।

उस समय दैत्यराज बलि भृगुवंशी ऋषियों के साथ अश्वमेध यज्ञ कर रहा था। भगवान् वामन देवताओं द्वारा पूजित होकर बलि की यज्ञशाला की ओर चल पड़े। उनके भार से पृथ्वी झुकने-सी लगी थी। बलि की यज्ञशाला भृगुकच्छ (वर्तमान गुजरात का भड़ौच नगर) नामक एक सुंदर स्थान पर थी।

भगवान् वामन क्षणभर में बलि की यज्ञशाला में पहुँच गए। दिव्य तेज से युक्त वे ऐसे प्रतीत हो रहे थे, मानो साक्षात् सूर्यदेव हों। उनके तेज के समक्ष यज्ञ में उपस्थित सभी भृगुवंशी ऋषिगण का तेज क्षीण हो गया। तब दैत्यराज बलि ने आगे बढ़कर भगवान् वामन का स्वागत-सत्कार किया।

दैत्यराज बलि ने भगवान् वामन को आसन पर बिठाया और विनम्र स्वर में बोला – "ब्राह्मणकुमार ! ऐसा प्रतीत होता है, मानो ब्रह्मर्षियों की तपस्या ही मूर्तिमान् होकर मेरी यज्ञशाला में आ गई है। आपके पधारने से मेरे पितृ तृप्त हो गए हैं, मेरा वंश पवित्र हो गया है और मेरा यज्ञ सफल हो गया है। आपके दर्शन से मेरे सभी पाप नष्ट हो गए हैं। हे ब्राह्मणकुमार ! आज्ञा दीजिए, मैं आपकी क्या सेवा करूँ? स्वर्ण, धन, अन्न, भूमि – आपके मन में जिस वस्तु की इच्छा हो, निःसंकोच माँग लीजिए। मैं आपकी समस्त इच्छाएँ पूर्ण करूँगा।"

बलि के मधुर वचन सुनकर भगवान् वामन प्रसन्न होकर बोले – "राजन ! आपने जो कुछ कहा, वह आपकी वंशपरम्परा के अनुरूप, धर्मभाव से परिपूर्ण और यश को बढ़ाने वाला है। आपके वंश में ऐसा कोई धैर्यहीन और कृपण पुरुष नहीं हुआ, जिसने ब्राह्मण को कभी दान न दिया हो अथवा जो एक बार किसी को कुछ देने की प्रतिज्ञा कर अपने वचन से विमुख हुआ हो। दान के अवसर पर याचकों की याचना और युद्ध के समय शत्रुओं की ललकार सुनकर मुख मोड़ने वाला कायर आपके वंश में कोई नहीं हुआ। आपके वंश में अनेक दानी पुरुष हुए हैं। आपके पिता विरोचन बड़े ब्राह्मण-भक्त थे। जब उनके शत्रु देवताओं ने ब्राह्मणों का वेष बनाकर उनसे उनकी आयु का दान माँगा तो उन्होंने उनका कपट जानते हुए भी अपनी आयु दान में दे दी थी। आप भी उसी धर्म का पालन कर रहे हैं। दैत्यराज ! आप अभिलषित वस्तु देने में सक्षम हैं, अतः मैं आपसे केवल तीन पग भूमि माँगता हूँ। आप तीनों लोकों के स्वामी एवं उदार आत्मा हैं, फिर भी मुझे इससे अधिक कुछ नहीं चाहिए।"

दैत्यराज बलि हँसते हुए बोला – "ब्राह्मणकुमार! यद्यपि आपकी बातें ज्ञानवान ब्राह्मणों के समान हैं, तथापि आपकी बुद्धि अभी अल्प ही है, इसलिए आप लाभ-हानि नहीं समझ रहे हैं। मैं तीनों लोकों का अधिपति आपकी बातों से अत्यंत प्रसन्न हूँ और आपको भरपूर धन और भूमि दान में दे सकता हूँ। फिर भला तीन पग भूमि माँगना क्या बुद्धिमानी की बात है? ब्राह्मणकुमार! जो एक बार मेरी शरण में आ गया, फिर उसे कभी किसी से कुछ माँगने की आवश्यकता नहीं पड़नी चाहिए। इसलिए अपनी जीविका चलाने के लिए आपको जितनी भूमि की आवश्यकता हो, मुझसे माँग लें।"

उसकी अहंकारपूर्ण बातें सुनकर भगवान् वामन बोले – "राजन! यदि मनुष्य अपनी इन्द्रियों को वश में नहीं रख सके तो संसार के सभी ऐश्वर्य-भोग भी उसकी कामनाओं को पूर्ण नहीं कर सकते। जो तीन पग भूमि से संतोष नहीं कर सकता, उसे अनेक विशाल भूखण्ड भी दे दिए जाएँ तो भी वह संतुष्ट नहीं हो सकता। थोड़े में संतोष करने वाले प्राणी का जीवन सुख से बीतता है, जबकि अपनी इन्द्रियों को वश में न रखने वाला असंतोषी जीव तीनों लोक पाने के बाद भी दुखी और असंतुष्ट रहता है। धन और भोगों का असंतोष जीवन-मृत्यु के चक्र में गिरने का कारण है। इसलिए धन उतना ही संग्रह करना चाहिए, जितने की आवश्यकता हो। इसमें संदेह नहीं कि आप अभिलषित वस्तुएँ प्रदान करने वालों में शिरोमणि हैं, फिर भी मैं केवल तीन पग भूमि माँगता हूँ। इतने से ही मेरा कार्य पूर्ण हो जाएगा।"

"ठीक है ब्राह्मणकुमार! जैसा आप उचित समझें।" यह कहकर बलि ने तीन पग भूमि देने का संकल्प करने के लिए जलपात्र उठाया।

इधर, दैत्यगुरु शुक्राचार्य भगवान् वामन के वास्तविक स्वरूप को जान गए थे। अत: वे बलि को रोकते हुए बोले – "राजन! वामन-रूप में ये साक्षात् भगवान् विष्णु हैं, जो देवताओं का कार्य सिद्ध करने हेतु देव-माता अदिति के गर्भ से अवतरित हुए हैं। ये तुम्हारा सर्वस्व छीन लेंगे। इन्हें दान देने का संकल्प मत करो। तुम्हारे इस कार्य से दैत्यों के साथ बड़ा अन्याय हो जाएगा। वामनरूपी विष्णु तुम्हारा राज्य, ऐश्वर्य, लक्ष्मी, तेज और यश छीन कर तुम्हारे शत्रु इन्द्र को दे देंगे। जब तुम अपना सर्वस्व इन्हें दे दोगे तो तुम्हारा और दैत्यों का क्या होगा? ये विश्वव्यापक विष्णु एक पग में पृथ्वी और दूसरे पग में स्वर्ग नाप लेंगे। इनके विशालकाय शरीर से आकाश घिर जाएगा, तब इनका तीसरा पग कहाँ जाएगा? अपना संकल्प पूर्ण न करने की दशा में तुम्हें घोर नरक का भागी बनना पड़ेगा। इसलिए सावधान दैत्यराज! तुम यह संकल्प त्याग दो।"

बलि विनम्रतापूर्वक बोला – "गुरुदेव! आपका कथन सर्वथा उचित है, किंतु मैं तेजस्वी प्रह्लाद का पौत्र और दैत्यराज विरोचन का पुत्र हूँ। एक बार दान देने का निश्चय कर उससे विमुख नहीं हो सकता। राज के लोभ में आकर मैं ब्राह्मणकुमार

के साथ कपट नहीं करूँगा। असत्य से बढ़कर कोई अधर्म नहीं है। मैं सबकुछ सहन कर लूँगा, किंतु असत्य का भार मुझे स्वीकार नहीं होगा। घोर नरक, दरिद्रता, दुःख और मृत्यु आदि से मैं इतना नहीं डरता, जितना कि ब्राह्मण को वचन देकर उसे भंग करने से डरता हूँ। जगत् में मृत्यु के बाद धनादि वस्तुएँ साथ छोड़ देती हैं, यदि उनके द्वारा ब्राह्मणों को संतुष्ट न किया जा सके तो उनका लाभ ही क्या? दधीचि, शिवि आदि ऋषिगण ने भी अपने प्राणों की आहूति देकर प्राणियों का कल्याण किया है। गुरुदेव ! देवगण, ऋषि, मुनि, मनुष्य आदि जिनकी पूजा-अर्चना करते हैं, वे भगवान् विष्णु भले ही इस रूप में आए हों, मैं इनकी इच्छानुसार इन्हें भूमि का दान अवश्य करूँगा। यदि ये छलपूर्वक मुझे भ्रमित कर देंगे तो भी मैं इनका अनिष्ट नहीं चाहूँगा।''

जब शुक्राचार्य ने देखा कि बलि उनकी बातों पर ध्यान न देकर, उनकी आज्ञा का उल्लंघन कर रहा है तो वे क्रुद्ध होकर उसे शाप देते हुए बोले - ''मूर्ख बलि ! तू है तो अज्ञानी, किंतु स्वयं को शास्त्रों का बहुत बड़ा ज्ञाता सिद्ध कर रहा है। तू मेरी उपेक्षा कर मेरा अपमान कर रहा है। तूने मेरी आज्ञा का भी उल्लंघन किया है, इसलिए जा, तेरी वैभवता और श्रीलक्ष्मी समाप्त हो जाएँ।''

इस प्रकार शाप देकर शुक्राचार्य वहाँ से चले गए। गुरु द्वारा शाप दिए जाने पर भी बलि अपने निश्चय पर दृढ़ रहा। उसने भगवान् वामन की विधिवत् पूजा-अर्चना की। तत्पश्चात् हाथ में गंगाजल लेकर उन्हें तीन पग भूमि देने का संकल्प किया।

बलि द्वारा संकल्प करते ही वहाँ एक अद्भुत घटना घटी। भगवान् वामन ने अपने शरीर को इतना विशालकाय कर लिया कि तीनों लोक, मनुष्य, देवता, ऋषि, मुनि, पशु, पक्षी, दसों दिशाएँ आदि सभी उन्हीं में समा गए। भगवान् के विराट् स्वरूप को देख सभी ऋषि-मुनि और दैत्य आश्चर्यचकित रह गए।

भगवान् वामन ने अपने विशालकाय शरीर से आकाश और भुजाओं से दिशाएँ घेरकर एक पग से सारी पृथ्वी नाप ली। उनका दूसरा पग ऊपर सत्यलोक में पहुँच गया। वहाँ ब्रह्माजी ने अपने कमण्डलु के गंगाजल से भगवान् वामन के चरणों को ध ोकर मरीचि आदि ऋषियों के साथ उनकी स्तुति की। इस प्रकार अपने दो पग में ही भगवान् वामन ने सम्पूर्ण ब्रह्माण्ड नाप लिया। तीसरा पग रखने के लिए बलि की कोई भी वस्तु नहीं बची।

तब भगवान् वामन बोले - ''दैत्यराज ! तुम अपना संकल्प पूरा करो। दो पग में मैंने तीनों लोकों सहित समस्त ब्रह्माण्ड नाप लिया है, अब बताओ तीसरा पग मैं कहाँ रखूँ? तुम्हें स्वयं पर बड़ा अहंकार था। अब इसी क्षण अपनी प्रतिज्ञा पूर्ण करो, अन्यथा प्रतिज्ञा भंग होने पर नरक की कठोर यातना भोगने के लिए तैयार रहो।''

बलि बोला - ''दयानिधान ! यद्यपि मैं अपना राज्य गँवा चुका हूँ, तथापि आपको दिया वचन अवश्य पूरा करूँगा। कृपया अपना तीसरा पग मेरे सिर पर रख दीजिए। मुझे राज्य छिन जाने अथवा नरक की यातना भोगने का कोई दुःख नहीं है।

और न ही मैं पाश से बँधने या किसी दण्ड से भयभीत हूँ। हम दैत्यों को आप सदा शिक्षा देते रहे हैं, इसलिए आप हमारे परम गुरु हैं। जब हम कुलीनता, बल और धन के मद में चूर होकर अत्याचारी बन जाते हैं तो आप उन वस्तुओं को छीनकर हमारा मार्गदर्शन करते हैं। भक्तिपूर्वक आपकी उपासना करने पर ऋषिगण जो स्थान आपके चरणों में प्राप्त करते हैं, वही स्थान दैत्यों को आपके द्वारा मारे जाने पर प्राप्त होता है। आप जैसे परमगुरु द्वारा दिया गया दण्ड भी सौभाग्यवर्द्धक है। मैं उसे सहर्ष स्वीकार करूँगा।''

बलि भगवान् वामन की स्तुति कर ही रहा था कि तभी भगवान् विष्णु के परम भक्त और उसके पितामह प्रह्लाद वहाँ आ पहुँचे। वे भगवान् वामन को प्रणाम कर बोले – ''प्रभु ! आपने ही बलि को यह ऐश्वर्ययुक्त इन्द्र–पद प्रदान किया था और आपने ही उसे छीन लिया। ऐसा कर आपने इस पर बड़ा उपकार किया है। ऐश्वर्य और भोग के अहंकार में विद्वान मनुष्य भी स्वयं के वास्तविक स्वरूप को भूल जाता है। इसलिए मनुष्य का ऐश्वर्य–भोगों से रहित होना ही श्रेष्ठ है।''

तब ब्रह्माजी प्रार्थना करते हुए बोले – ''प्रभु ! आपने इसका सर्वस्व ले लिया है, अब यह दण्ड का पात्र नहीं है। इसने अपने ऐश्वर्य, धन, तीनों लोकों और स्वयं को भी आपके श्रीचरणों में समर्पित कर दिया है। भगवन् ! जो मनुष्य सच्चे हृदय से विषय–भोगों से विरक्त होकर श्रद्धापूर्वक आपके श्रीचरणों का स्मरण करता है, उसे भी आप प्रसन्न होकर मोक्ष प्रदान करते हैं। फिर दैत्यराज बलि ने तो प्रसन्नता से अपना सर्वस्व दान किया है, तब यह दण्ड का भागी कैसे हो सकता है? इसलिए आप प्रसन्न होकर इसे क्षमा प्रदान करें।''

भगवान् वामन प्रसन्न होकर बलि से बोले – ''वत्स ! तुमने उस माया पर विजय प्राप्त कर ली है, जिसे जीतना अत्यंत कठिन है। दैत्यगुरु ने तुम्हें शाप दे दिया, तुम्हारा सर्वस्व छिन गया, बंधु–बांधव तुम्हें छोड़कर चले गए, किंतु इतने दुःख भोगने के बाद भी तुमने अपने धर्म और सत्य का पूरी निष्ठा से पालन किया है। इसलिए मैं तुम्हें वह स्थान प्रदान करता हूँ, जो बड़े–बड़े देवताओं को भी बड़ी कठिनाई से प्राप्त होता है। सावर्णि मन्वंतर में तुम्हें इन्द्र–पद पर आसीन होकर मेरा प्रिय भक्त होने का सौभाग्य प्राप्त होगा। तब तक तुम अपने बंधु–बांधवों के साथ विश्वकर्मा द्वारा निर्मित पाताल लोक में निवास करो। वहाँ भी मेरी कृपा तुम पर सदा बनी रहेगी।''

बलि तत्क्षण पत्नी विन्ध्यावली और बंधु–बांधवों के साथ पाताल लोक में चला गया। इसके बाद भगवान् वामन ने बलि का यज्ञ पूर्ण किया। फिर ब्रह्मा, इन्द्र और पार्षदों के साथ स्वर्गलोक चले गए। इस प्रकार भगवान् विष्णु की कृपा से देवताओं को स्वर्ग पुनः प्राप्त हो गया।

अध्याय 15

कूर्म पुराण

परिचय

पवित्र 'कूर्म पुराण' ब्रह्म वर्ग के अंतर्गत आता है। इस पुराण में चारों वेदों का श्रेष्ठ सार निहित है। समुद्र-मंथन के समय मंदराचलगिरि को समुद्र में स्थिर रखने के लिए देवताओं की प्रार्थना पर भगवान् विष्णु ने कूर्मावतार धारण किया था। तत्पश्चात् उन्होंने अपने कूर्मावतार में राजा इन्द्रद्युम्न को ज्ञान, भक्ति और मोक्ष का गूढ़ रहस्य प्रदान किया था। उनके ज्ञानयुक्त उपदेश को इस पुराण में संकलित किया है। इसलिए इस पुराण को 'कूर्म पुराण' कहा गया है। इस पुराण का ज्ञान महर्षि व्यास ने अपने शिष्य रोमहर्षण (लोमहर्षण) सूतजी को प्रदान किया था। तत्पश्चात् नैमिषारण्य में महर्षि रोमहर्षण सूतजी ने शौनकादि ऋषि-मुनियों को यह पुराण सुनाया था।

यद्यपि कूर्म पुराण एक वैष्णव प्रधान पुराण है, तथापि इसमें शैव तथा शाक्त मत की भी विस्तृत चर्चा की गई है। इस पुराण में पुराणों के पाँचों प्रमुख लक्षणों - सर्ग, प्रतिसर्ग, वंश, मन्वंतर एवं वंशानुचरित का क्रमबद्ध तथा विस्तृत विवेचन किया गया है।

श्लोक संख्या तथा खण्ड

सम्पूर्ण कूर्म पुराण में कुल अठारह हज़ार (18,000) श्लोक वर्णित हैं। यह पुराण ब्राह्मी, भगवती, गौरी तथा वैष्णवी - इन चार संहिताओं (खण्डों) में विभक्त है। किंतु वर्तमान में चारों संहिताओं में से केवल ब्राह्मी संहिता ही उपलब्ध है। शेष तीनों संहिताएँ कालवश विलुप्त हो गई हैं।

ब्राह्मी संहिता में कुल छः हज़ार (6,000) श्लोक हैं। अध्ययन की दृष्टि से इस संहिता को पूर्व विभाग तथा उपरि विभाग - इन दो भागों में विभाजित किया गया है। संहिता के पूर्व विभाग में 51 अध्याय तथा उपरि विभाग में 44 अध्याय वर्णित हैं।

कूर्म पुराण का सार

1. पूर्व (पूर्वार्द्ध) विभाग

इस विभाग का आरम्भ महर्षि सूतजी के जन्म तथा उनके रोमहर्षण नाम पड़ने से है। महर्षि व्यास के श्रीमुख से आनन्दमय पुराणों को सुनकर सूतजी का रोम-रोम प्रफुल्लित हो गया था। इसी कारण उनका नाम रोमहर्षण सूतजी पड़ गया। इन्हें पुराण

सुनने का एकमात्र योग्य अधिकारी जानकर ही महर्षि व्यास ने पुराणों का ज्ञान प्रदान किया था। इसी अध्याय में अठारह पुराणों तथा उनके उप पुराणों की सूची दी गई है।

तत्पश्चात् समुद्र-मंथन के समय भगवान् विष्णु के कूर्मावतार तथा लक्ष्मी-उत्पत्ति के प्रसंग हैं। इसी संदर्भ में राजा इन्द्रद्युम्न के ब्राह्मण-योनि में उत्पन्न होने, इन्द्रद्युम्न द्वारा कठोर तपस्या करके भगवान् विष्णु को प्रसन्न करने तथा वर-स्वरूप उनसे परात्परा तत्त्व का ज्ञान प्राप्त करने की कथा है।

दूसरे अध्याय में भगवान् विष्णु के अंश से ब्रह्माजी, शिवजी तथा लक्ष्मी के प्राकट्य तथा ब्रह्माजी द्वारा मरीचि आदि नौ मानस पुत्रों, चारों वेदों एवं चारों वर्णों को प्रकट करने तथा वेदों में निहित ज्ञान के आधार पर वर्णाश्रम धर्म का निरूपण किया गया है।

इस पुराण में श्रीविष्णु द्वारा चारों आश्रमों अर्थात् ब्रह्मचर्य, गृहस्थ, वानप्रस्थ एवं संन्यास के दो-दो भेद बताए हैं। उनके अनुसार ब्रह्मचर्य के उपकुवणिक तथा नैष्टिक - दो भेद हैं। इसमें शास्त्रों की विधिवत् शिक्षा ग्रहण करने के बाद गृहस्थाश्रम में प्रवेश करने वाले को 'उपकुवणिक ब्रह्मचारी' तथा अपना सम्पूर्ण जीवन गुरु-सेवा में व्यतीत कर देने वाले को 'नैष्टिक ब्रह्मचारी' कहा गया है।

साधक तथा उदासीन - ये गृहस्थाश्रम के भेद हैं। इनमें अपने परिवार के पालन-पोषण में व्यस्त रहने वाले मनुष्य को 'साधक गृहस्थ' तथा देवऋण, पितृऋण तथा ऋषिऋण से मुक्त होकर निर्लिप्त भाव से परिवार का पालन-पोषण करने वाले को 'उदासीन गृहस्थ' कहा गया है।

वानप्रस्थाश्रम के दो भेद - तापस तथा सांन्यासिक कहे गए हैं। इनमें वन में निवास करते हुए यज्ञ, हवन आदि धार्मिक अनुष्ठान करने वाले साधकों को 'तापस वानप्रस्थी' तथा कठोर तप द्वारा भगवान की पूजा-आराधना करने वाले साधकों को 'सांन्यासिक वानप्रस्थी' कहा गया है।

संन्यासाश्रम के भेद पारमेष्ठिक तथा योगी हैं। इनमें इन्द्रियों को नियंत्रित कर योग द्वारा मोक्ष की इच्छा करने वाले को 'पारमेष्ठिक संन्यासी' तथा आत्मा में ही परमात्मा के दर्शन करने वाले को 'योगी संन्यासी' कहा गया है।

इसके बाद आश्रम धर्म, संन्यास ग्रहण करने के क्रम, ब्रह्मार्पण के लक्षण तथा कर्मयोग की विस्तृत व्याख्या की गई है। चौथे अध्याय में ब्रह्माण्ड-उत्पत्ति तथा सृष्टि-रचना का क्रमबद्ध वर्णन किया गया है। इसी संदर्भ में भगवान् विष्णु के विभिन्न नामों की व्याख्या की गई है।

तत्पश्चात् चतुर्युग वर्णन, काल गणना, भगवान् विष्णु द्वारा वराहावतार ग्रहण कर पृथ्वी-उद्धार की कथा, नौ प्रकार की सृष्टि-रचना, दैत्य मधु-कैटभ की उत्पत्ति, भगवान् विष्णु द्वारा मधु-कैटभ वध तथा भगवान शिव के विभिन्न स्वरूपों एवं नामों का वर्णन है।

11वें अध्याय में शक्ति की पूजा-उपासना का अत्यंत गूढ़ वर्णन किया गया है। इसमें सती-पार्वती के जन्म तथा भगवती के माहात्म्य का वर्णन कर, भगवती द्वारा हिमालय को अपने विराट्-स्वरूप के दर्शन करवाने तथा हिमालय द्वारा देवी के 1008 नामों द्वारा स्तुति करने के प्रसंग हैं।

12वें तथा 13वें अध्याय में दक्ष-कन्याओं की संतति, 49 अग्नियों, पितृगण तथा गंगा के प्रादुर्भाव की कथाएँ हैं। 13वें अध्याय में ही स्वयंभू मनु के वंश का वर्णन करते हुए राजा पृथु की कथा उल्लेखित है। इसके बाद देवी सती से संबंधित आख्यान आरम्भ होता है। किंतु अन्य पुराणों की अपेक्षा यह आख्यान भिन्नता लिए हुए है। इसमें दक्ष द्वारा कनखल में यज्ञ करने, सती द्वारा दक्ष-यज्ञ में प्राण त्यागने, वीरभद्र द्वारा दक्ष-यज्ञ विध्वंस तथा भगवान् शिव का पार्वती सहित दक्ष-यज्ञ में प्रकट होकर दक्ष को वर देने के वृत्तांत हैं।

15वें अध्याय में सर्वप्रथम नृसिंहरूपधारी भगवान् विष्णु द्वारा हिरण्यकशिपु नामक दैत्य के वध का प्रसंग है। इसके बाद भगवान् विष्णु द्वारा वराह-अवतार ग्रहण कर दैत्य हिरण्याक्ष के वध तथा प्रह्लाद की कथा वर्णित है। प्रह्लाद की कथा में एक ब्राह्मण के शाप के कारण पिता के वध का प्रतिशोध लेने के लिए भक्त प्रह्लाद द्वारा भगवान् विष्णु से युद्ध को उद्यत होने तथा पुनः भगवान् विष्णु का शरणागत होकर उनके परमपद को प्राप्त करने के प्रसंग हैं।

तत्पश्चात् महर्षि गौतम द्वारा ईर्ष्यालु ब्राह्मणों को शाप देने तथा भगवती पार्वती के सौंदर्य पर मोहित होकर अंधकासुर द्वारा कैलाश पर आक्रमण करने, शिव-अंधक युद्ध, युद्ध में पराजित अंधक द्वारा भगवान् महादेव की स्तुति करने तथा अंधक को गण-पद प्रदान कर शिव-शिवा द्वारा उसे पुत्र-रूप में स्वीकार करने की कथाएँ हैं। इस अध्याय के अंत में भगवान् विष्णु द्वारा उत्पन्न मातृकाओं द्वारा संसार का भक्षण करने तथा भगवान् विष्णु के उपदेश पर मातृकाओं द्वारा भगवान् शिव की शरण में जाने के वृत्तांत हैं।

16वें एवं 17वें अध्याय में दैत्यराज बलि द्वारा देवताओं को पराजित करने, भगवान् विष्णु द्वारा वामनावतार ग्रहण करके बलि से तीन पग भूमि माँगने तथा बलि के पाताल जाने की कथा का वर्णन है। 18वें अध्याय में रावण-कुम्भकर्ण के जन्म की कथा तथा महर्षि वसिष्ठ एवं व्यासजी की वंशावली का वर्णन है। 19वें अध्याय में सूर्यवंश का तथा 20वें अध्याय में इक्ष्वाकुवंश का वर्णन करते हुए सगर, असमंजस, दिलीप, भगीरथ, हरिश्चन्द्र, श्रीराम, लव, कुश तथा राजा श्रतायु का परिचय दिया गया है।

21वें अध्याय में चन्द्रवंश का वर्णन करते हुए बुध, पुरूरवा, नहुष, ययाति आदि राजाओं का उल्लेख है। इसी अध्याय में राजा ययाति के पुत्र यदु के वंश को भी वर्णन किया गया है।

22वें अध्याय में राजा जयध्वज की वंशावली तथा राजा दुर्जय के चरित्र का वर्णन है। इसी संदर्भ में महर्षि कण्व के परामर्श से राजा दुर्जय के वाराणसी जाने तथा वहाँ स्थित विश्वीश्वर ज्योतिर्लिंग की पूजा-उपासना से दुर्जय के पाप-मुक्त होने का प्रसंग वर्णित है।

23वें अध्याय में क्रोष्टु वंश, सात्वत वंश तथा कृष्ण वंश के राजाओं का विस्तृत विवरण दिया गया है। 24वें अध्याय से लेकर 26वें अध्याय तक भगवान् श्रीकृष्ण की लीलाओं का वर्णन है। इसमें महर्षि उपमन्यु के आश्रम में श्रीकृष्ण द्वारा भगवान् महादेव की स्तुति करने, शिवजी द्वारा श्रीकृष्ण को पुत्र-प्राप्ति का वर देने, श्रीकृष्ण द्वारा कैलाश-विहार कर द्वारिका लौटने व मार्कण्डेय मुनि को लिंग-तत्त्व का उपदेश देकर लिंग-पूजन का माहात्म्य बताने, भगवान् शिव के वर के फलस्वरूप श्रीकृष्ण की पत्नी जाम्बवती के गर्भ से साम्ब के उत्पन्न होने, कंस-वध तथा श्रीकृष्ण के गोलोक पधारने की कथाएँ वर्णित हैं।

28वें अध्याय से लेकर 33वें अध्याय तक कलियुग-धर्म निरूपण, महर्षि व्यास व जैमिनि मुनि के धर्म-संबंधी संवाद तथा काशी-माहात्म्य का विवेचन किया गया है। इसी अध्याय में भगवान् महादेव द्वारा गजासुर के वध तथा उसके चर्म को वस्त्ररूप में धारण कर महादेव के कृत्तिवासीश्वर कहलाने का प्रसंग है। इसके बाद काशी के विभिन्न तीर्थों का परिचय देते हुए ओंकारीश्वर लिंग, कपर्दीश्वर लिंग, पिशाचमोचन कुंड, मध्यमीश्वर महादेव आदि के माहात्म्य, उनकी पूजा-विधियों तथा उनसे संबद्ध पौराणिक कथाओं का वर्णन है।

अंत में पृथ्वी के पौराणिक भूगोल अर्थात् जम्बू आदि सात द्वीपों, सात महासागरों, सूर्यमंडल एवं नक्षत्र मंडल की स्थिति, सूर्य-महिमा, भगवान् शिव द्वारा कलियुग में धारण किए जाने वाले अवतारों तथा भविष्य के सात मन्वंतरों के वर्णन के साथ पूर्व विभाग का समापन होता है।

2. उपरि (उत्तरार्द्ध) विभाग

कूर्म पुराण के उपरि विभाग का आरम्भ भगवान् शिव तथा ऋषियों के संवाद से है। उनके इसी संवाद को ईश्वर गीता कहा गया है। इस पुराण में ईश्वर गीता का अत्यंत दार्शनिक तथा आध्यात्मिक विवेचन किया गया है।

ईश्वर गीता में आत्मतत्त्व का उल्लेख करते हुए भगवान् महादेव कहते हैं - ''आत्मा केवल स्वच्छ, निर्मल, पवित्र तथा तमोगुणी है। वेदों में इसे अव्यक्त काल कहा गया है। आत्मा एक है, किंतु मायारूपी बंधनों से बंधी होने के कारण यह अनेक शरीर धारण करती है। प्रकाश-अंधकार अथवा धूप-छाया के समान ही परमात्मा व माया का कोई आपसी संबंध नहीं है। वे सर्वदा भिन्न-भिन्न हैं। किंतु आत्मा के माया से ग्रसित होने के कारण उसे अनेक जन्म धारण करने के बाद मुक्ति नहीं मिलती।

यद्यपि ज्ञानवान एवं विद्वान मनुष्य आत्मा को विकार-रहित तथा प्रकृति से परे मानते हैं, तथापि कुछ मनुष्य अज्ञान के कारण आत्मा को भोक्ता मान लेते हैं। अज्ञान के कारण ही अविवेक उत्पन्न होता है। अविवेक के कारण मनुष्य अच्छे-बुरे सभी कर्म करता है तथा कर्मों के अनुसार ही मनुष्य पाप-पुण्य का भागी बनता है। इन्हीं कर्मों को भोगने के लिए मनुष्य को पुनः जन्म लेना पड़ता है। इसके विपरीत आत्मा निश्छल तथा विकारों से रहित है। वह स्वयं अपने ही प्रकाश से आलोकित होती है। जब विद्वान आत्मा को इस रूप में देख लेते हैं तो उन्हें ब्रह्म की प्राप्ति हो जाती है।''

योग के संदर्भ में कहा गया है कि योग वास्तव में वेदांत का ही सार है। योग का अर्थ है मन को एकाग्र करना। योग और ज्ञान एक-दूसरे के पूरक हैं। योग-ज्ञान से युक्त प्राणी के लिए संसार में कुछ भी दुर्लभ नहीं है।

पशुपति-स्वरूप का निरूपण करते हुए भगवान् शिव कहते हैं - ''आत्म-दृष्टि से ब्रह्माण्ड के सभी जीव पशु कहलाते हैं और मैं उनका स्वामी होने के कारण पशुपति नाम से प्रसिद्ध हूँ। मेरी माया ही जीवों को मायापाश में बाँधती है। मैं ही उनका उद्धारक हूँ। मेरे अतिरिक्त सांसारिक प्राणियों का मुक्तिदाता कोई दूसरा नहीं है। सम्पूर्ण सृष्टि में मेरा ही तेज प्रस्फुटित होता है।''

इस विभाग में ईश्वर गीता के पश्चात् व्यास गीता का अत्यंत दार्शनिक तथा सारगर्भित प्रतिपादन कर विभिन्न कर्मकाण्डों के गूढ़ रहस्यों एवं विधियों का वर्णन किया गया है। व्यास गीता का आरम्भ वर्णाश्रम-धर्म तथा सदाचार के वर्णन के साथ हुआ है। ब्रह्मचर्य धर्म के विषय में महर्षि वेदव्यास कहते हैं कि ब्रह्मचारी को वृद्धों के प्रति विनम्र और अभिवादनशील होना चाहिए। सांसारिक एवं वैदिक ज्ञान देने वाले को गुरु के समान ही मानना चाहिए। मन, वचन, कर्म और शरीर से अपने बड़े सम्बंधियों का भी गुरु के रूप में सम्मान करना चाहिए। ब्रह्मचारी को न तो गुरु के बराबर बैठना चाहिए और न ही उनसे विवाद करना चाहिए। जन्म देने वाली माता, पालन-पोषण करने वाली धाय, विद्या-उपदेश देने वाली विदुषी, बड़े भाई की पत्नी तथा गुरु-पत्नी को सदैव गुरु के समान पूज्य मानना चाहिए। कल्याण की कामना रखने वालों को भूलकर भी इन पाँचों का अपमान नहीं करना चाहिए।

गृहस्थ धर्म का वर्णन करते हुए महर्षि व्यास कहते हैं - ''मनुष्य को कुलीन, सुंदर, गुणी, आचरणवती, सुशील तथा दोषरहित कन्या से विवाह करके ऋतुकाल में ही उसके साथ समागम करना चाहिए। षष्ठी, अष्टमी, द्वादशी तथा चतुदर्शी को स्त्री-गमन पूर्णतः निषिद्ध है। गृहस्थों को जीव-हत्या, असत्य भाषण तथा चोरी जैसे दुष्कर्मों से दूर रहना चाहिए।'' इसके अतिरिक्त व्यासजी ने गायत्री मंत्र, एकादशी-व्रत, श्राद्ध तथा दान आदि के माहात्म्य का भी विवेचन किया है।

वानप्रस्थ धर्म के संदर्भ में कहा गया है कि मनुष्य पत्नी के साथ वानप्रस्थाश्रम में प्रवेश कर सकता है, किंतु पत्नी को पुत्रों के हाथों छोड़कर मनुष्य के एकाकी

वानप्रस्थ को अत्यंत श्रेष्ठ कहा गया है। वन में जाकर मनुष्य को तप-साधना करनी चाहिए। वह फलों आदि का भोजन करे। नियमित आहार का नियम बनाकर कठोरता से उसका पालन करे। प्रतिदिन भगवान् या अतिथियों को भोजन करवाने के बाद ही वानप्रस्थी को भोजन करना चाहिए। वानप्रस्थी को जटाएँ धारण करनी चाहिएँ, भिक्षा माँगकर भोजन करना चाहिए, वाणी पर नियंत्रण रखना चाहिए तथा निरंतर स्वाध्याय में लगे रहना चाहिए।

संन्यास धर्म के विषय में व्यासजी कहते हैं कि मनुष्य को अपने जीवन का चौथा भाग संन्यासाश्रम में व्यतीत करना चाहिए। इस आश्रम में मनुष्य को शांत रहते हुए योगाभ्यास व ब्रह्मविद्या में परायण होना चाहिए। उसे एक स्थान पर न रहकर घूमते रहना चाहिए। उसका मन संसार की सभी वस्तुओं से विरक्त हो जाए। संन्यासी को केवल गेरुए वस्त्र ही धारण करना चाहिएँ।

व्यास गीता के बाद प्रयाग तीर्थ, प्रभास तीर्थ, कुब्जाश्रम तीर्थ, सारस्वत तीर्थ, पुष्कर तीर्थ, रुद्रकोटि तीर्थ, देवालय तीर्थ, बदरीवन तीर्थ आदि से सम्बद्ध कथाओं का वर्णन कर इनके माहात्म्य का निरूपण किया गया है।

अंत में भगवान् विष्णु एवं व्यासजी की स्तुति तथा कूर्म पुराण के पठन, श्रवण तथा चिंतन के माहात्म्य के साथ इस पुराण का समापन किया गया है।

कूर्म पुराण की कथा : गौतम ऋषि द्वारा शाप

प्राचीन समय की बात है - प्राणियों को उनके पापों का दंड देने के लिए देवराज इन्द्र ने पन्द्रह वर्षों तक वर्षा को रोके रखा। इतने दिनों तक वर्षा नहीं होने के कारण पृथ्वी पर भयंकर अकाल पड़ गया। हज़ारों लोग प्रतिदिन काल का ग्रास बनने लगे। चारों ओर शवों के विशाल ढेर लग गए। ऐसी स्थिति में कुछ ऋषि-मुनियों ने एकत्रित होकर विचार किया कि गौतम एक तेजस्वी ऋषि हैं। इस दुःखद स्थिति का निवारण केवल वे ही कर सकते हैं। वे अपने आश्रम में नित्य गायत्री देवी की पूजा-अर्चना करते हैं। देवी के आशीर्वाद के फलस्वरूप महर्षि गौतम के आश्रम में अकाल का कोप नहीं पहुँच सका है। इसलिए उन्हें उनकी शरण में जाना चाहिए। यह विचार कर वे सभी ऋषि-मुनि अपने कुटुम्ब के साथ गौतमजी के आश्रम में गए।

महर्षि गौतम ने खुले दिल से उनका स्वागत किया। फिर उनके आने का कारण पूछा। मुनियों ने अपना दुःख बताया। इस पर गौतम ने उन्हें अभय प्रदान किया और विनम्रतापूर्वक बोले - "मान्यवरो ! यह आश्रम वस्तुतः आप लोगों का ही है। मैं तो आपका एक सेवकमात्र हूँ। मेरे रहते आपको चिंता नहीं करनी चाहिए। आप निश्चिंत होकर यहाँ सुख से रहें।"

इस प्रकार सभी ऋषि-मुनियों को शरण देकर महर्षि गौतम दिव्य स्तोत्रों से भगवती गायत्री की अर्चना करने लगे।

महर्षि गौतम की पूजा-उपासना से प्रसन्न होकर भगवती गायत्री उनके सामने प्रकट हो गईं और प्रेमपूर्वक बोलीं - ''वत्स गौतम ! तुम्हारी स्तुति से मैं अति प्रसन्न हूँ। बोलो, तुम्हारी क्या इच्छा पूरी करूँ?''

गौतम विनम्र शब्दों में बोले - ''मातेश्वरी ! भूमण्डल पर भयंकर अकाल पड़ा है। अन्न और जल का सर्वथा अभाव हो गया है। हज़ारों प्राणी प्रतिदिन मर रहे हैं। लाखों लोग मेरे आश्रम में शरण लिए हुए हैं। मैं उनके भरण-पोषण को लेकर चिंतित हूँ, माते।''

तब भगवती गायत्री ने उन्हें एक कमण्डलु दिया और बोलीं - ''वत्स ! यह दिव्य कमण्डलु तुम्हारी समस्त अभिलाषाएँ पूर्ण करेगा। इसके रहते तुम्हें कभी अन्न की कमी नहीं होगी।'' यह कहकर भगवती गायत्री वहाँ से अंतर्धान हो गईं।

महर्षि गौतम ने श्रद्धापूर्वक कमण्डलु को प्रणाम किया। फिर उनके इच्छा प्रकट करते ही कमण्डलु ने वहाँ भाँति-भाँति के व्यंजन, दिव्य आभूषण, यज्ञ-सामग्री तथा अन्नादि का ढेर लगा दिया। गौतम ने प्रसन्नतापूर्वक सभी मुनियों को धन-धान्य, वस्त्राभूषण आदि प्रदान किए।

फिर तो महर्षि गौतम का आश्रम एक विशाल आश्रय-क्षेत्र बन गया था। आश्रम में दृष्टिगोचर होने वाली सभी वस्तुएँ देवी गायत्री की कृपा से दिव्य कमण्डलु से ही निकली थीं। भगवती गायत्री की कृपा से आश्रम में न तो रोगों का भय रहा और न ही दैत्यों का। इस प्रकार गौतम मुनि बारह वर्षों तक सभी मुनियों के भरण-पोषण की व्यवस्था करते रहे।

एक बार देवी की महिमा का गान करते हुए देवर्षि नारद उस आश्रम में पधारे। वे मुनियों की सभा में बैठें। वहाँ वे महर्षि गौतम के यश-गान का वर्णन करते हुए बोले - ''हे मुनिश्रेष्ठ ! आज तीनों लोकों में आपका यशोगान हो रहा है। देवता, गंधर्व, यक्ष, नाग - सभी आपकी दानवीरता और धर्मनिष्ठा के सामने नतमस्तक हैं। यद्यपि आप इतने लोगों का भरण-पोषण कर रहे हैं, तथापि आप में अहंकार नाममात्र भी नहीं। स्वयं देवराज इन्द्र भी स्वर्गसभा में आपकी बहुत प्रशंसा करते हैं। उनके मुख से आपकी प्रशंसा सुनकर ही मैं आपके दर्शन करने चला आया। आप सचमुच धन्य हैं।''

वहाँ कुछ ऐसे ऋषि-मुनि भी थे जो महर्षि गौतम से ईर्ष्या करते थे। जब उन्होंने देवर्षि नारद के मुख से उनका यशोगान सुना तो वे ईर्ष्या से और भी जल उठे। उन्होंने महर्षि गौतम का मान-मर्दन करने का निश्चय किया और उचित अवसर की प्रतीक्षा करने लगे।

कुछ दिनों के पश्चात् भगवान् विष्णु की कृपा से धरती पर वर्षा होने लगी। अकाल समाप्त हो गया। तब महर्षि गौतम से द्वेष रखने वाले समस्त ऋषि-मुनि एकत्रित हुए और उन्होंने गौतम को शाप देने का विचार किया। उन्होंने एक मायावी

गाय बनाई।.वह हड्डियों का पिंजर-मात्र थी। जिस समय महर्षि गौतम यज्ञशाला में हवन कर रहे थे, वह गाय वहाँ पहुँची। दयावश महर्षि गौतम ने गाय को अपनी गोशाला में बाँधने का विचार किया। किंतु जैसे ही उन्होंने उसे स्पर्श किया, उसके प्राण निकल गए।

गाय के मरते ही कृतघ्न ऋषि-मुनि गौतम मुनि को बुरा-भला कहते हुए वहाँ आ पहुँचे और उन पर गो-हत्या का दोष लगाकर उनका अन्न ग्रहण करना अस्वीकार कर दिया।

स्पर्श मात्र से गाय को मरते देखकर महर्षि गौतम गहरी सोच में डूब गए। फिर उसकी मृत्यु का कारण जानने के लिए वे नेत्र बंद करके समाधि में लीन हो गए।

शीघ्र ही उन्हें ईर्ष्यालु मुनियों की दुष्टता का पता चल गया। तब वे प्रलयंकारी रुद्र की भाँति क्रुद्ध हो उठे और उन कृतघ्न ऋषि-मुनियों को शाप देते हुए बोले - "दुष्टो ! आज से तुम वेदमाता गायत्री और भगवान् शिव के ध्यान एवं पूजा-आराधना के अयोग्य हो जाओ। तुम्हारे वंश में जन्म लेने वाले स्त्री-पुरुष भी मेरे शाप से ग्रस्त रहेंगे। माता गायत्री के कोप से तुम्हें नरककुण्डों में वास करना पड़ेगा।"

महर्षि गौतम के शाप के कारण उन कृतघ्न मुनियों के लिए गायत्री-मंत्र दुर्लभ हो गया। वे समस्त वेद-मंत्र भी भूल गए। तब अपने किए पर पश्चात्ताप करते हुए वे महर्षि गौतम के पास गए और उनके चरण पकड़कर अपने दुष्कर्म के लिए क्षमा माँगने लगे।

उनकी करुण विनती से महर्षि गौतम का दिल पिघल गया। उन्होंने कहा - "मान्यवरो ! मेरा शाप कभी टल नहीं सकता। इसलिए इसके प्रभाव को कम करने के लिए आप निरंतर भगवान् शिव की उपासना करें। वे परम दयालु और कष्टों का निवारण करने वाले हैं। उनकी शरण में जाने वाला कभी निराश नहीं लौटता। वे सभी की मनोकामनाएँ पूर्ण करते हैं।"

महर्षि गौतम के परामर्श पर शाप से दुखी ऋषि-मुनिगण भगवान् शिव की स्तुति करने लगे। उनकी स्तुति से प्रसन्न होकर शिवजी ने भगवान् विष्णु से उनके उद्धार का उपाय पूछा।

तब भगवान् विष्णु बोले - "प्रभु ! वेदों के विरुद्ध आचरण करने तथा आतिथेय के साथ विश्वासघात करने के कारण मनुष्य के समस्त पुण्य समाप्त हो जाते हैं और इसका फल अनेक कल्पों तक नरक-यातना के रूप में भोगना पड़ता है। किंतु चूँकि इन ऋषि-मुनियों ने सच्चे हृदय से अपना अपराध स्वीकार किया है, इसलिए इनके उद्धार का एकमात्र उपाय यही है कि ये मनुष्य योनि में जन्म लेकर मेरी पूजा-उपासना करें।" इस प्रकार महर्षि गौतम के शाप से ग्रस्त ऋषि-मुनियों ने मनुष्य योनि में जन्म लेकर भगवान् विष्णु की पूजा-उपासना की। जिसके फलस्वरूप उनका उद्धार हुआ।

अध्याय 16
मत्स्य पुराण

परिचय

'मत्स्य पुराण' मूलत: वैष्णव मत से संबंधित है। प्रलयकाल के समय भगवान् विष्णु ने मत्स्यावतार धारण कर वैवस्वत मनु तथा सप्तर्षियों की प्राण-रक्षा की थी। उस समय मनु की नौका सहित जल में विहार करते हुए मत्स्यरूपी भगवान् विष्णु ने वैवस्वत मनु तथा सप्तर्षियों को जो परम कल्याणकारी उपदेश दिया था, उसी उपदेश का इस पुराण में विस्तृत विवेचन किया गया है। इसलिए इस पुराण को मत्स्य पुराण कहा गया है।

श्लोक संख्या तथा खण्ड

मत्स्यपुराण में श्लोकों की संख्या चौदह हज़ार (14,000) है। इस पुराण में दौ सौ इक्यानवे (291) अध्याय वर्णित हैं। इन्हें खण्ड या स्कंध में विभाजित न करके क्रमबद्ध प्रस्तुत किया गया है।

मत्स्य पुराण का सार

इस पुराण का आरम्भ भगवान् विष्णु के मत्स्यावतार की पौराणिक कथा से है। इस कथा में सूर्यपुत्र वैवस्वत मनु द्वारा कठोर तप कर ब्रह्माजी से चराचर जगत् की रक्षा करने का वर प्राप्त करने, मत्स्यरूपी भगवान् विष्णु द्वारा वैवस्वत मनु को प्रलय के संबंध में सूचित करने तथा श्रीविष्णु द्वारा मनु एवं सप्तर्षियों की रक्षा करने के प्रसंग हैं। इसी में वैवस्वत मनु द्वारा भगवान् मत्स्य से सृष्टि-संबंधी प्रश्न पूछने का वर्णन है। तत्पश्चात् सृष्टि-रचना के संदर्भ में कहा गया है कि भगवान नारायण ने सृष्टि-रचना की इच्छा होने पर सर्वप्रथम जल की रचना करके उसमें बीज डाला। बीज से एक तेजस्वी अण्ड प्रकट हुआ। फिर अण्ड से भगवान् नारायण विष्णु-रूप में उत्पन्न हुए तथा अपने नाभिकमल से ब्रह्माजी को प्रकट किया। ब्रह्माजी ने तत्त्वज्ञान प्राप्त कर सृष्टि-रचना का कार्य आरम्भ किया।

इस पुराण में ब्रह्माजी द्वारा कामदेव को भस्म कर पुन: उत्पन्न करने तथा कामदेव के विभिन्न अंगों से चारों वर्णों की उत्पत्ति के प्रसंग वर्णित हैं। इसके बाद वैराज, अग्निष्वात्त तथा बर्हिषद् आदि के वंशों का वर्णन करके विभिन्न प्रकार के श्राद्धों का निरूपण किया गया है।

श्राद्ध महिमा के बाद चन्द्रवंश का परिचय देते हुए बुध, पुरूरवा, रजि, नहुष, ययाति आदि तेजस्वी राजाओं के अद्‌भुत चरित्र का वर्णन किया गया है। इनसे संबंधि ात आख्यानों में चन्द्रदेव के अंश से बुध के जन्म, बुध-इला विवाह, बुध-पुत्र पुरूरवा की उत्पत्ति, भगवान् विष्णु के वरदान से पुरूरवा को रूप-सौंदर्य प्राप्त होने, पुरूरवा-उर्वशी विवाह, देवराज इन्द्र द्वारा राजा रजि का पुत्रत्व स्वीकार करने, राजा ययाति द्वारा शुक्राचार्य की पुत्री देवयानी से विवाह करने, ययाति-शर्मिष्ठा विवाह, शुक्राचार्य द्वारा राजा ययाति को वृद्धावस्था का शाप देने तथा ययाति-पुत्र पुरु द्वारा अपने पिता को यौवन-दान देने के प्रसंग वर्णित हैं।

तदंतर अंधक, वृष्णि, यदु, क्रोष्टु तथा पुरु आदि वंशों के राजाओं के चरित्रों का वर्णन कर भगवान् श्रीकृष्ण की वंशावली प्रस्तुत की गई है।

इसके बाद 55वें अध्याय से लेकर 102वें अध्याय तक विभिन्न व्रतों की महिमा तथा उनकी अनुष्ठान-विधियों का संबंधित कथाओं द्वारा विस्तृत विवेचन किया गया है। ये व्रत हैं - नक्षत्र व्रत, आदित्यशयन व्रत, चन्द्ररोहिणी शयन व्रत, सौभाग्य शयन व्रत, सप्तलोक आधिपत्य प्राप्ति व्रत, आदित्यवार व्रत, अक्षय तृतीया व्रत, षष्ठी व्रत, विभूति-द्वादशी व्रत, शिव चतुर्दशी व्रत आदि।

व्रत-महिमा के बाद नवग्रहों - सूर्य, चन्द्र, मंगल, बुध, बृहस्पति, शुक्र, शनि, राहु एवं केतु के स्वरूपों, उनके कल्याणमय मंत्रों तथा शास्त्रोक्त पूजन-विधियों का वर्णन है। अन्य पुराणों की भाँति इस पुराण में भी जम्बू आदि सातों द्वीपों का वर्णन कर पृथ्वी की पौरणिक भौगोलिक स्थिति का परिचय दिया गया है।

इस पुराण में चतुर्युग अर्थात् सतयुग, त्रेतायुग, द्वापरयुग एवं कलियुग के स्वरूपों का वर्णन करते हुए इन युगों में धर्म-न्याय की स्थिति, मनुष्य-स्वभाव, धार्मिक कर्मकाण्डों तथा इनके गुण-दोषों की चर्चा की गई है।

त्रिपुरासुर संग्राम, जम्भासुर वध, पार्वती जन्म, मदन दहन, शिव-पार्वती विवाह, कार्त्तिकेय जन्म, आडि वध, तारकासुर वध, नृसिंह चरित्र, मार्कण्डेय द्वारा बालमुकुंद-दर्शन तथा भगवान् शिव द्वारा दैत्य अंधकासुर को पुत्ररूप में स्वीकारने की कथाएँ, मातृकाओं की उत्पत्ति - इन प्रसिद्ध पौराणिक आख्यानों का इस पुराण में विस्तृत वर्णन किया गया है।

तत्पश्चात् वाराणसी तथा नर्मदा के माहात्म्य की चर्चा की गई है। इसी संदर्भ में पूर्णभद्र नामक यक्ष के पुत्र द्वारा वाराणसी में कठोर तप करने तथा उसकी भक्ति से प्रसन्न होकर भगवान् शिव द्वारा उसे गणेश्वर-पद प्रदान करने की कथा वर्णित है। इसके बाद दैत्य बाणासुर द्वारा देवताओं को प्रताड़ित करने, देवताओं की सहायता के लिए भगवान् शिव द्वारा बाणासुर को दण्डित करने तथा दैत्य बाणासुर द्वारा शिव-स्तुति कर ज्वालेश्वर लिंग की स्थापना करने के प्रसंग हैं। इस पुराण में देवी सावित्री (गायत्री) के वरस्वरूप राजा अश्वपति के घर सावित्री नामक कन्या के उत्पन्न होने,

सत्यवान-सावित्री विवाह, सत्यवान की मृत्यु तथा सावित्री के पतिव्रत-धर्म से विवश होकर यमराज द्वारा सत्यवान को पुनर्जीवित करने के आख्यान भी दिए गए हैं।

राजाओं के आचरणीय धर्म, प्रयाग-महिमा तथा शुभाशुभ शकुन, स्वप्न एवं संकेत-विचार का इस पुराण में विस्तृत प्रतिपादन किया गया है।

इसके बाद दैत्यराज बलि के पाताल गमन तथा हिरण्याक्ष वध की कथा द्वारा भगवान् विष्णु के वामन तथा वराह अवतारों के माहात्म्य का वर्णन किया गया है। इसी संदर्भ में समुद्र-मंथन, अमृत के प्राकट्य तथा भगवान् विष्णु द्वारा मोहिनी अवतार धारण करके देवताओं को अमृतपान करवाने की कथाओं का उल्लेख किया गया है।

अंत में मत्स्य पुराण के पठन, श्रवण एवं चिंतन के माहात्म्य का उल्लेख करते हुए कहा गया है कि पूर्ण ज्ञान से युक्त मत्स्य पुराण सभी शास्त्रों में श्रेष्ठ होने के साथ-साथ पापों का नाश कर धर्म, अर्थ, काम तथा मोक्ष प्रदान करने वाला है। इसके श्रद्धापूर्वक पठन-श्रवण से भक्तों की आयु, यश, संतान, बल, सौभाग्य तथा धन-ध ान्य में वृद्धि होती है।

मत्स्य पुराण की कथा : पुरु की पितृ-भक्ति

प्राचीन समय की बात है - पाताल में वृषपर्वा नामक दैत्य राज्य करता था। उसकी एक सुंदर पुत्री थी, जिसका नाम शर्मिष्ठा था। दैत्यगुरु शुक्राचार्य की पुत्री देवयानी उसकी प्रिय सखी थी।

एक दिन देवयानी तथा अन्य सखियों के साथ पृथ्वी पर भ्रमण करते हुए शर्मिष्ठा एक उद्यान में पहुँची। वहाँ एक बड़ा सुंदर सरोवर था। जल में खिले कमल-पुष्प सरोवर की सुंदरता बढ़ा रहे थे। तब मुग्ध होकर वह सखियों सहित सरोवर में क्रीड़ाएँ करने लगी। इस प्रकार क्रीड़ाएँ करते हुए सारा दिन व्यतीत हो गया।

संध्या के समय वे सभी सरोवर से निकलकर अपने-अपने वस्त्र पहनने लगीं। शर्मिष्ठा ने भूलवश देवयानी के वस्त्र पहन लिए। यह देखकर वह क्रुद्ध होकर बोली - "दुष्टा ! तूने मेरे वस्त्र पहनने का दु:साहस कैसे किया? जिन ब्राह्मणों ने अपने तपोबल से इस संसार को ज्ञान दिया है, जो अपने हृदय में सदा परब्रह्म का स्मरण करते हैं, इन्द्रादि देवगण भी जिनकी स्तुति करते हैं, जो सभी प्राणियों में पूजनीय हैं - उन्हीं ब्राह्मणों में हम सर्वश्रेष्ठ हैं। तुम्हारा पिता वृषपर्वा हमारा शिष्य है। फिर तूने शिष्य-पुत्री होकर गुरु-पुत्री के वस्त्र धारण करने का दु:साहस कैसे किया?"

कटु वचन सुनकर शर्मिष्ठा भी क्रोधित होकर बोली - "देवयानी ! तुम स्वयं पर इतना गर्व मत करो। यदि हम तुम्हारा भरण-भोषण न करें तो तुम्हारा सारा ज्ञान व्यर्थ चला जाए। और तुम जिन वस्त्रों की बात कर रही हो, वस्तुत: वे हमने ही दान में दिए हैं। मेरा अपमान कर तुमने जो धृष्टता की है, मैं उसका दण्ड तुम्हें अवश्य

दूँगी।'' यह कहकर शर्मिष्ठा ने वस्त्रहीन देवयानी को सरोवर में धकेल दिया और सखियों के साथ महल लौट गई।

शर्मिष्ठा के जाने के बाद शिकार खेलते हुए चन्द्र वंश के राजा ययाति वहाँ आ निकले। उन्हें बड़ी प्यास लगी थी। सरोवर के स्वच्छ जल को देखकर वे प्रसन्न होकर घोड़े से उतरे और तट पर आ गए। तभी उनकी दृष्टि वस्त्रहीन देवयानी पर पड़ी। देवयानी बड़ी सुंदर और चन्द्रमा की कांति को भी भ्रमित कर देने वाली युवती थी। ययाति उसके रूप-सौन्दर्य पर मोहित हो गए। उन्होंने अपना दुशाला देवयानी को ओढ़ा कर उसे जल से बाहर निकाल दिया। तत्पश्चात् उससे विवाह करने की इच्छा प्रकट की।

देवयानी लजाते हुए बोली – ''हे राजन ! हमारा मिलन भगवान् की कृपा का प्रसाद है। पूर्व समय में जब मैंने देवगुरु बृहस्पति के पुत्र कच का पतिरूप में वरण करना चाहा था तो उन्होंने मुझे अस्वीकार कर दिया था। तब क्रोधित होकर मैंने उन्हें शाप दिया था कि वे मेरे पिता से प्राप्त मृत संजीवनी विद्या भूल जाएँ। उन्होंने भी मुझे शाप दिया था कि मेरा विवाह ब्राह्मण के साथ नहीं होगा। अतः हमारा यह संबंध भगवान् की इच्छा के अनुरूप है।'' यह कहकर देवयानी ने राजा ययाति के विवाह-प्रस्ताव को स्वीकार कर लिया।

तत्पश्चात् देवयानी ने आश्रम में लौटकर पिता शुक्राचार्य को सारी घटना बताई। राजकुमारी शर्मिष्ठा की धृष्टता जानकर शुक्राचार्य का मन खिन्न हो गया और पाताल-लोक त्यागने का निश्चय करके वे अपनी पुत्री के साथ वहाँ से चल पड़े।

जब दैत्यराज वृषपर्वा को यह ज्ञात हुआ कि शर्मिष्ठा की धृष्टता के कारण दैत्यगुरु शुक्राचार्य और देवयानी पाताल को त्यागकर कहीं और जा रहे हैं तो वह सोचने लगा – 'शुक्राचार्य परम ज्ञानी, तेजस्वी तथा हमारे हितैषी हैं। उनके आशीर्वाद से ही हम देवताओं को पराजित करते आए हैं। उनके सामने लोकपाल भी आने से डरते हैं। यदि वे रुष्ट होकर हमारा परित्याग कर देंगे तो हमें विनाश से कोई नहीं बचा सकेगा। देवता सदा इस ताक में रहते हैं कि कब गुरु हमसे दूर जाएँ और वे हमारा संहार कर दें। अतः उन्हें रोकना होगा। वे परम दयालु हैं। शर्मिष्ठा की धृष्टता को वे अवश्य क्षमा कर देंगे।'

यह सोचकर वह दौड़ा-दौड़ा गया और उनके चरणों में सिर झुकाते हुए बोला – ''मुनिश्रेष्ठ ! ये आप कैसा अनर्थ करने जा रहे हैं? भला प्राण के बिना भी कोई मनुष्य जीवित रहा है? संसार जानता है कि आप परम दयालु हैं, फिर मुझ अनाथ पर इतनी कठोरता किसलिए, प्रभु? क्या मैंने आपके सम्मान में कोई भूल की है, जो आपने दैत्यों के विषय में एक बार भी विचार किए बिना यहाँ से जाने का निर्णय ले लिया? यद्यपि शर्मिष्ठा ने अहंकार में भरकर देवयानी का अपमान अवश्य किया है, तथापि आप उसका इतना बड़ा दण्ड न दें। कृपया हमें छोड़कर न जाएँ, भगवन्।''

शुक्राचार्य का क्रोध क्षण-मात्र का था। वे शांत स्वर में वृषपर्वा से बोले - "राजन ! मैं तो आपको क्षमा कर दूँगा, किंतु देवयानी नहीं। यदि आप इसकी कोई इच्छा पूर्ण कर इसे प्रसन्न कर दें तो मुझे लौट चलने में कोई आपत्ति नहीं होगी।"

तब वृषपर्वा ने देवयानी से उसकी इच्छा पूछी। वह बोली - "राजन ! शर्मिष्ठा ने मुझे याचक एवं दासी कहकर मेरा अपमान किया है। उसे राजकन्या होने का बड़ा अहंकार है, इसलिए मेरी इच्छा है कि मैं जहाँ भी रहूँ, शर्मिष्ठा अपनी सखियों के साथ दासी के रूप में मेरी सेवा करे। यदि आप मेरी यह इच्छा पूर्ण कर दें तो पिताश्री आपके साथ वापस लौट जाएँगे।"

वृषपर्वा ने यह शर्त शर्मिष्ठा को बताई। दैत्य-जाति के कल्याण के लिए शर्मिष्ठा ने देवयानी की शर्त स्वीकार कर ली। वह अपनी एक सहस्र सखियों के साथ दासी के समान देवयानी की सेवा करने लगी। शुक्राचार्य ने देवयानी का विवाह ययाति के साथ कर दिया।

कुछ समय बाद देवयानी ने यदु एवं तुर्वसु नामक दो पुत्रों को जन्म दिया। देवयानी के पुत्रों को देखकर शर्मिष्ठा ने भी गुप्तरूप से राजा ययाति से विवाह कर द्रुह्यु, अनु एवं पुरु नामक तीन पुत्रों को जन्म दिया।

देवयानी को जब ज्ञात हुआ कि शर्मिष्ठा ने ययाति द्वारा ही पुत्रों को जन्म दिया है तो वह क्रुद्ध होकर पिता के घर चली गई। राजा ययाति उसे मनाने के लिए उसके पीछे-पीछे वहाँ जा पहुँचे। शुक्राचार्य अपनी पुत्री के दुःख से पहले ही व्यथित थे, अतः जब उन्होंने ययाति को अपने समक्ष देखा तो वे उन्हें शाप देते हुए बोले - "निर्लज्ज ! तू अत्यंत मंदबुद्धि, असत्यप्रिय और परस्त्री के प्रति नीच भाव रखने वाला मनुष्य है। विवाह के समय तुमने आजीवन एक पत्नीव्रती रहने का वचन लिया था, किंतु तुझे शर्मिष्ठा के रूप-यौवन ने भ्रमित कर दिया। तूने दण्ड की उपेक्षा कर ऐसा नीच कर्म कर डाला, जिसे दैत्य भी करने से डरते हैं। जा, मैं तुझे शाप देता हूँ कि तेरा यौवन ढल जाए। तेरे शरीर में ऐसा बुढ़ापा आ जाए, जो मनुष्यों को अत्यंत कुरूप बना देता है।"

दैत्यगुरु शुक्राचार्य के शाप से ययाति उसी समय वृद्ध पुरुष में परिणत हो गए। उनकी सुंदर काया अत्यंत कुरूप हो गई। वृद्धावस्था के कारण उनकी पीठ आगे की ओर झुक गई। उनका बल अत्यंत क्षीण हो गया।

अपनी दुर्दशा देखकर वे अत्यंत दुखी हुए और शुक्राचार्य से क्षमा माँगते हुए बोले - "मुनिवर ! मैंने कामभाव से प्रेरित होकर नहीं, बल्कि शर्मिष्ठा की इच्छा को धर्मसंगत जानकर यह कार्य किया था। आप इस भूल का मुझे इतना कठोर दण्ड न दें। मुनिश्रेष्ठ ! अभी तो देवयानी और मैं विषय-भोगों से भली-भाँति संतुष्ट भी नहीं हुए। इस शाप से तो मेरे साथ-साथ आपकी पुत्री का भी अनिष्ट हुआ है। इसलिए आप मेरा उद्धार करने की कृपा कीजिए।"

यह सुनकर शुक्राचार्य बोले – "जाओ, जो व्यक्ति तुम्हें प्रसन्नतापूर्वक अपना यौवन दान में दे दे, उससे अपना बुढ़ापा बदल लो।"

इसके बाद देवयानी सहित राजधानी में लौटकर ययाति ने अपने पुत्रों को सारी बात बताई और उनसे उनका यौवन माँगा। किंतु कोई भी पुत्र अपना यौवन दान करने को सहमत नहीं हुआ।

अंत में उनका छोटा पुत्र पुरु बोला – "पिताश्री ! वस्तुतः मेरा यह शरीर आपका ही दिया हुआ है। कोई भी पुत्र पिता के उपकारों का बदला कदापि नहीं चुका सकता, अतः वह सदैव पिता का ऋणी रहता है। मैं भी आपका ऋणी हूँ और प्रसन्नतापूर्वक आपको अपना यौवन प्रदान करता हूँ।" यह कहकर पुरु ने रूप-सौंदर्य से युक्त अपना यौवन पिता ययाति को दे दिया और बदले में उनका बुढ़ापा स्वीकार कर लिया। तत्पश्चात् शेष पुत्रों की अवज्ञा से क्रोधित होकर ययाति ने उन्हें राजगद्दी से च्यूत होने का शाप दे दिया और स्वयं पहले की भाँति देवयानी के साथ ऐश्वर्यों का भोग करने लगे।

समय बीतता रहा। एक दिन की बात है, ययाति के मन में वैराग्य उत्पन्न हो गया। यह सोचकर कि वे पुरु का यौवन भोग रहे हैं और वह उनका बुढ़ापा; उन्हें स्वयं पर लज्जा अनुभव होने लगी। उन्होंने उसी समय पुरु का यौवन उसे लौटाकर अपना बुढ़ापा पुनः स्वीकार कर लिया। फिर वे कठोर तपस्या करने के लिए वन में चले गए। वहाँ भगवान् विष्णु का स्मरण करते हुए वे उनके परमपद को प्राप्त हुए।

अध्याय 17
गरुड़ पुराण

परिचय

महर्षि कश्यप के पुत्र पक्षीराज गरुड़ को भगवान् विष्णु का वाहन कहा गया है। एक बार गरुड़ ने भगवान् विष्णु से मृत्यु के बाद प्राणियों की स्थिति, जीव की यमलोक-यात्रा, विभिन्न कर्मों से प्राप्त होने वाले नरकों, योनियों तथा पापियों की दुर्गति से संबंधित अनेक गूढ़ एवं रहस्ययुक्त प्रश्न पूछे। उस समय भगवान् विष्णु ने गरुड़ की जिज्ञासा शांत करते हुए उन्हें जो ज्ञानमय उपदेश दिया था, उसी उपदेश का इस पुराण में विस्तृत विवेचन किया गया है।

गरुड़ के माध्यम से ही भगवान् विष्णु के श्रीमुख से मृत्यु के उपरांत के गूढ़ तथा परम कल्याणकारी वचन प्रकट हुए थे, इसलिए इस पुराण को 'गरुड़ पुराण' कहा गया है। श्रीविष्णु द्वारा प्रतिपादित यह पुराण मुख्यतः वैष्णव पुराण है। इस पुराण को मुख्य गारुड़ी विद्या भी कहा गया है।

इस पुराण का ज्ञान सर्वप्रथम ब्रह्माजी ने महर्षि वेद व्यास को प्रदान किया था। तत्पश्चात् व्यासजी ने अपने शिष्य सूतजी को तथा सूतजी ने नैमिषारण्य में शौनकादि ऋषि-मुनियों को प्रदान किया था।

सनातन हिन्दू धर्म में मृत्यु के बाद गरुड़ पुराण के श्रवण का प्रावधान है। इस पुराण के उत्तर खण्ड में 'प्रेतकल्प' का वर्णन है। इसे सद्गति प्रदान करने वाला कहा गया है। इसके अतिरिक्त इस पुराण में श्राद्ध-तर्पण, मुक्ति के उपायों तथा जीव की गति का विस्तृत वर्णन मिलता है।

श्लोक संख्या तथा खण्ड

सम्पूर्ण गरुड़ पुराण उन्नीस हज़ार (19,000) श्लोकों का सार है। किंतु वर्तमान में इसके मात्र सात हज़ार (7,000) श्लोक ही उपलब्ध हैं। गरुड़ पुराण को पूर्व खण्ड तथा उत्तर खण्ड – इन दो भागों में विभाजित किया गया है। पूर्व खण्ड में 221 तथा उत्तर खण्ड में 35 अध्याय वर्णित हैं।

गरुड़ पुराण का सार

गरुड़ पुराण का आरम्भ भगवान् विष्णु के चौबीस अवतारों के संक्षिप्त वर्णन से है। इसके बाद इसमें नीति के सार तत्त्व, आयुर्वेद, गयातीर्थ के माहात्म्य, श्राद्ध की

शास्त्रोक्त विधि, भगवान् विष्णु की दशावतार-लीलाओं का विस्तृत विवेचन किया गया है।

तत्पश्चात् अन्य पुराणों की भाँति इस पुराण में भी सूर्यवंश तथा चन्द्रवंश का परिचय देते हुए अनेक तेजस्वी राजाओं के चरित्रों का निरूपण किया गया है। इसके अतिरिक्त इसमें कुछ अन्य महत्त्वपूर्ण वंशों का भी वर्णन मिलता है।

इस पुराण में मनु से सृष्टि की उत्पत्ति, ध्रुव-चरित्र, द्वादश आदित्यों की कथा, विष्णु कवच स्तोत्र, गारुड़ी विद्या, सूर्य आदि नवग्रहों के मंत्र, शिव-शिवा के मंत्र, इन्द्रादि देवताओं के मंत्र, सरस्वती-मंत्र, उनकी नौ शक्तियों का वर्णन, विष्णु दीक्षा की विधि, नव व्यूहों की पूजन-अर्चन विधि, विष्णु सहस्रनाम तथा त्रिपुरा देवी के मंत्र का उल्लेख किया गया है।

गरुड़ पुराण में रत्नसार ग्रंथ की विवेचना करते हुए बल नामक दैत्य द्वारा देवताओं को पराजित करने तथा देवताओं की प्रार्थना पर दैत्य बल द्वारा रत्नों के भण्डार प्रकट होने की कथा का वर्णन है। इसी संदर्भ में विविध रत्नों व मणियों के लक्षणों का विस्तृत निरूपण किया गया है।

ज्योतिष शास्त्र, सामुद्रिक शास्त्र, बृहस्पतिप्रोक्त नीतिशास्त्र, धर्मशास्त्र, स्वरोदय शास्त्र, सर्प-लक्षण, विनायक शांति, वर्णाश्रम धर्म, विविध व्रत-उपवास, अष्टांग योग, आयुर्वेद, पतिव्रत धर्म के माहात्म्य तथा भगवान् विष्णु के जप, तप, कीर्तन एवं पूजन-विधियों का विस्तृत वर्णन गरुड़ पुराण की अन्य महत्त्वपूर्ण विशिष्टताएँ हैं।

गरुड़ पुराण के प्रेतकल्प में उत्तर खण्ड के समस्त 35 अध्याय सम्मिलित हैं। इसके अंतर्गत जीव की यमलोक यात्रा का वर्णन करते हुए विभिन्न पापों के फलस्वरूप मार्ग में होने वाले कष्टों तथा यमदूतों द्वारा दी जाने वाली यातनाओं का चित्रण किया गया है। इसी संदर्भ में यमपुरी के स्वरूप का निरूपण करते हुए वहाँ प्राणियों के शुभ-अशुभ कर्मों को बताने वाले धर्मध्वज, चित्रगुप्त तथा धर्मराज के कार्यों; तथा पापकर्मों के आधार पर भोगने जाने वाले विभिन्न नरकों का चित्रण किया गया है।

गरुड़ पुराण के अनुसार यमलोक में चौरासी लाख नरक होते हैं, जिसमें किए गए दुष्कर्मों के आधार पर प्राणी को घोर यातनाएँ भोगनी पड़ती हैं। इस पुराण में मनुष्य द्वारा किए गए विभिन्न पापकर्मों तथा उनके प्रतिफल के रूप में मिलने वाले नरकों को निम्न प्रकार से स्पष्ट किया गया है :

नरक	पापकर्म
तामिस्र	: जो व्यक्ति दूसरों के धन, स्त्री और पुत्र का अपहरण करता है, उस दुरात्मा को तामिस्र नामक नरक में यातना भोगनी पड़ती है। इसमें यमदूत उसे अनेक प्रकार के दण्ड देते हैं।
अंधतामिस्र	: जो पुरुष किसी के साथ विश्वासघात कर उसकी स्त्री से समागम

करता है, उसे अंधतामिस्र नरक में घोर यातना भोगनी पड़ती है। इस नरक में वह नेत्रहीन हो जाता है।

रौरव : जो व्यक्ति किसी के प्रति हिंसा करते हैं, वे रुरु नामक भयंकर जीव बनकर रौरव नरक में गिरकर घोर पीड़ा पाते हैं। कहते हैं कि रुरु नामक जीव सर्प से भी भयंकर होता है।

महारौरव : महारौरव नरक में मांस खाने वाले रुरु जीव प्राणियों को पीड़ा देते हैं।

कुम्भीपाक : पशु-पक्षी आदि जीवों को मारकर पकाने वाला मनुष्य, कुम्भीपाक नरक में गिरता है। यहाँ यमदूत उसे गरम तेल में उबालते हैं।

कालसूत्र : पिता और ब्राह्मण से वैर करने वाले मनुष्य को कालसूत्र नामक नरक में स्थान मिलता है। इस नरक में उसे सूर्य तथा अग्नि के प्रचण्ड ताप से जलाया जाता है।

असिपत्र : वेदों के बताए मार्ग से हटकर पाखण्ड का आश्रय लेने वाले मनुष्य को असिपत्र नामक नरक में कोड़ों से मारकर दुधारी तलवार से उसके शरीर को छेदा जाता है।

शूकरमुख : अधर्मपूर्ण जीवनयापन करने वाले या किसी को शारीरिक कष्ट देने वाले मनुष्य को शूकरमुख नरक में गिराकर ईख के समान कोल्हू में पीसा जाता है।

अंधकूप : दूसरे के दुःख को जानते हुए भी उसे कष्ट पहुँचाने वाले व्यक्ति को अंधकूप नरक में गिरना पड़ता है। यहाँ सर्प आदि विषैले और भयंकर जीव उसका खून पीते हैं।

कृमिभोजन : भोजन बनाकर उसे अकेले खाने वाले प्राणी कृमिभोजन नामक नरक में गिरकर कृमि (कीड़ा) बनते हैं तथा भयंकर पीड़ा भोगते हैं।

संदंश : धन चुराने या ज़बरदस्ती छीनने वाले प्राणी को संदंश नामक नरक में गिरना पड़ता है। जहाँ उसे अग्नि के समान संतप्त लोहे के पिण्डों से दागा जाता है।

तप्तसूर्मि : जो व्यक्ति ज़बरन किसी स्त्री से समागम करता है, उसे तप्तसूर्मि नामक नरक में कोड़े से पीटकर लोहे की तप्त खंभों से आलिंगन करवाया जाता है।

शाल्मली : जो पापी व्यक्ति पशु आदि प्राणियों से व्यभिचार करता है, उसे शाल्मली नामक नरक में गिरकर लोहे के काँटों के बीच पिसकर अपने कर्मों का फल भोगना पड़ता है।

वैतरणी : धर्म का पालन न करने वाले प्राणी को वैतरणी नामक नरक में रक्त, हड्डी, नख, चर्बी, मांस आदि अपवित्र वस्तुओं से भरी नदी में फेंक दिया जाता है।

पूयोद : सदाचार से विमुख होकर पशुवत व्यवहार करने वाले प्राणी को पूयोद नरक में रहकर मल, मूत्र, कफ, रक्त इत्यादि अवशिष्ट वस्तुओं को खाना पड़ता है।

प्राणरोध : मूक प्राणियों का शिकार करने वाले लोगों को प्राणरोध नामक नरक में तीखे बाणों से छेदा जाता है।

विशसन : जो मनुष्य यज्ञ में पशु की बलि देते हैं, उन्हें विशसन नामक नरक में कोड़ों से पीटा जाता है।

लालाभक्ष : कामावेग के वशीभूत होकर सगोत्र स्त्री के साथ समागम करने वाले पापी व्यक्ति को लालाभक्ष नरक में रहकर वीर्यपान करना पड़ता है।

सारमेयादन : धन लूटने वाले अथवा दूसरे की सम्पत्ति नष्ट करने वाले व्यक्ति को सारमेयादन नरक में गिरना पड़ता है। जहाँ सारमेय नामक विचित्र प्राणी उसे काट-काटकर खाते हैं।

अवीचि : दान एवं धन के लेन-देन में साक्षी बनकर झूठी गवाही देने वाले व्यक्ति को अवीचि नरक में, पर्वत से पथरीली भूमि पर गिराया जाता है और पत्थरों से छेदा जाता है।

अय:पान : मदिरापान करने वाले मनुष्य को अय:पान नामक नरक में गिराकर गर्म लोहे की सलाखों से उसके मुँह को छेदा जाता है।

क्षारकर्दम : अपने से श्रेष्ठ पुरुषों का सम्मान न करने वाला व्यक्ति क्षारकर्दम नामक नरक में असंख्य पीड़ाएँ भोगता है।

शूलप्रोत : पशु-पक्षियों को बाँधकर अथवा शूल चुभोकर मनोरंजन करने वाले मनुष्य को शूलप्रोत नामक नरक में शूल चुभाए जाते हैं। कौए और बटेर उसके शरीर को अपनी चोंचों से छेदते हैं।

दंदशूक : दूसरों का अहित करने वाले क्रूर स्वभाव के मनुष्य को दंदशूक नरक में पाँच व सात मुख वाले सर्पों के बीच में फेंक दिया जाता है। जहाँ उन्हें ये साँप दिन-रात डसते रहते हैं।

अवटनिरोधन : किसी को बंदी बनाकर, उसे अंधेरे स्थान पर रखने वाले व्यक्ति को अवटनिरोधन नामक नरक में रखकर विषैली अग्नि के धुएँ से कष्ट पहुँचाया जाता है।

पर्यावर्तन : घर आए अतिथियों को पापी दृष्टि से देखने वाले व्यक्ति को पर्यावर्तन नामक नरक में रखा जाता है। जहाँ कौए, गिद्ध, चील आदि क्रूर पक्षी अपनी तीखी चोंचों से उसके नेत्र निकाल लेते हैं।

सूचीमुख : सदा धन-संग्रह में लगे रहने वाले और दूसरों की उन्नति देखकर ईर्ष्या करने वाले मनुष्य को सूचीमुख नरक में यमदूत सूई से वस्त्र की भाँति सिल देते हैं।

इनके अतिरिक्त इस पुराण में प्रेतयोनि का वर्णन कर उससे बचने तथा कर्मकाण्ड किए बिना सद्गति प्राप्त करने के उपायों का विस्तृत वर्णन है। इसके अंतर्गत पिण्डदान, श्राद्ध-कर्म, दान आदि के माहात्म्य को दर्शाया गया है।

अंत में भगवान् विष्णु की भक्ति की महिमा, महर्षि मार्कण्डेय द्वारा की गई स्तुति, सांख्य-वर्णन, वेदांत-योग तथा गीतासार का प्रतिपादन कर इस पुराण का उपसंहार किया गया है।

गरुड़ पुराण की कथा : कश्यप ब्राह्मण की कथा

प्राचीन समय की बात है - अभिमन्यु के पुत्र परीक्षित बड़े धार्मिक राजा थे। उन्होंने साठ वर्षों तक हस्तिनापुर में न्यायपूर्वक राज्य किया।

एक समय की बात है, राजा परीक्षित शिकार खेलने के लिए वन में गए हुए थे। एक मृग का पीछा करते-करते वे बहुत थक गए। उन्हें प्यास भी सताने लगी थी। इतने में उनकी दृष्टि समाधिलीन शमीक मुनि पर पड़ी। परीक्षित ने आतुर होकर उनसे जल माँगा। किंतु मुनि मौन धारण किए रहे। उन्होंने कुछ भी उत्तर नहीं दिया। तब प्यास से व्याकुल राजा परीक्षित ने क्रुद्ध होकर पास ही मृत पड़े एक सर्प को उठाकर मुनि के गले में डाल दिया और उनका उपहास करते हुए अपनी राजधानी लौट गए।

शमीक मुनि के श्रृंगी नाम का एक परम तेजस्वी पुत्र थे। उन्हें जब यह ज्ञात हुआ कि राजा परीक्षित ने उनके पिता का अपमान किया है तो उन्होंने क्रुद्ध होकर शाप दिया - "आज से सातवीं रात परीक्षित को तक्षक सर्प डँस लेगा।"

इधर जब राजा परीक्षित को श्रृंगी द्वारा दिए गए शाप के बारे में पता चला तो वे अपने राज्य का भार कुशल मंत्रियों को सौंप कर स्वयं एक सुरक्षित महल में रहने के लिए चले गए।

उन्होंने अपनी सुरक्षा के लिए ऐसे विद्वानों की नियुक्ति की जो मणि और मंत्रों के ज्ञाता थे। इसके अतिरिक्त महल के द्वार पर अनेक नवयुवक सिपाहियों को नियुक्त कर दिया गया। इनका कार्य किसी को भी महल में प्रवेश करने से रोकना था। इतना सुदृढ़ प्रबंध किया गया था कि बिना अनुमति के वायु का एक झोंका भी अंदर नहीं जा सकता था।

उसी राज्य के एक गाँव में कश्यप नाम का एक विद्वान ब्राह्मण रहता था। वह ब्राह्मण मंत्र-शास्त्र का पूर्ण विद्वान था। निर्धन होने के कारण धन में उसकी विशेष रुचि थी। जब उसे परीक्षित को शाप मिलने की बात ज्ञात हुई तो वह सोचने लगा - 'यदि मैं राजा परीक्षित को तक्षक नाग से बचा लूँ तो प्रसन्न होकर वे मेरी झोली सोने-चाँदी से भर देंगे।' यह सोचकर कश्यप राजमहल की ओर चल पड़ा।

इधर श्रृंगी मुनि के शाप को पूर्ण करने के लिए तक्षक नाग ने भी वृद्ध ब्राह्मण का रूप धारण किया और राजा परीक्षित को डँसने के लिए अपने घर से निकल पड़ा।

मार्ग में तक्षक को कश्यप ब्राह्मण दिखाई दिया, जो तेज़ कदमों से राज्य की ओर बढ़ रहा था। तब वृद्धवेश धारण किए तक्षक ने जिज्ञासावश कश्यप ब्राह्मण को रोकते हुए पूछा – "ब्राह्मण कुमार ! इतनी उतावली से कहाँ जा रहे हैं? कृपया बताने का कष्ट करें?"

कश्यप रुकते हुए बोला – "ब्राह्मण देव ! ऋषि से मिले शाप के कारण राजा परीक्षित को कुछ दिनों बाद तक्षक नाग काट लेगा, जिससे उनकी मृत्यु हो जाएगी। मंत्र शास्त्र का ज्ञाता होने के कारण मैं विष उतारने की विद्या से भली-भाँति परिचित हूँ। राजा परीक्षित को बचाने के उद्देश्य से ही मैं उनके पास जा रहा हूँ। यदि भगवान् विष्णु की कृपा हुई तो मैं अपने मंत्रों के प्रभाव से तक्षक नाग के विष को उतारकर राजा परीक्षित को अवश्य पुनर्जीवित कर दूँगा।"

कश्यप की बात सुनकर तक्षक हँसते हुए बोला – "ब्राह्मण देव ! मैं ही वह तक्षक नाग हूँ, जिसके काटने से राजा परीक्षित काल का ग्रास बनने वाले हैं। मेरा विष हलाहल के समान अत्यंत तीव्र है। उसका निदान किसी भी मंत्र अथवा औषधि से नहीं किया जा सकता। उचित यही है कि आप लौट जाएँ, अन्यथा व्यर्थ ही आप उपहास के पात्र बन जाएँगे।"

कश्यप ब्राह्मण शांत स्वर में बोला – "हे नागराज ! आप सत्य कह रहे हैं, किंतु मेरे पास ऐसी विद्या है, जिससे मैं शेषनाग के विष-दंश का प्रभाव भी नष्ट कर सकता हूँ। मुझे पूर्ण विश्वास है कि मैं आपके दंश की चिकित्सा कर राजा परीक्षित को पुनर्जीवित कर दूँगा।"

तब तक्षक ने कश्यप के मंत्र-बल की परीक्षा के लिए अपनी विषाग्नि से एक वृक्ष को राख बना दिया। किंतु देखते-ही-देखते कश्यप ब्राह्मण ने अपनी मंत्र-शक्ति के प्रभाव से उस राख को पुनः हरा-भरा वृक्ष बना दिया।

कश्यप के मंत्र-बल की शक्ति से प्रभावित होकर तक्षक अपने वास्तविक रूप में प्रकट होकर बोला – "ब्राह्मण कुमार ! आप बड़े पवित्रात्मा हैं। कृपया मेरे मार्ग में अवरोध उत्पन्न न करें। भगवान् ने राजा परीक्षित की मृत्यु मेरे द्वारा निश्चित की है। अतः आप लौट जाएँ। इसके लिए मैं आपको अभिलषित वस्तु प्रदान करने को तैयार हूँ।"

कश्यप ब्राह्मण सोच में पड़ गया। उसकी मनोवांछित वस्तु उसे प्राप्त हो रही थी। तब उसने ध्यान लगाया। यह ज्ञात होने पर कि राजा परीक्षित की आयु शेष नहीं है, उसने प्रसन्नतापूर्वक तक्षक की बात स्वीकार कर ली और अपेक्षित धन लेकर लौट गया। इस प्रकार तक्षक नाग ने राजा परीक्षित को डँसकर श्रृंगी मुनि के वचन को सत्य सिद्ध किया। गरुड़ पुराण में इस कथा के संदर्भ में कहा गया है कि कश्यप ब्राह्मण को वह दिव्य विद्या गरुड़ पुराण के श्रवण से सिद्ध हुई थी।

अध्याय 18

ब्रह्माण्ड पुराण

परिचय

महर्षि व्यास द्वारा रचित अठारह पुराणों की क्रमबद्ध शृंखला में ब्रह्माण्ड पुराण को अठारहवाँ स्थान प्राप्त है। इस पुराण में ब्रह्माण्ड के भौगोलिक स्वरूप की विस्तृत विवेचना होने के कारण इसे 'ब्रह्माण्ड पुराण' कहा गया है। ब्रह्माण्ड तथा खगोलीय स्थिति के विस्तृत विवेचन के कारण विज्ञान तथा छंद शास्त्र में ब्रह्माण्ड पुराण को शीर्षस्थ कहा गया है।

ब्रह्माजी को इस पुराण का आदिवक्ता तथा महर्षि वसिष्ठ को श्रोता कहा गया है। ब्रह्माजी से इस पुराण का ज्ञान प्राप्त कर वसिष्ठ मुनि ने इसे अपने पौत्र पराशर को, पराशर ने जातुकर्ण्य मुनि को, जातुकर्ण्य ने व्यासजी को, व्यासजी ने अपने शिष्य लोमहर्षण सूतजी को तथा सूतजी ने इस पुराण का ज्ञान शौनकादि ऋषि-मुनियों को प्रदान किया था।

अन्य पुराणों की अपेक्षा ब्रह्माण्ड पुराण में भारतवर्ष का अत्यंत विस्तृत वर्णन मिलता है। वस्तुतः यह पुराण धर्म, सदाचार तथा ज्ञान-विज्ञान का अद्‌भुत संगम है।

इस पुराण के संदर्भ में कहा गया है कि जब भारतीय ऋषि-मुनि जावा द्वीप (वर्तमान इंडोनेशिया) में गए तो अपने साथ वे इस पुराण के ज्ञान को भी ले गए थे। इंडोनेशिया की राष्ट्रभाषा में इस पुराण का उपलब्ध होना, इस कथन को प्रमाणित करता है।

श्लोक संख्या तथा खण्ड

ब्रह्माण्ड पुराण में कुल बारह हज़ार (12,000) श्लोक वर्णित हैं। सम्पूर्ण पुराण पूर्व, मध्य तथा उत्तर - इन तीन भागों में विभाजित है। इस पुराण के पूर्व भाग में प्रक्रिया और अनुषंग नामक दो पाद, मध्य भाग में उपोद्‌घात पाद तथा उत्तर भाग में उपसंहार पाद हैं। इस पुराण में 156 अध्याय हैं।

ब्रह्माण्ड पुराण का सार

1. पूर्व भाग

पूर्व भाग का आरम्भ नैमिषारण्य-उपाख्यान से है। तत्पश्चात् हिरण्यगर्भ के प्रादुर्भाव, सृष्टि की उत्पत्ति, कल्प, मन्वंतरों, सत्‌युगादि के परिमाण, रुद्रसर्ग, ऋषिसर्ग

तथा अग्निसर्ग का विस्तृत वर्णन किया गया है। इस पुराण में भगवान् शिव तथा दक्ष प्रजापति द्वारा एक-दूसरे को शाप देने का पौराणिक आख्यान भी वर्णित है। इसके बाद मनु-पुत्र प्रियव्रत के वंश का परिचय दिया गया है।

भुवनकोश वर्णन, गंगावतरण, खगोल वर्णन (इसके अंतर्गत सूर्य आदि ग्रहों, नक्षत्रों, तारागण एवं अनेक आकाशीय पिण्डों की समीक्षा की गई है), समुद्र मंथन, भगवान् विष्णु द्वारा लिंगोत्पत्ति आख्यान, मंत्रों के विविध भेदों का वर्णन, वेदों की शाखाओं का निरूपण तथा मन्वंतर-उपाख्यान पूर्व भाग की प्रमुख विशिष्टताएँ हैं।

2. मध्य भाग

ब्रह्मांण्ड पुराण के मध्य भाग में धार्मिक कर्मकाण्डों के संदर्भ में श्राद्ध तथा पिण्डदान का शास्त्रोक्त विधियों सहित प्रतिपादन किया गया है। तत्पश्चात् इस भाग में परशुराम के अद्भुत चरित्र के अंतर्गत उनसे संबंधित सम्पूर्ण कथा वर्णित है। इसके बाद राजा सगर से संबंधित आख्यान प्रस्तुत कर उनकी वंश-परम्परा का परिचय दिया गया है। इसी संदर्भ में भगीरथ द्वारा गंगा को पृथ्वी पर उतारने का प्रसंग भी वर्णित है। सूर्यवंश तथा चद्रवंश के राजाओं के चरित्रों से संबंधित आख्यानों का वर्णन इस भाग की एक अन्य विशेषता है।

3. उत्तर भाग

उत्तर भाग में भविष्य में होने वाले सातों मन्वंतरों का निरूपण किया गया है। इसमें हयग्रीवरूपी भगवान् विष्णु तथा महर्षि अगस्त्य के संवाद द्वारा प्रसिद्ध पौराणिक 'ललितोपाख्यान' का वर्णन किया गया है, जिसमें देवताओं के कल्याण तथा दैत्यों के विनाश के लिए भगवती ललिता (त्रिपुरसुंदरी) दैत्य भंडासुर का उसके परिवार सहित वध करती हैं। दैत्य भंडासुर की कथा के संदर्भ में भगवान् शिव की क्रोधग्नि से कामदेव के भस्म होने, चित्रवर्मा द्वारा उस भस्म से एक मनुष्य की आकृति बनाने, भगवान् शिव द्वारा उसे जीवित करने तथा उसके दैत्य भंडासुर के नाम से प्रसिद्ध होने के प्रसंग वर्णित हैं।

अंत में इस पुराण की महिमा बताते हुए कहा गया है कि भक्तों के पापों को नष्ट करने वाला यह पुराण आयु, बल, यश तथा कीर्ति में वृद्धि करता है।

ब्रह्माण्ड पुराण की कथा : परशुराम-चरित्र

हैहय वंश में कार्तवीर्य नामक एक प्रतापी राजा हुआ। वह अत्यंत तेजस्वी और तपस्वी था। उसने सेवा-भाव से भगवान् नारायण के अंशावतार दत्तात्रेयजी को प्रसन्न कर उनसे एक हज़ार भुजाएँ प्राप्त की थीं। सहस्र भुजाओं के कारण वह सहस्रार्जुन के नाम से प्रसिद्ध हुआ। किंतु धीरे-धीरे उसके मन में अहंकार उत्पन्न हो गया। वह स्वयं को सर्वशक्तिमान समझने लगा।

एक दिन सहस्रार्जुन शिकार खेलने वन में गया। वहाँ सिंहों का शिकार करते हुए वह महर्षि जमदग्नि के आश्रम में जा पहुँचा। जमदग्नि मुनि ने भोजन, फल और विभिन्न खाद्य पदार्थों से उसका भरपूर स्वागत किया। उनका ऐश्वर्य देखकर सहस्रार्जुन विस्मित हो उठा। उसने इसका रहस्य पूछा।

तब जमदग्नि मुनि बोले – ''राजन ! यह ऐश्वर्य कामधेनु की कृपा से है। वे सम्पूर्ण संसार की माता हैं। वे ही हमारा और यहाँ आए अतिथियों का भरण-पोषण करती हैं। उनकी कृपा से हमें किसी प्रकार की कमी नहीं रहती।''

कामधेनु के बारे में सुनकर सहस्रार्जुन बोला – ''मुनिवर ! आपके ऐश्वर्य के समक्ष स्वर्ग का ऐश्वर्य भी क्षीण प्रतीत होता है। किंतु आप वन में रहने वाले तपस्वी हैं और सभी विषय-भोगों का त्याग कर प्रभु-भक्ति में लीन रहते हैं। फिर आपके लिए ऐश्वर्य और विषय-भोगों का क्या औचित्य? अत: कामधेनु को मैं अपने साथ ले जाऊँगा।''

यह कहकर सहस्रार्जुन ने महर्षि जमदग्नि की आज्ञा प्राप्त किए बिना ही अपने सैनिकों से कामधेनु को साथ ले चलने के लिए कहा। जमदग्नि मुनि ने उसे रोकने का प्रयास किया, किंतु उसके सामने उनकी एक न चली और वह कामधेनु को अपनी राजधानी माहिष्मतीपुरी ले गया।

उनके जाने के बाद जब परशुराम आश्रम में आए तो उन्हें सहस्रार्जुन की ध ृष्टता ज्ञात हुई। क्रोध से काँपने हुए उन्होंने अपना फरसा, धनुष, तरकस और ढाल उठा लिए तथा उसका संहार करने के लिए उसके पीछे दौड़ पड़े।

सहस्रार्जुन अभी स्वनगर में प्रवेश कर ही रहा था कि उसने परशुराम को पीछे आते देखा। वह वहीं ठिठक गया और सेना को उनसे युद्ध की आज्ञा दे दी। आदेश पाते ही सैनिक उन पर टूट पड़े। किंतु परशुराम श्रीविष्णु के अंशावतार थे। फिर भला सैनिक उनके सामने कैसे टिक पाते। शीघ्र ही उन्होंने सहस्रार्जुन की सेना का संहार कर दिया। तब सहस्रार्जुन स्वयं युद्ध करने आया। परशुराम ने शीघ्र ही उसकी सभी भुजाएँ काट कर उसका मस्तक धड़ से अलग कर दिया।

उसके मरते ही उसके दस हज़ार पुत्र परशुराम से भयभीत होकर वहाँ से भाग गए। परशुराम कामधेनु सहित अपने आश्रम में लौट आए और जमदग्नि मुनि के पूछने पर सबकुछ विस्तार से बता दिया।

सहस्रार्जुन की मृत्यु के बारे में सुनकर जमदग्नि दुखी होकर बोले – ''वत्स ! यह तुमने क्या घोर अनर्थ कर दिया? यद्यपि तुम परम वीर हो, तथापि राजा सहस्रार्जुन का वध तुमने व्यर्थ ही कर किया। वत्स ! हम ब्राह्मण क्षमा के प्रभाव से ही संसार में पूजनीय हैं। पितामह ब्रह्माजी भी अपने क्षमा-भाव के कारण ब्रह्मपद को प्राप्त हुए हैं। क्षमा द्वारा ब्राह्मणों का तेज सूर्य की भाँति प्रकाशित हो जाता है। भगवान् नारायण भी क्षमावानों पर शीघ्र प्रसन्न होते हैं। वत्स ! राजा का वध ब्राह्मण की हत्या से भी बढ़कर

है। इसलिए तुम भगवान् का स्मरण करते हुए तीर्थ-भ्रमण करके अपने इस पाप को धो डालो।'' पिता की आज्ञा स्वीकार कर परशुराम तीर्थ-यात्रा पर चले गए।

राजा सहस्रार्जुन के दस हज़ार पुत्र जो परशुराम के भय से भाग गए थे, उन्हें पिता के वध की याद निरंतर बनी रहती थी। जब उन्होंने सुना कि परशुराम तीर्थ-यात्रा पर चले गए हैं तो इसे उचित अवसर जानकर उन्होंने जमदग्नि मुनि के आश्रम पर आक्रमण कर दिया। उस समय मुनि अग्निशाला में बैठे भगवान् विष्णु के चिंतन में मग्न थे। उन्हें बाहर की कोई सुध नहीं थी। वे पापी उसी अवस्था में उनका वध करने के लिए उद्यत हो गए।

परशुराम की माता रेणुका ने उन्हें धर्म का ज्ञान देकर रोकने का प्रयास किया, किंतु उन दुष्टों ने तलवार के एक ही वार से जमदग्नि मुनि का मस्तक धड़ से अलग कर दिया और उसे साथ लेकर लौट गए। रेणुका दुःख और शोक से चीत्कार करते हुए 'परशुराम... परशुराम...' पुकारने लगी।

माता की करुण पुकार सुनकर परशुराम अपने तपोबल से शीघ्र ही आश्रम में पहुँच गए। आश्रम में उन्हें पिता का सिर-विहीन धड़ दिखाई दिया। योगविद्या द्वारा वे सम्पूर्ण घटना जान गए। उनके क्रोध का कोई ठिकाना न रहा। आँखों से अंगार बरसने लगे। उन्होंने फरसा हाथ में लेकर पृथ्वी को इक्कीस बार क्षत्रियों से रहित करने की प्रतिज्ञा की और सिंहनाद करते हुए माहिष्मतीपुरी पहुँच गए।

उनकी भीषण गर्जना से आकाश, पाताल, पृथ्वी - तीनों लोक काँपने लगे। ऐसा प्रतीत होने लगा, मानो सृष्टि के विनाश का समय आ गया हो। उनके भय से सिंह अपनी गुफाओं में सुरक्षित हो गए। मतवाले हाथियों का मद दूर हो गया और वे भयातुर होकर वन में छिप गए। भगवान् परशुराम ने माहिष्मतीपुरी पहुँचकर सहस्रार्जुन के पुत्रों का संहार आरम्भ कर दिया।

देखते-ही-देखते नगर के बीचों-बीच नरमुंडों का एक विशाल पर्वत खड़ा हो गया। उनके रक्त ने एक विशाल नदी का रूप ले लिया, जिसे देखकर समस्त क्षत्रियों के हृदय भय से काँप उठे। इस प्रकार भगवान् परशुराम ने इक्कीस बार सम्पूर्ण पृथ्वी को क्षत्रियविहीन कर कुरुक्षेत्र के समन्तपंचक नामक क्षेत्र में रक्त के पाँच सरोवर बना दिए। परशुरामजी ने मंत्रशक्ति से पिता का सिर धड़ से जोड़कर उन्हें पुनर्जीवित कर दिया। इसके बाद जमदग्नि मुनि सप्तर्षि मण्डल में सातवें ऋषि मनोनीत हुए। तत्पश्चात् भगवान् परशुराम सौम्य रूप धारण कर महेन्द्र पर्वत पर चले गए और कठोर तप द्वारा भगवान् विष्णु की उपासना करने लगे।

सतयुग में अवतरित परशुराम आज भी महेन्द्र पर्वत पर समाधिलीन हैं। त्रेतायुग में वे श्रीराम द्वारा शिव-धनुष तोड़े जाने पर जनक के दरबार में प्रकट हुए थे। इसके बाद द्वापरयुग में उन्होंने देवव्रत (भीष्म पितामह) तथा कुंती-पुत्र कर्ण को आयुध-शिक्षा प्रदान की थी।

(तृतीय खण्ड : भौगोलिक वर्णन)

अध्याय 1

पुराणों में भारतवर्ष का वर्णन

पुराणों में भारतवर्ष को पौराणिक जम्बू द्वीप का एक वर्ष (खण्ड) कहा गया है। महर्षि वेदव्यास द्वारा रचित महाभारत ग्रंथ के अनुसार राजा दुष्यंत तथा शकुंतला के पुत्र भरत के नाम से इस खण्ड का नाम 'भारत' पड़ा, जबकि कुछ अन्य शास्त्रों के अनुसार भगवान् विष्णु के अंशावतार राजा ऋषभदेव के पुत्र भरत के नाम से इस खण्ड का नाम भारत हुआ।

भारतवर्ष का इतिहास अत्यंत प्राचीन है। इसे देवताओं की जन्मभूमि भी कहा जाता है। कुछ पुराणों, यथा – श्रीमद् भागवत पुराण, कूर्म पुराण, मार्कण्डेय पुराण, मत्स्य पुराण, वामन पुराण तथा ब्रह्माण्ड पुराण में कूर्म संस्थान के आधार पर भारत का वर्णन किया गया है। इसमें भगवान् विष्णु के कूर्म (कच्छप) अवतार के विभिन्न अंगों के आधार पर भारत को नौ भागों में विभक्त कर उसका वर्णन किया गया है। इसके विपरीत अन्य पुराणों में कार्मुक (धनुष) संस्थान के आधार पर भारत का वर्णन प्राप्त होता है।

पुराणों में वर्णित भारतवर्ष के पौराणिक स्वरूप, महत्त्व तथा विशेषताओं को निम्न प्रकार से समझा जा सकता है :

भारतवर्ष के नौ खण्ड

पुराणों में प्राचीन भारत को नौ खण्डों में विभाजित किया गया है :

खण्ड	प्राचीन नाम	वर्तमान नाम
1.	इन्द्र द्वीप	अण्डमान द्वीप
2.	नाग द्वीप	निकोबार द्वीप
3.	सौम्य द्वीप	सुमात्रा
4.	गंधर्व द्वीप	फिलीपींस
5.	वारुण द्वीप	बोर्नियो
6.	कसेरुमान द्वीप	सुलावेसी
7.	गभस्तिमान द्वीप	पपुआ न्यू गिनी
8.	ताम्रपर्ण द्वीप	श्रीलंका
9.	कुमारिका द्वीप	भारतवर्ष

भारतवर्ष का महत्त्व

पुराणों में भारत की महिमा वर्णन करते हुए कहा गया है कि पृथ्वी पर भारत ही एकमात्र कर्मभूमि है। वह परम प्राचीन, वेदों से संबंधित और भोग एवं मोक्ष प्रदान करने वाला उत्तम क्षेत्र है। वहाँ किए गए कर्मों के कारण स्वर्ग और नरक प्राप्त होते हैं। भारत में पाप या पुण्य करने के पश्चात् मनुष्य उसके शुभाशुभ फल को अवश्य भोगता है। वहाँ ब्राह्मण आदि वर्णों के लोग संयमपूर्वक रहते हुए अपने-अपने कर्मों का पालन करके उत्तम सिद्धि प्राप्त करते हैं।

भारत में संयमशील पुरुष चारों पुरुषार्थ अर्थात् धर्म, अर्थ, काम और मोक्ष प्राप्त करते हैं। इन्द्र आदि देवताओं ने भारत में ही शुभ कर्मों का अनुष्ठान कर देवत्व प्राप्त किया है। इनके अतिरिक्त और भी अनेक जितेन्द्रिय मनुष्यों ने वैराग्ययुक्त एवं शांत जीवन व्यतीत कर मोक्ष प्राप्त किया है। देवगण सदा भारत में जन्म लेकर उसके दर्शन करने की कामना रखते हैं।

वानप्रस्थ और संन्यास आश्रम के धर्मों का पालन करने, कुएँ आदि खुदवाने, बग़ीचे लगवाने, यज्ञ-हवन करने तथा अन्य शुभ कर्मों के अनुष्ठान से जो श्रेष्ठ फल मिलता है, वह केवल भारतवर्ष में ही सुलभ है। यह सबसे उत्तम, सब पापों का नाश करने वाली, परम पवित्र तथा बुद्धि बढ़ाने वाली पवित्र भूमि है।

भारतवर्ष के निवासी

पुराणों में कहा गया है कि भारत के पूर्व में किरात और पश्चिम में यवन रहते हैं। मध्य भाग में ब्राह्मण, क्षत्रिय, वैश्य और शूद्रों का वास है। वे क्रमशः यज्ञ, युद्ध एवं व्यापार आदि विशुद्ध कर्मों द्वारा स्वयं को पवित्र करते हैं। उनका जीवन-निर्वाह भी इन्हीं कर्मों द्वारा होता है। भारत में किया हुआ पुण्य - सकाम होने पर स्वर्ग और निष्काम होने पर मोक्ष प्रदान करता है। इसी प्रकार किए गए पाप भी अपना फल प्रदान करते हैं।

भारतवर्ष के पर्वत

महेन्द्र, शुक्तिमान, ऋक्षपर्वत, विन्ध्य, मलय़, पारियात्र और मलय - ये भारतदेश के सात प्रमुख पर्वत हैं। उनके आस-पास और भी अनेक पर्वत हैं। वे सभी अत्यंत विस्तृत, उच्च और रमणीय हैं।

भारतवर्ष की नदियाँ

गंगा, सरस्वती, सिंधु, चन्द्रभागा (चिनाब), यमुना, शतद्रु (सतलुज), इरावती (रावी), विपाशा (व्यास), वितस्ता (झेलम), धूतपापा, बाहुदा, देविका, गण्डकी, महानदी, चक्षु, दृषद्वती, वेण्या, चन्दना, शोण (सोन), अवंती, वेदवती, मंदाकिनी, कुहू (गोमती), मही, चर्मण्वती (चंबल), विदिशा, क्षिप्रा, सदानीरा, देवस्मृति,

सुरथा, रेवा (नर्मदा), देववती, चित्रकूटा, वेत्रवती (बेतवा), शक्तिमती, कर्मोदा, चित्रा, तुंगभद्रा, तापी, भीमरथी, कृष्णवेणा, गौतमी (गोदावरी), क्रिया तथा ताम्रवर्णी आदि पवित्र नदियाँ भारतदेश को पुण्यमय बनाती हैं।

भारतवर्ष के जनपद

कुंतल, शमक, काशी, अंध्रक, कलिंग, कौशल, मत्स्य, केकल, कुरु, पांचाल, वृक, आत्रेय, शूरसेन, शाल्व, माली, पुलिन्द, बौध, शक, बंग, अंग, विदेह, वाहिक, विदर्भ, मलज, मगध, मल्ल, सुदेष्ण, पंकल, सुराष्ट्र, विजय, मालव, चेदि, जांगल, मल्लराष्ट्र, महिष तथा मुकुटकुल्य आदि भारत देश के जनपद कहे गए हैं।

अध्याय 2

पृथ्वी का भौगोलिक वर्णन

यद्यपि अठारह पुराणों में वर्णित पौराणिक आख्यान, उपाख्यान, घटनाएँ, तथ्य एवं विभिन्न राजाओं से सम्बद्ध कथाएँ थोड़ी बहुत भिन्नताएँ लिए हुए हैं, तथापि पृथ्वी की प्राचीनतम भौगोलिक स्थिति के संदर्भ में पुराणों में जो वर्णन मिलता है, वह लगभग एकसमान तथा तर्कसंगत है।

पृथ्वी पर सातों द्वीप तथा सातों समुद्र किस प्रकार प्रकट हुए – इस रोचक प्रश्न का उत्तर श्रीमद् देवी भागवत नामक उपपुराण में एक कथा के माध्यम से अत्यंत सुंदर ढंग से प्रस्तुत किया गया है। वह कथा इस प्रकार है:

स्वयंभू मनु के बड़े पुत्र का नाम प्रियव्रत था। वे अत्यंत वीर, बलशाली और तपस्वी थे। एक बार की बात है – जब सूर्यदेव पृथ्वी की परिक्रमा करते हुए उसके प्रथम भाग से द्वितीय भाग में चले गए, तब एक भाग में घोर अंधकार व्याप्त हो गया। यह देखकर प्रियव्रत के मन में विचार उत्पन्न हुआ – 'मेरे शासनकाल में पृथ्वी पर अंधकार नहीं होना चाहिए। मैं अभी अपनी तपस्या के बल से इसका निवारण कर देता हूँ।' यह निश्चय कर वे अपने दिव्य रथ में बैठे और प्रकाश फैलाते हुए पृथ्वी की परिक्रमा करने लगे। इस प्रकार उन्होंने सम्पूर्ण पृथ्वी की सात बार परिक्रमा की। परिक्रमा करते समय उसके रथ के पहियों से ज़मीन में जो गड्ढे हो गए थे, वे ही सात समुद्र बने। उस समय परिक्रमा के बीच की जो पृथ्वी थी, वही सात द्वीपों के रूप में परिणत हो गई।

इस प्रकार पृथ्वी पर सात महाद्वीप अस्तित्व में आए। उन तत्कालीन द्वीपों के नाम हैं – जम्बू, प्लक्ष, शाल्मली, कुश, क्रौंच, शाक और पुष्कर। इनके चारों ओर के सात समुद्र क्रमशः क्षारोद, इक्षुरसोद, सुरोद, घृतोद, क्षीरोद, दधिमण्डोद एवं शुद्धोद के नाम से प्रसिद्ध हुए। राजा प्रियव्रत ने अपने ज्येष्ठ पुत्र आग्नीध्र को जम्बू, इध्मजिष्ठ को प्लक्ष, यज्ञबाहु को शाल्मली, हिरण्यरेता को कुश, धृतपृष्ठ को क्रौंच, मेधातिथि को शाक और वीतिहोत्र को पुष्कर का राज्य सौंप दिया।

पुराणों में पृथ्वी के सातों द्वीपों अर्थात् जम्बू, प्लक्ष, शाल्मली, कुश, क्रौंच, शाक तथा पुष्कर का विस्तृत वर्णन कर इनके प्रमुख पर्वतों, समुद्रों, नदियों, जनपदों तथा वहाँ निवास करने वाले विभिन्न वर्णों का उल्लेख किया गया है। सप्तद्वीपों का संक्षिप्त वर्णन निम्न प्रकार है :

जम्बू द्वीप

जम्बू द्वीप (वर्तमान में वृहत्तर भारत का भू-भाग) पृथ्वी के बीचोंबीच स्थित है। इस द्वीप के मध्य में सुमेरु, दक्षिण में हिमवान्, हेमकूट तथा निषध पर्वत, उत्तर में नील, श्वेत एवं शृंगवान पर्वत स्थित हैं। सुमेरु पर्वत के पूर्व में मंदराचल, दक्षिण में गंधमादन, पश्चिम में विपुल तथा उत्तर में सुपार्श्व पर्वत स्थित हैं। सुमेरु के पूर्व में चैत्ररथ, दक्षिण में गंधमादन, पश्चिम में वैभ्राज तथा उत्तर में नन्दनवन हैं।

इसी प्रकार भिन्न-भिन्न दिशाओं में अरुणोद, महाभद्र, असितोद तथा मानस - ये चार सरोवर हैं, जो देवताओं द्वारा उपभोग में आते हैं। मेरुगिरि के ऊपर एक विशाल पुरी है, जो ब्रह्माजी की सभा कहलाती है। उसके चारों ओर इन्द्र आदि लोकपालों के नगर हैं। इस पुरी को ब्रह्मपुरी कहते हैं। भगवान् विष्णु के चरण-कमलों से निकलने वाली पवित्र गंगा ब्रह्मपुरी के चारों ओर गिरती है। वहाँ यह सीता, अलकनन्दा, चक्षु और भद्रा नाम से चार भागों में विभक्त हो जाती है। वहाँ स्थित जम्बू (जामुन) के एक विशाल वृक्ष के कारण इसका नाम जम्बू द्वीप पड़ा। यह वृक्ष गंधमादन पर्वत पर स्थित है।

इस द्वीप का विस्तार एक लाख योजन है और इसके नौ-नौ हज़ार योजन के नौ खण्ड है। इन्हें वर्ष भी कहते हैं। जम्बू द्वीप के नौ वर्षों (खण्डों) का विवरण इस प्रकार हैं : (1) भारत जो हिमालय के दक्षिण में है। (2) किंपुरुष, (3) हरिवर्ष, (4) इलावृत, द्वीप के बीच वाला भाग, जिसके पूर्व में (5) भद्राश्व और पश्चिम में (6) केतुमाल स्थित है। (7) उत्तर कुरु, (8) रम्यक, (9) हिरण्यम।

प्लक्ष द्वीप

इसके बाद प्लक्ष द्वीप (वर्तमान में ग्रीस और इटली) है, जिसका विस्तार जम्बू द्वीप से दुगना है। जम्बू द्वीप को घेरे हुए क्षार समुद्र के चारों ओर यह द्वीप स्थित है। इस द्वीप को इक्षुरस समुद्र ने घेर रखा है। मेधातिथि के शिव, शांतभय, सुखोदय, शिशिर, आनन्द, क्षेमक और ध्रुव नामक सात पुत्र प्लक्षद्वीप के राजा हुए। उन्हीं के नाम पर इस द्वीप के सात वर्ष (खण्ड) हैं। गोमेद, नारद, दुंदुभि, चन्द्र, सोमक, सुमना एवं वैभ्राज - ये सात पर्वत इस द्वीप में स्थित हैं। अनुतप्ता, क्रमु, शिखी, विप्राशा, त्रिदिवा, अमृता तथा सुकृता - ये इस द्वीप की सात नदियाँ हैं। वहाँ समय सदा त्रेतायुग के समान रहता है।

इस द्वीप पर अर्यक, कुरर, विदिश्य तथा भावी नामक चार वर्ण हैं, जो क्रमश: ब्राह्मण, क्षत्रिय, वैश्य तथा शूद्र की कोटि के हैं। इस द्वीप के सभी मनुष्य भगवान् विष्णु की चन्द्रमा के रूप में पूजा-आराधना करते हैं। इस द्वीप के बीचों-बीच प्लक्ष (अंजीर) का एक विशाल वृक्ष है। उसी वृक्ष के नाम से उस द्वीप का नाम प्लक्ष द्वीप रखा गया है।

शाल्मली द्वीप

इक्षुरस समुद्र के चारों ओर शाल्मली द्वीप (वर्तमान में अफ्रीका का पूर्वी भाग तथा मेडागास्कर) स्थित है। राजा वपुष्मान इस द्वीप के स्वामी कहे गए हैं। उनके श्वेत, हरित, जीमूत, रोहित, वैद्युत, मानस व सुप्रभ नामक पुत्रों के नाम पर वहाँ सात वर्ष (खण्ड) हैं। इस द्वीप में कुमुद, उन्नत, महिष, कंक, वलाहक, द्रोण व ककुद्मान - ये सात पर्वत तथा श्रोणी, तोया, चन्द्रा, विमोचनी, शुक्रा, वितृष्णा व निवृत्ति - ये सात नदियाँ हैं।

शाल्मली द्वीप में कपिल, अरुण, पीत तथा कृष्ण वर्ण के लोग रहते हैं, जो क्रमशः ब्राह्मण, क्षत्रिय, वैश्य व शूद्र माने जाते हैं। ये भगवान् विष्णु की वायु रूप में आराधना करते हैं। वहाँ शाल्मली (सेमल) का एक वृक्ष स्थित है, जो इस द्वीप के नामकरण का कारण है।

कुश द्वीप

कुश द्वीप (वर्तमान में पश्चिमी एशिया तथा उत्तर-पूर्वी अफ्रीका) शाल्मली द्वीप से भी दुगने विस्तार का है। घृत समुद्र ने इस द्वीप को चारों ओर से घेर रखा है। इसमें ज्योतिष्मान नामक राजा हुए। उनके उद्भिद, वेणुमान, रंधन, प्रभाकर, धृति, सुरथ और कपिल नामक सात पुत्रों के नाम पर वहाँ सात वर्ष (खण्ड) प्रसिद्ध हैं। वहाँ मनुष्यों के साथ-साथ देवता, दैत्य, दानव, गंधर्व, नाग एवं यक्ष आदि भी निवास करते हैं। दमी, शुष्मी, स्नेह तथा मन्देह - ये इस द्वीप के चार वर्ण हैं। ये क्रमशः ब्राह्मण, क्षत्रिय, वैश्य और शूद्र की श्रेणी के बताए गए हैं। ये ब्रह्मारूपी भगवान् विष्णु का यजन करते हैं। विद्रुम, हेमशैल, द्युतिमान, पुष्टिमान, कुशेशय, हरि एवं मंदराचल - ये इस द्वीप के सात पर्वत तथा पवित्रा, सम्मति, विद्युत, शिवा, धूतपापा, मही एवं अम्भस - ये सात नदियाँ हैं। वहाँ कुश (घास) का एक विशाल वन होने के कारण इसका नाम कुश द्वीप पड़ा।

क्रौंच द्वीप

क्षीर समुद्र से घिरे क्रौंच द्वीप (वर्तमान में काला सागर तथा उसके आस-पास का क्षेत्र) के स्वामी राजा द्युतिमान कहे गए हैं। उनके कुशग, मंदग, उष्ण, पीवर, अंधकारक, मुनि और दुंदुभि नामक सात पुत्रों के नाम पर यहाँ सात वर्ष (खण्ड) हैं। यहाँ क्रौंच, अंधकारक, धर्म, वामन, देवव्रत, पुण्डरीकवान तथा दुंदुभि नामक सात पर्वत हैं, जहाँ देवता तथा गंधर्व आदि निवास करते हैं। क्रौंच द्वीप में पुष्कल, पुष्कर, धन्य तथा ख्यात - ये चार वर्ण हैं, जो क्रमशः ब्राह्मण, क्षत्रिय, वैश्य व शूद्र की श्रेणी के माने जाते हैं। ये सभी ध्यानयोग द्वारा रुद्रस्वरूप भगवान् नारायण का यजन करते हैं। वहाँ कुमुद्वती, ख्याति, संध्या, गौरी, रात्रि, मनोजवा और पुण्डरीका - ये सात प्रमुख नदियाँ हैं।

शाक द्वीप

क्षीर समुद्र के चारों ओर फैले शाक द्वीप (वर्तमान में दक्षिण पूर्व एशिया का भू-भाग) का विस्तार क्रौंच द्वीप से दुगना है। इस द्वीप को दधिमण्ड समुद्र ने घेरा रखा है। इस द्वीप के स्वामी राजा भव्य (या हव्य) कहे जाते हैं। उनके जलद, कुमार, सुकुमार, मनीरक, कुसुमोद, गोदाकि तथा महाद्रुम नामक सात पुत्र हुए। उनके नाम से वहाँ सात वर्ष हैं। वहाँ उदयगिरि, जलधार, अम्भोगिरि, रैवतक, आस्तिकेय, श्याम और केसरी - ये सात पर्वत तथा कुमारी, सुकुमारी, नलिनी, रेणुका, इक्षु, धेनुका तथा गभस्ति - ये सात नदियाँ हैं। मागध, मानस, मग और मन्दग - ये वहाँ के चार वर्ण हैं, जो अपने मन एवं इन्द्रियों पर नियंत्रण रखकर सूर्यरूपी भगवान् विष्णु की पूजा-अर्चना करते हैं। वहाँ शाक (सागवान) का एक विशाल वृक्ष होने के कारण उस द्वीप का नाम शाक द्वीप पड़ा है।

पुष्कर द्वीप

पुष्कर द्वीप (जापान, मंचूरिया तथा दक्षिण-पूर्वी साइबेरिया) का विस्तार शाक द्वीप से दुगना है। वह द्वीप मीठे जल के समुद्र से घिरा हुआ है। राजा स्रवन इसके स्वामी हुए। उनके महावीर और धातकि नामक दो पुत्र थे। उन्हीं के नाम पर पुष्कर द्वीप में दो वर्ष हैं। उस द्वीप में एक ही पर्वत है, जो मानसोत्तर के नाम से प्रसिद्ध है। यह पर्वत द्वीप के मध्य में स्थित है, जिससे वह द्वीप दो भागों में विभक्त हो जाता है। वहाँ जाति-पाँति का कोई भेद नहीं है। सभी लोग शोक, रोग, द्वेष, लोभ, क्रोध, भय आदि से विरक्त हैं। द्वीप के दोनों खण्डों में न कोई पर्वत है और न ही कोई नदी। वहाँ मनुष्य देवताओं के समान दिव्य-रूप वाले होते हैं। इस द्वीप में बरगद का एक वृक्ष है, जहाँ ब्रह्माजी निवास करते हैं।

अध्याय 3

पुराणों की अन्य विशिष्टताएँ

श्राद्ध कल्प का वर्णन

पुराणों में श्राद्ध कल्प के सम्बंध में कहा गया है कि ब्राह्मण, क्षत्रिय एवं वैश्यों को अपने-अपने वर्ण के अनुसार वेदोक्त विधि से मंत्रोच्चारण कर श्राद्ध का अनुष्ठान करना चाहिए। स्त्रियों तथा शूद्रों को ब्राह्मण की आज्ञानुसार मंत्रोच्चारण के बिना विधिवत् श्राद्ध करना चाहिए। उनके लिए अग्नि में हवनादि करना वर्जित है। पुष्कर आदि तीर्थ, पवित्र मंदिर, पर्वत शिखर, पावन क्षेत्र, पुण्यमय नदियाँ, सरोवर, समुद्र तट, स्वयं के घर, दिव्य वृक्षों के मूल और यज्ञ-कुण्ड - ये उत्तम स्थान कहे गए हैं। इनमें से किसी भी स्थान पर मनुष्य को श्राद्ध करना चाहिए। वेदों और शास्त्रों में प्रत्येक मास की अमावस्या और पूर्णिमा को श्राद्ध के लिए योग्य समय कहा गया है।

नित्य, नैमित्तिक और काम्य - ये तीन प्रकार के श्राद्ध कहे गए हैं। इन तीनों का प्रतिवर्ष अनुष्ठान करना चाहिए। जब सूर्य कन्या राशि पर जाते हैं, तब कृष्ण पक्ष के पंद्रह दिन तक विधिपूर्वक श्राद्ध करना चाहिए। प्रतिपदा को श्राद्ध करने से धन की प्राप्ति होती है। द्वितीया संतान प्रदान करने वाली है। तृतीया पुत्र की इच्छा पूर्ण करती है। चतुर्थी शत्रु का नाश करने वाली है। पंचमी को श्राद्ध करने से मनुष्य लक्ष्मी प्राप्त करते हैं। षष्ठी को श्राद्ध करने से मनुष्य पूजनीय होते हैं। सप्तमी को गणों का आधिपत्य, अष्टमी को श्रेष्ठ बुद्धि, नवमी को स्त्री, दशमी को मनोरथ की पूर्णता और एकादशी को श्राद्ध करने से मनुष्य वेदों का ज्ञान प्राप्त करते हैं। द्वादशी को श्राद्ध करने वाले मनुष्य विजय-लाभ और त्रयोदशी को श्राद्ध करने वाले संतान-वृद्धि, पशु, मेधा, स्वतन्त्रता, दीर्घायु और ऐश्वर्य के भागी होते हैं। जिनके पितृ युवावस्था में मृत्यु को प्राप्त हुए या शस्त्र द्वारा मारे गए हों, उन्हें तृप्त करने के लिए चतुर्दशी को श्राद्ध करना चाहिए। जो मनुष्य अमावस्या को श्राद्ध करते हैं, उसकी समस्त मनोकामनाएँ पूर्ण होती हैं और वे अक्षय स्वर्ग प्राप्त करते हैं।

जो लोग श्राद्ध में गुड़-मिश्रित अन्न, तिल, मधु (शहद) या मधु-मिश्रित अन्न देते हैं, उनका दान अक्षय होता है। माता-पिता की मृत्यु के दिन प्रतिवर्ष एकोद्दिष्ट श्राद्ध करना चाहिए। अपने अथवा पिता के निःसंतान भाई की मृत्यु होने पर उनके लिए भी निधन-तिथि को प्रतिवर्ष एकोद्दिष्ट श्राद्ध करना चाहिए।

जौ, धान, तिल, गेहूँ, मूँग, सरसों का तेल, चावल आदि पदार्थों से पितृों को तृप्त करें। बेल, आम, अनार, आँवले, खीर, नारियल, नारंगी, अंगूर, खजूर, परवल, चिरौंजी, बेर - इन फलों का प्रयोग श्राद्धकर्म में अवश्य करना चाहिए। इसके अतिरिक्त गुड़, शक्कर, गाय का दूध, तिल का तेल, नमक, घी, दही, चंदन, तुलसी एवं केसर भी पितृों को अर्पित करने चाहिए। प्याज, अजवायन, लहसुन, हींग, सरसों, नीबू, शलजम, पालक, गाजर, मिर्च, सोंठ आदि वस्तुओं का प्रयोग श्राद्ध में वर्जित होता है। जो मनुष्य श्राद्ध-संबंधी नियमों का पालन करता है; वह आयु, बल, धन और पुत्रों के साथ समस्त भोग भोगता है। उसके दिए हुए अन्न को पितृ तीन युगों तक खाते हैं।

कलियुग का निरूपण

पुराणों में कलियुग के संदर्भ में कहा गया है कि इस युग में विवाह को धर्म नहीं माना जाएगा। शिष्य गुरु के अधीन नहीं रहेंगे। पुत्र अपने कर्त्तव्य और धर्म से विमुख हो जाएँगे। रुचि के अनुसार अनुष्ठान कर उसमें उपवास, परिश्रम और धन का व्यय करना धर्म कहा जाएगा। वस्त्र एवं आभूषण आदि अहंकार के साधन होंगे। जब तक गाय दूध देती रहेगी, तभी तक उनके प्रति प्रेम और सम्मान रहेगा। किंतु कलियुग में थोड़ा-सा प्रयत्न करने से ही मनुष्य पुण्य का भागी बन सकता है, इसलिए कलियुग को अन्य युगों से श्रेष्ठ कहा गया है। इसमें भगवान् के स्मरण मात्र से ही कठोर तपस्या का फल मिल जाएगा।

सांख्य योग

पुराणों के अनुसार इन्द्रिय, मन और बुद्धि की वृत्तियों को चारों ओर से रोककर व्यापक आत्मा के साथ उनकी एकता स्थापित करना ही योग कहा गया है। योगी को शम-दम से सम्पन्न होना चाहिए। वह अध्यात्म शास्त्र का पालन करे, आत्मा से अनुराग रखे, शास्त्रों का तत्त्व जानकर निष्कामभाव से सद्कर्मों का अनुष्ठान करें। इस प्रकार साधन-सम्पन्न होकर योगी मनुष्य उत्तम ज्ञान प्राप्त कर सकता है। काम, क्रोध, लोभ, भय और स्वप्न - ये पाँचों योग के दोष कहे गए हैं, अतः योगी मनुष्य को इन दोषों का परित्याग कर देना चाहिए। प्रातः किसी एकांत स्थान में पूर्वाभिमुख बैठकर योग करना श्रेष्ठ कहा गया है।

भगवान् प्रत्येक जीव में आत्मा-स्वरूप में निवास करते हैं। जो विद्वान मनुष्य सभी भोगों का त्याग कर इस शरीर में अव्यक्त भाव से परब्रह्म परमात्मा का ज्ञानमयी दृष्टि से दर्शन करता है, वह मृत्यु के बाद ब्रह्मभाव को प्राप्त कर लेता है। सम्पूर्ण प्राणियों में स्वयं को और स्वयं में उन्हें देखने वाली जीवात्मा मृत्यु के बाद मोक्ष को प्राप्त होती है। मनुष्य का शरीर नौ द्वारों वाला एक पुर है और इसमें आत्मारूपी हंस वास करता है। हंस नाम से जीवात्मा का प्रतिपादन किया गया है, वह अक्षर (अविनाशी)

है। इस प्रकार विद्वान पुरुष अक्षर आत्मा को जानकर जन्म-मृत्यु के बंधन से मुक्त हो जाता है।

गृहस्थोचित सदाचार

पुराणों में गृहस्थोचित सदाचार का भी विस्तृत विवेचन किया गया है। पुराणों के अनुसार गृहस्थ मनुष्य को एकाग्रचित्त होकर धर्म, अर्थ और काम द्वारा अपने गृहस्थोचित धर्म का पालन करना चाहिए। सद्कर्मों द्वारा अर्जित धन द्वारा उसे अपने परिवार का भरण-पोषण करना चाहिए। इसके अतिरिक्त पाप की निवृत्ति तथा पारलौकिक उन्नति के लिए उसे सदा धर्म का अनुष्ठान करना चाहिए। उसे प्रतिदिन ब्रह्म मुहूर्त में जाग कर धर्म और अर्थ का चिंतन करना चाहिए। आपत्तिकाल के अतिरिक्त उसे कभी पूजा-अर्चना का त्याग नहीं करना चाहिए। असत्य, झूठ और कटु वचन बोलना, दुष्टों की सेवा करना और नास्तिकता अपनाना गृहस्थ मनुष्य के पतन के कारण हैं, इसलिए इनका परित्याग करना चाहिए। गृहस्थ मनुष्य - गुरु, माता, पिता, स्वजन, अतिथि तथा ब्राह्मणों का सदा आदर करें। अतिथि और अपने परिवार को भोजन करवाने के बाद ही उसे स्वयं भोजन ग्रहण करना चाहिए। इस प्रकार गृहस्थ धर्म का पालन करने वाले भोग और मोक्ष प्राप्त करते हैं। जो मनुष्य सदाचार का उल्लंघन करते हैं - यज्ञ, दान, हवन और तपस्या आदि से भी उनका कल्याण नहीं होता। दुराचारी मनुष्य को बल, पौरुष, आयु और धन कभी प्राप्त नहीं होते, इसलिए गृहस्थ मनुष्य को अपने धर्म का नियमपूर्वक पालन करना चाहिए।

इस प्रकार हम देखते हैं कि पुराणों में ब्रह्माण्ड के आदि से अंत तक का विशद् वर्णन प्रस्तुत किया गया है। पुराणों को मनुष्य के भूत, भविष्य और वर्तमान का दर्पण कहा जा सकता है। इस दर्पण में मनुष्य अपने प्रत्येक युग का चेहरा देख सकता है। इस दर्पण में अपने अतीत को देखकर वह अपना वर्तमान सँवार सकता है। अतीत में जो हुआ, वर्तमान में जो हो रहा है और भविष्य में जो होगा - यही कहते हैं पुराण।